应用型本科经管系列教材 经济贸易类

国际经济学

主　编　张桂梅　杨玉华

副主编　卢　晨　刘京华

厦门大学出版社 XIAMEN UNIVERSITY PRESS | 国家一级出版社 全国百佳图书出版单位

图书在版编目（CIP）数据

国际经济学 / 张桂梅，杨玉华主编 ；卢晨，刘京华副主编. -- 厦门 ：厦门大学出版社，2025. 8. --（应用型本科经管系列教材）. -- ISBN 978-7-5615-9797-2

Ⅰ. F11-0 ；F74

中国国家版本馆 CIP 数据核字第 20253H8J72 号

责任编辑 潘 瑛
美术编辑 张雨秋
技术编辑 朱 楷

出版发行 厦门大学出版社
社 址 厦门市软件园二期望海路 39 号
邮政编码 361008
总 机 0592-2181111 0592-2181406(传真)
营销中心 0592-2184458 0592-2181365
网 址 http://www.xmupress.com
邮 箱 xmup@xmupress.com
印 刷 厦门金凯龙包装科技有限公司

开本 787 mm×1 092 mm 1/16
印张 20.5
字数 400 千字
版次 2025 年 8 月第 1 版
印次 2025 年 8 月第 1 次印刷
定价 59.00 元

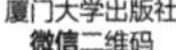
厦门大学出版社
微信二维码

厦门大学出版社
微博二维码

应用型本科经管系列教材

编委会

总 序

教育是强国建设、民族复兴之基。习近平总书记在2024年9月召开的全国教育大会上强调,紧紧围绕立德树人根本任务,朝着建成教育强国战略目标扎实迈进。《墨子·尚贤》有言:“国有贤良之士众,则国家之治厚;贤良之士寡,则国家之治薄。”培养什么人,是教育的首要问题。随着国家对高等教育质量提升和创新型人才培养的日益重视,应用型本科教育以其鲜明的职业导向和实践特色,成为培养未来经济社会所需高素质、高技能人才的关键阵地。作为连接理论与实践、促进经济社会发展的重要桥梁,经管学科始终站在时代的前沿,不断创新教育模式、更新教材建设。在快速变化的全球经济版图中,全国各地积极探索地方特色鲜明的应用型人才培养体系,努力为区域经济发展输送高质量的经管类人才。鉴于此,我们精心策划并编写了应用型本科经管系列教材,旨在响应国家教材建设要求,为推进建设中国特色、世界一流的教育提供坚强保障。

一、回应时代呼唤:抓住新机遇,迎接新挑战

习近平总书记指出,教育数字化是我国开辟教育发展新赛道和塑造教育发展新优势的重要突破口。教书育人既要体现时代精神,又要回答时代之问。当前,全球经济一体化加速推进,信息技术日新月异,新兴产业层出不穷,这些变化不仅深刻改变了经济社会的运行逻辑,也对经管教育提出了新的挑战。如何回应信息技术的发展,推进教育数字化,是我们面临的重大课题。为紧跟时代脉搏,牢牢把握当前时代特征赋予经管教育的新使命和新任务,本系列教材在形式上不再局限于纸质书本的内容,通过提供丰富的数字化教学资源来满足新时代的教学需求,包括在线学

习资源、微课视频、电子课件、题库测试等,探索数字技术赋能教材建设之路,持续推动经管教育数字化改革创新。

二、创新人才培养:锻造"新商科"人才,支撑新质生产力发展

新质生产力以科技创新为驱动力,以高水平人才为支撑。传统经管教育体系非常关注管理和营销、金融与投资、会计等维度的素养培训和提升,但容易形成学科领地和专业边界固化的"知识孤岛"。新质生产力的要素构成发生转变,对经管专业人才的素质和技能提出了新的要求。面向未来,经管教育的发展必须适应科技的变革和社会的真实需求。教材建设是育人育才的重要依托,我们邀请了来自高校、企业、行业协会等多方专家共同参与编写,确保教材内容既紧跟学术前沿,又有足够宽广的视野,助力培养和锻造一批具有多学科知识背景、多方面实践技能的"新商科"高水平复合型人才,直接服务现代化产业建设与中国高质量发展,着力打造中国经济的升级版。

三、定位教材特质:强化应用导向,注重实践能力

传统的经管类专业教材通常侧重于理论体系的完整性和逻辑性,而应用型本科教育更关注理论的实际应用性和操作性。为了更好地体现应用型本科教育的实践导向,本系列教材紧密围绕应用型本科教育的人才培养目标,坚持"理论够用、重在实践"的原则,力求在内容安排上实现理论性与实践性的有机结合。本系列教材在编写过程中不仅重视基础理论的系统性讲解,还特别注重理论在实际经济管理活动中的应用场景和操作方法。教材中不仅涵盖了经管领域的基础理论和核心知识,还融入了国内外优秀的经典教学案例,精选了大量真实企业的管理案例,分析了行业热点问题和研究了典型经济现象,旨在通过模拟真实的工作场景和解决实际问题,提升学生的综合素质和实践能力。

四、开阔教学视野:服务国家经济,面向国际合作

在全球经济一体化的背景下,企业的经营和管理已经超越了单一国

家的范围。这就需要应用型本科经管教育围绕服务国家战略需求，促进中国经济和管理教育事业发展，培养既深刻理解中国国情和特色又具备全球视野的经济管理人才。因此，本系列教材在内容设置上，既注重结合我国经济背景和产业特点，展开如关于数字贸易发展、绿色经济转型、海洋经济发展等系列专题内容的深入分析；又引入了国际经贸理论、跨国企业管理、国际投资分析等内容，增强对学生国际化视野和跨文化管理能力的培养。如此规划，既能提升学生在就业过程中的适应性和竞争力，又能为学生未来参与国际合作打下基础。

五、整合编写资源：确保内容科学性，增强教材适用性

采他山之石以攻玉，纳百家之长以厚己。本系列教材在策划之初，就先下好作者队伍的“先手棋”，得到了众多经管院校的大力支持。各院校注重发挥自身学科优势，联合一线教师共同将教学经验融入教材之中。各位编者在撰写过程中仔细打磨、反复论证，力求在内容的科学性、先进性和适用性上达到最佳平衡，用心打造培根铸魂、启智增慧的精品教材。同时，我们还通过广泛征求教师和学生的意见，不断改进教材的内容结构，使其更加符合应用型本科教育的实际需要。

应用型本科教育已然走上了提质培优、增值赋能的快车道。教材建设是推动教育创新的重要引擎，应用型本科经管系列教材的出版是对应用型本科教育改革和发展的一次积极探索。它不仅反映了高等教育服务国家经济的理念，也体现了教育界对应用型人才培养的深入思考和实践。我们期冀本系列教材能够在应用型本科教育中发挥重要作用，让更多院校和师生受益于优质教育资源，为学生提供更好的学习方向和成长机会。

程灵

2024 年 11 月

前 言

国际经济学聚焦于国家间的经济互动，其教材的质量与适用性对教学成效至关重要。当下，国际经济学课程教材种类繁多，经典与特色教材并存。然而，经过长期的教学实践检验，笔者发现部分教材存在一定缺陷。

其一，内容时效性不足。一些经典教材虽理论体系完备，但案例、数据以及理论分析陈旧，无法体现当下国际经济的新动态与新现象，致使学生难以将理论知识与现实经济联系起来，降低了教材的实用性与吸引力。

其二，理论与实践衔接不畅。国际经济学本身兼具理论性与实践性，但现有部分教材侧重理论阐述，缺乏具有实操性的案例分析，这使得学生难以深入领会理论内涵，更难以将理论应用于实际经济问题的分析与解决。

其三，难以满足差异化的教学需求。传统国际经济学教材通常包含大量模型与数理分析，对于部分地方普通高校数学基础薄弱的学生而言，学习难度较大。为确保学生能够接受，部分高校不得不删减教学内容，如国际金融部分的知识无法完整讲授，进而导致学生无法系统掌握理论体系。

鉴于上述问题，我们联合福建省多所普通高校的资深国际经济学教师，凭借多年教学经验，结合各学院学情，精心编写了本教材，旨在实现以下目标：

第一，内容更新与完善。全面梳理并及时更新国际经济学理论，融入学科前沿进展，确保教材内容切合当下国际经济形势。同时，补充反映国际经济最新发展的数据与案例。

第二，强化理论与实践结合。引入大量典型案例与经济发展事实，借助案例分析、拓展阅读、图表数据等形式帮助学生深刻理解理论知识，使学生能够灵活运用理论分析国际经济现实问题，深入思考国际经济理论的适用性，提升其理论水平，引导其自主探索国际经济的内在机制与运行规律。

第三，实现分类培养目标。本教材主要面向应用型本科高校的学生，因此在编写过程中注重语言的通俗易懂、内容的简洁明了、结构的条理清晰以及整体的可读性，避免使用过于专业的术语和复杂烦琐的推导过程，增加内容的启发性与趣味性，助力学生轻松理解并掌握知识要点。

第四，融入思政元素与区域特色。依据课程特点与建设要求，将民族复兴的家国情怀、责任担当意识、做人做事的基本道理以及社会主义核心价值观等思政元素有机融入课程教学，进一步凸显课程的育人功能。同时，紧密结合教材内容，深入挖掘地方特色，如福建省作为改革开放先行省份、外向型经济模式突出省份以及自贸试验区建设省份等地域特点，突出福建方案，展示福建成就，剖析福建特色，更好地服务于福建外向型人才的培养。

本书由张桂梅编写绪论及第三、第六、第七章，福州工学院朱仲福编写第一、第二章，福建商学院卢晨编写第四、第五章，福建师范大学协和学院刘京华编写第八、第九章，泉州师范学院杨玉华编写第十、第十一、第十二章。武夷学院柯文静参与了第六章内容的补充工作。全书由张桂梅统稿并进行修改完善。在教材编写与出版过程中，厦门大学出版社的编辑们精心审阅，其专业且严谨的态度为教材的质量提供了坚实保障，三明学院教务处及各位编者所在高校相关学院也提供了宝贵支持，多方之力汇聚，才使本教材得以顺利问世，在此一并感谢。

然而，由于编者水平有限，书中难免存在疏漏与不足，诚望广大读者不吝赐教，予以批评指正，我们将虚心接受并不断改进。

张桂梅

2025 年 1 月 13 日于三明

目 录

绪 论

国际经济学是一门研究国际经济活动及其规律的学科，它在当今全球化的经济格局中占有至关重要的地位。随着世界各国经济联系的日益紧密，国际经济活动的规模和复杂性不断增加，对国际经济学的研究也变得越来越重要。绪论部分将对国际经济学的研究对象、研究内容、历史发展和研究方法进行详细阐述，旨在让读者对国际经济学有一个全面而系统的了解。

一、国际经济学的研究对象

作为经济学的一个分支学科，国际经济学主要研究主权国家（地区）间货物、服务、资本、劳动的国际流动及货币的国际支付等国际经济活动引发的种种问题及国家（地区）对这些国际经济活动管制政策的福利效应。

国际经济活动会对各国产生不同的影响，因而产生不同的政策反应。由于利己政策会影响到其他国家的利益，产生诸多国际摩擦、贸易战、货币战、汇率战等，情节严重甚至可能会引发双边、多边武装冲突或战争，因此国际协调或国际组织就应运而生。国际经济学的研究从国际经济活动到国际经济政策再到国际经济协调，其实质也是研究资源配置，只不过是全球视角的资源配置。国际经济学以微观经济学和宏观经济学作为理论基础，是经济学一般理论在国际范围内的延伸和应用，是整个经济学体系的有机组成部分。例如：为什么会产生国际间的货物贸易、服务贸易？这种贸易背后的驱动力是什么？一个国家出口什么和进口什么是由什么决定的？各国在贸易中是否都获利了？用什么来衡量获利大小？为什么会出现资本和劳动力的流动？各国政府都是喜欢对外贸易的吗？进口和出口对一国经济发展会产生什么影响？各国对外贸易政策都有什么特点？各国货币不同，如何进行商品交易？不同货币如何兑换？汇率是怎么产生的？各国的汇率政策一般遵循什么原则？为什么会有国际贸易和国际金融组织？他们通过什么方式和举动来实现其宗旨和目标？以上这些问题都是国际经济学的研究范畴，也是国际经济学重点阐释的问题。

二、国际经济学的研究内容

与一般经济学一样，国际经济学研究的主要内容也可以区分为实物经济(real economy)范畴和货币经济(monetary economy)范畴两部分。国际经济学研究的实物经济范畴，也称国际经济学的微观经济学(microeconomics)部分或国际贸易(international trade)部分，主要研究国际贸易和国际要素流动，包括影响国际贸易和国际要素流动的主要因素，贸易和要素流动对资源配置和收入分配以及福利的影响，国家经济政策对贸易和要素流动的影响等。国际经济学研究的货币经济范畴，也称国际经济学的宏观经济学(macroeconomics)部分，或称宏观开放经济学(open-economy macroeconomics)部分或国际金融(international finance)部分，主要研究国际收支(balance payments)及其调整过程，包括外汇市场和汇率决定，国际收支及其在不同汇率制度下的调整过程等。

(一)国际经济学微观部分的基本内容

国际经济学的国际贸易部分通常包括国际贸易理论(trade theory)和国际贸易政策(trade policy)两个部分。

1.国际贸易理论

国际贸易理论包括传统国际贸易理论、现代国际贸易理论和生产要素国际流动理论三个部分。

(1)传统国际贸易理论

传统国际贸易理论从供给角度出发，在完全竞争市场、规模报酬不变等假设的基础上，分析国际贸易起因、贸易结构及贸易利益等问题。其代表性理论为比较优势理论和要素禀赋理论，强调各国之间的技术差异和资源禀赋差异是贸易产生的主要原因，从贸易结构上看主要解释发生在不同产业之间的贸易，即产业间贸易。贸易利益主要来源于分工利益和交换利益。分工利益即各国按照比较优势进行专业化生产，提高资源配置效率；交换利益即通过贸易，各国可以获得更多种类的商品，消费者福利得以提高。贸易政策上主张自由贸易，认为各国通过消除贸易壁垒，按照比较优势进行贸易，可以实现全球福利的最大化。传统国际贸易理论在解释传统的贸易模式和贸易结构方面具有一定的合理性，但对于一些新兴的贸易现象，如产业内贸易、跨国公司的贸易行为等解释力不足，因此产生了现代国际贸易理论。

(2)现代国际贸易理论

现代国际贸易理论放松了传统国际贸易理论的假设条件，考虑不完全竞争市场、规模报酬递增等现实情况，更多地从产品差异化、需求多样化、技术创新、规模经济等角度解释贸易的产生和发展。从贸易结构来看,现代国际贸易理论能够解释产业内贸易现象,即同一产业内不同产品之间的贸易:即使不同国家在资源禀赋和技术水平上相似,也可能因为产品差异化、规模经济等进行贸易。从贸易利益来源来看,现代国际贸易理论还强调,除了资源配置效率的提高,规模经济带来的成本降低、技术创新扩散、产品差异化满足消费者多样化需求等也是贸易利益的重要来源。

(3)生产要素国际流动理论

商品的国际移动并不是国际经济活动的唯一形式。生产要素的国际移动与国际贸易是可以相互替代的。随着现代交通水平的提高,物流技术、通信技术的发展,资本、劳动力和技术的国际移动对相关国家的影响越来越大,国际贸易学者也逐步将研究视角转向这类经济活动,理论研究的视域进一步拓展。要素国际流动与国际贸易理论主要探讨生产要素(劳动力、资本、技术)在国际流动对国际贸易的影响。劳动力在不同国家之间的迁移是一种重要的要素流动形式。劳动力从工资水平低的国家流向工资水平高的国家,以寻求更好的就业机会和生活条件。而资本流动包括国际直接投资和国际间接投资。国际直接投资是指企业在国外进行的生产性投资,如建立工厂、子公司等;国际间接投资主要是指国际证券投资和国际借贷等。资本从资本充裕、回报率低的国家流向资本稀缺、回报率高的国家。技术可以通过专利转让、技术合作、跨国公司的技术扩散等方式实现国际流动。发达国家通常是技术的输出方,而发展中国家则通过引进技术来提升自身的生产能力和技术水平。跨国要素流动可以改变各国的资源禀赋和生产能力,从而影响贸易规模。例如:国际直接投资可以促进东道国的产业发展,增加出口能力,扩大贸易规模;技术流动可以提高各国的生产效率,降低生产成本,提高产品的国际竞争力,也会对贸易规模产生积极影响。跨国要素流动也会对贸易结构产生影响,例如:劳动力流动可能导致劳动力流入国的劳动密集型产业得到发展,而劳动力流出国的劳动密集型产业可能会萎缩,从而改变两国的贸易结构;资本和技术的跨国流动通常会促进资本和技术密集型产业的发展,使各国的贸易结构向更高附加值的产品组合转变。要素流动与国际贸易可能存在替代关系和互补关系。例如,企业通过国际直接投资在国外建立生产基地,就可以直接在当地生产并销售产品,减少了对当地的出口活动。要素流动也可以与国际贸易相互促进。一方面,国际贸易可以促进要素流动,如通过贸易往来,企业可以了解到其他国家的投资机会和市场需求,从而促进资本和技术的流动;另一方面,要素流动可以提高各国的生产能力和贸易竞争力,进一步扩大国际贸易规模。

2.国际贸易政策

国际贸易政策部分主要考察发达国家从资本原始积累时期到现在的贸易政

策特点、理论依据、贸易措施及其经济效应等,以及当前国际贸易体制的发展研究等。与主流西方经济思想一致,国际经济学家认为贸易自由化是最有利于资源配置的政策选择。然而,国际关税、各类非关税壁垒层出不穷。这些奖出限入的政策措施会对本国或相关国家乃至全球产生什么经济效应?国际经济学家们观察到二战贸易集团的迅猛发展,引发集团内部贸易创造、贸易扩大和贸易转移效应,也认识到了区域经济合作带来的竞争加剧、规模经济、投资增大等动态效益。这意味着国际贸易的研究范畴已经从纯理论迈向国际贸易关系。

(二)国际经济学宏观部分的基本内容

与宏观经济学非常相似,国际经济学宏观部分的内容涉及货币和总收支、收入水平和价格指数等宏观经济变量,包括国际收支及其调整、外汇和汇率理论、国际货币体系、开放条件下的宏观经济政策以及国际间政策协调等内容,因此,本教材在最后一章还加入了发展中国家的发展选择。

1.国际金融理论

国际金融理论主要包括汇率理论和国际收支理论。其中汇率理论主要研究汇率的决定因素和汇率变动对经济的影响,包括购买力平价理论、利率平价理论、国际收支理论等经典汇率理论,以及现代汇率理论中的资产市场说等。国际收支理论主要分析国际收支平衡表的构成和国际收支失衡的原因及调节机制。

2.国际金融政策

国际金融政策主要探讨国际货币政策和汇率政策的效应及国际影响和协调问题。由于各国经济相互依存,一国的货币政策会对其他国家产生溢出效应。因此,需要研究货币政策在国家间的协调机制,以避免各国货币政策冲突,维护全球金融市场稳定。例如,各国政府通过干预外汇市场来影响汇率水平,以实现经济目标。汇率政策的工具和策略,以及汇率政策与其他经济政策的协调配合是本部分的重点内容。

3.国际货币体系

这部分内容主要包括:探讨国际货币体系的演变历程,如金本位制、布雷顿森林体系和牙买加体系等,以及不同货币体系下的汇率制度、国际储备货币等问题;分析不同国际货币体系的特点、优缺点以及对全球经济的影响;探讨现行牙买加体系存在的问题,分析国际货币体系改革的方向和途径;研究区域货币合作的形式和案例,分析区域货币合作的动机、机制和对区域经济一体化的影响。

4.经济全球化与发展中国家的战略选择

经济全球化使发展中国家能够进入更广阔的国际市场,这为其带来前所未有的经济增长和社会发展机遇,但同时也使其面临贸易波动、金融风险和贫富差距拉大、环境污染等挑战。在经济全球化的背景下,发展中国家应充分认识到自身面临的机遇和挑战，采取积极有效的战略选择，实现经济的可持续发展和社会进步。世界正处于百年未有之大变局，国际政治经济格局加速演变。新兴经济体的崛起、发达国家的相对衰落等因素，导致国际经济秩序和治理体系面临重构，国际竞争日益激烈。部分发达国家推行贸易保护主义政策，设置贸易壁垒，对全球贸易秩序造成冲击。跨国公司对全球产业链供应链的重新布局日益加速。在经济全球化新趋势下，双循环发展新格局对中国降低外部市场的依赖、减少国际贸易摩擦和全球经济波动、增强经济的稳定性和抗风险能力、推动经济高质量发展具有重要的战略意义。

三、国际经济学的历史发展

国际经济学作为一门独立的学科，经历了漫长的形成与发展过程，其历史演进与世界经济格局的变化密切相关。以下将详细阐述国际经济学的形成和发展历程。

（一）国际贸易理论与政策的发展

1.早期思想渊源（重商主义时期—古典经济学时期）与贸易政策

（1）重商主义（15 世纪—18 世纪中叶）的理论思想与贸易政策

重商主义兴起于欧洲资本主义原始积累时期，当时各国迫切需要积累财富以增强国家实力。重商主义者认为金银是财富的唯一形态，国家的富强依赖于金银的大量流入，而实现这一目标的主要手段是贸易顺差，即出口大于进口。同时，重商主义者强调国家应大力发展制造业，以提高本国商品的竞争力，减少对外国商品的依赖。

重商主义时期的具体政策措施包括：对出口实行补贴，鼓励本国商品出口；限制进口，通过征收高额关税、设立进口配额等手段减少外国商品的进口；鼓励发展本国制造业，通过政府干预和扶持，提高本国制造业的生产能力和技术水平，减少对外国制成品的依赖。

重商主义政策在一定程度上促进了欧洲国家的经济发展和资本积累，推动了对外贸易的扩张。但与此同时，各国纷纷加强对贸易的管制和干预，导致国际贸易摩擦加剧。重商主义的思想也促使各国开始重视本国产业的发展和贸易竞争力的提升，为后来的产业革命和经济发展奠定了基础。然而，重商主义对贸易的片面理解和过度强调贸易顺差也带来了一些负面影响，其忽视了国际贸易的互利性和其他经济部门的发展，导致一些国家经济结构的失衡和资源的不合理配置。

(2)古典经济学的国际贸易理论(18 世纪中叶—19 世纪中叶)及其同时期的贸易政策

1776 年,亚当·斯密出版了《国富论》,标志着古典经济学的诞生。斯密批判了重商主义的观点,提出了绝对优势理论。他认为,各国应专业化生产并出口自己具有绝对优势的产品,进口自己具有绝对劣势的产品。所谓绝对优势,是指一国在生产某种产品时所耗费的劳动成本绝对低于另一国。

1817 年,大卫·李嘉图在其著作《政治经济学及赋税原理》中进一步发展了斯密的理论,提出了比较优势理论。李嘉图认为,即使一国在所有产品的生产上都没有绝对优势,但只要在某些产品上具有比较优势,就可以通过国际贸易获得利益。比较优势是指一国在生产某种产品时的机会成本相对低于另一国。

随着工业革命的兴起和资本主义经济的发展,自由贸易思想逐渐兴起。英国成为自由贸易政策的主要倡导者和实践者(18 世纪中叶—19 世纪末)。英国自由贸易政策的主要特点和政策措施包括:英国等国家逐步降低了进口关税,促进了商品的自由流通;取消进口配额、许可证等贸易限制措施,让市场机制在国际贸易中发挥更大的作用;国家之间开始签订自由贸易协定,互相给予贸易优惠待遇。

古典经济学的国际贸易理论为国际经济学的发展奠定了重要的理论基础。它们打破了重商主义对贸易的狭隘认识,强调了自由贸易的互利性和劳动分工的重要性,揭示了国际贸易的基础和利益来源。比较优势理论至今仍是国际贸易理论的基石,为各国参与国际贸易提供了重要的理论指导,推动了国际贸易的快速发展和全球经济的一体化进程。

2.新古典经济学时期(19 世纪中叶—20 世纪初)的贸易理论与政策

(1)要素禀赋理论的提出

19 世纪中叶以后,新古典经济学逐渐兴起。在国际贸易领域,瑞典经济学家赫克歇尔和俄林提出了要素禀赋理论。该理论认为:各国应出口密集使用其丰富要素生产的产品,进口密集使用其稀缺要素生产的产品;要素禀赋的差异是国际贸易产生的根本原因。

要素禀赋理论的提出,进一步完善了国际贸易理论,为解释国际贸易的模式和格局提供了更全面的分析框架。后来的经济学家对该理论进行了拓展和完善,如引入了对运输成本、贸易壁垒等因素的分析,使其更贴近国际贸易的现实情况。同时,要素禀赋理论也为后续的国际贸易政策研究提供了重要的理论依据,对各国制定贸易政策产生了深远的影响。

(2)边际分析方法的应用

新古典经济学时期,边际分析方法被广泛应用于国际经济学的研究中。经济学家们开始运用边际效用理论和边际生产力理论来分析国际贸易和国际投资等问题。例如:在国际贸易中,通过分析边际成本和边际收益来确定最优的贸易量和贸易价格;在国际投资中,运用边际投资回报率来评估投资项目的可行性,跨国公司会选择在边际投资回报率较高的国家和地区进行投资。

边际分析方法的应用使国际经济学的研究更加精确和深入,为政策制定提供了更科学的依据。它使得经济学家能够更细致地分析国际经济活动中的各种变量之间的关系,从而更好地理解国际贸易和投资的动态变化和决策过程。同时,边际分析方法也促进了国际经济学与其他经济学分支的融合,推动了经济学理论的整体发展。

19 世纪末,随着资本主义国家经济发展的不平衡和垄断资本主义的出现,贸易保护政策重新抬头。主要表现和政策措施为各国纷纷提高进口关税,以保护本国的幼稚产业和垄断产业。

3.现代国际贸易理论时期(20 世纪中叶至今)的理论与政策

(1)国际贸易理论的新发展

20 世纪中叶以后,随着产业组织理论的发展,规模经济理论被引入国际贸易领域。该理论认为,规模经济是国际贸易产生的重要原因之一。一些产业由于存在规模经济效应,即使在要素禀赋上国家之间没有差异,也可以通过专业化生产和贸易来获得利益。规模经济理论的提出,解释了产业内贸易等新的贸易现象,丰富了国际贸易理论的内容。

由美国经济学家弗农提出的产品生命周期理论,从技术创新和产品生命周期的角度分析了国际贸易的模式和动态变化。该理论认为,产品的生命周期包括创新阶段、成熟阶段和标准化阶段。在创新阶段,产品通常在发达国家进行生产和出口,因为发达国家具有先进的技术和研发能力。随着产品逐渐成熟,生产技术逐渐扩散,生产会向其他国家转移。在标准化阶段,产品的生产技术已经普及,生产主要集中在成本较低的发展中国家,产品则大量出口到世界各地。

20 世纪 60 年代以来,产业内贸易现象日益引起经济学家的关注。产业内贸易是指同一产业内不同产品之间的贸易,如汽车行业中不同品牌、不同型号汽车的贸易。产业内贸易理论通过分析产品的差异化、规模经济和市场结构等因素,解释了产业内贸易的产生原因和发展规律。该理论认为,产品差异化、规模经济和市场结构是产业内贸易的重要基础。产业内贸易理论的发展进一步深化了人们对国际贸易本质和特点的认识,对国际贸易政策的制定和国际经济关系的研究产生了重要影响。

(2)国际投资理论的兴起

20 世纪 60 年代,美国学者海默首次提出了垄断优势理论,用于解释跨国公司的对外直接投资行为。该理论认为,跨国公司进行对外直接投资是因为它们具有垄断优势,如技术优势、品牌优势、规模经济优势等,这些优势可以使它们在国外市场上获得更高的利润。

20世纪70年代,英国学者巴克利和卡森提出了内部化理论。该理论强调企业为了克服外部市场的不完全性,将中间产品的市场交易内部化,通过建立跨国公司来实现资源的最优配置和利润的最大化。

20世纪80年代,英国经济学家邓宁提出了国际生产折中理论。该理论认为,企业进行对外直接投资需要具备所有权优势、内部化优势和区位优势。只有同时拥有这三种优势,企业才会选择对外直接投资。国际生产折中理论综合了以往的国际投资理论,较为全面地解释了企业的国际直接投资行为,成为国际投资领域具有广泛影响力的理论。

(3)战后贸易自由化时期(20世纪50年代至70年代)

第二次世界大战后,随着世界经济的恢复和发展,贸易自由化成为主流趋势。其主要特点和政策措施包括:在关税与贸易总协定(GATT)的推动下,各国通过多轮贸易谈判,大幅降低了进口关税,例如,经过多轮谈判,发达国家的平均关税水平从战后初期的40%左右下降到了5%以下;逐步取消进口配额、许可证等非关税壁垒,促进商品和服务的自由流动;建立多边贸易体制,GATT和后来的世界贸易组织(WTO)为全球贸易自由化提供了制度保障,通过制定贸易规则和解决贸易争端,推动了国际贸易的发展。

(4)新贸易保护主义时期(20世纪70年代末至今)

20世纪70年代末以来,随着经济全球化的加速和国际竞争的加剧,新贸易保护主义兴起。其主要特点和政策措施有:各国采用更加隐蔽和多样化的非关税壁垒,如技术标准、环保要求、反倾销、反补贴等措施来限制进口;一些国家实行战略性贸易政策,通过政府干预和扶持,培育本国的战略性产业,提高其在国际市场上的竞争力;各国通过建立区域经济一体化组织,加强区域内的贸易合作,同时对区域外国家设置一定的贸易壁垒,如欧盟、北美自由贸易区等区域经济一体化组织。

(二)国际金融理论与政策的发展

1.汇率理论的演进

(1)古典汇率理论

在金本位制度下,各国货币都规定有含金量,两国货币的含金量之比称为铸币平价,它是决定汇率的基础。汇率围绕铸币平价在黄金输送点范围内上下波动。例如:当一国汇率高于黄金输出点时,本国商人会选择将黄金运往国外兑换外汇进行支付,从而导致本国货币供应量减少,汇率下降;反之,当汇率低于黄金输入点时,外国商人会将黄金运往该国兑换货币,使得本国货币供应量增加,汇率上升。

英国经济学家戈逊提出国际借贷理论。该理论认为,汇率是由外汇的供求关系决定的,而外汇的供求则源于国际借贷。当一国的对外债权大于对外债务时,外汇供给大于需求,汇率下降;反之,当对外债务大于对外债权时,外汇供小于求,汇率上升。

(2)现代汇率理论

购买力平价理论是最早的汇率决定理论之一,由瑞典经济学家古斯塔夫·卡塞尔提出。其基本思想是,两国货币的汇率取决于两国货币的购买力之比。该理论包括绝对购买力平价和相对购买力平价理论,其中前者认为两国货币的汇率等于两国物价水平之比,后者认为汇率的变动等于两国通货膨胀率之差。在一价定律的基础上,该理论认为在自由贸易和无运输成本等假设条件下,同一种商品在不同国家应该具有相同的价格,以不同货币表示的价格通过汇率进行换算后应该相等。如果汇率偏离了购买力平价,就会存在套利机会,从而促使汇率回归到购买力平价水平。

利率平价理论主要解释了利率与汇率之间的关系。该理论认为,在资本自由流动的情况下,投资者会根据两国的利率差异来选择投资方向,从而导致资金的国际流动,进而影响汇率。当两国的利率差异等于两国货币汇率的预期变动率时,国际资金流动达到均衡,此时的汇率就是均衡汇率。

20 世纪 70 年代以后,随着国际金融市场的快速发展和金融创新的不断涌现,资产市场说逐渐成为汇率理论的重要流派。资产市场说也被称为汇率决定的资产市场分析法,主要代表人物有美国经济学家布兰森(Branson)、多恩布什(Dornbusch)等。该理论强调,投资者会根据对风险和收益的权衡,将财富分配在不同的资产上,包括本国货币、本国债券和外国债券等。资产市场上各种因素对汇率的影响,包括国内外货币供给、利率、通货膨胀预期、投资者对未来经济形势的预期等。资产市场说认为,汇率是由资产市场的供求关系决定的,短期内汇率的波动主要受投资者心理预期和市场情绪等因素的影响,而长期内则取决于经济基本面的变化。

2.国际收支理论的发展

英国经济学家琼·罗宾逊(Joan Robinson)提出国际收支的弹性分析法,主要研究汇率变动对国际收支的调节作用。该理论认为,在其他条件不变的情况下,汇率变动会通过影响进出口商品的价格和数量来调整国际收支。进出口商品的需求弹性是决定汇率调节效果的关键因素。如果进出口商品的需求弹性足够大,那么货币贬值可以改善贸易收支。

美国经济学家亚历山大(Alexander)将国际收支与国民收入和支出联系起来,提出吸收分析法。该理论认为,国际收支失衡的根本原因是国内总支出与总收入之间的不平衡。当国内总支出大于总收入时,会出现贸易逆差;反之,则会出现贸易顺差。该理论强调了国内经济政策对国际收支的调节作用，为政府制定宏观经济政策提供了一种思路。但该理论也存在一定的局限性，它忽视了国际间资本流动等因素对国际收支的影响。

美国经济学家哈里·约翰逊（Harry Johnaon）和雅各布·弗兰克尔（Jacob Frenkel）等人提出国际收支的货币分析法。该理论从货币角度分析国际收支失衡的原因和调整机制，认为国际收支失衡是货币供求失衡的结果。在固定汇率制度下，当国内货币供给超过货币需求时，多余的货币会流向国外，导致国际收支逆差；在浮动汇率制度下，货币供求失衡会通过汇率的变动来调整。该理论强调货币政策在调节国际收支中的重要作用，认为通过控制货币供给量可以实现国际收支的平衡。

3.国际金融政策的演变

（1）固定汇率制度下的金融政策

在固定汇率制度下，一国货币与其他货币之间保持固定的汇率比价。政府通常通过干预外汇市场来维持汇率的稳定，如在布雷顿森林体系下，美元与黄金挂钩，其他国家货币与美元挂钩，各国政府有义务将本国货币汇率维持在规定的波动范围内。固定汇率制度下各国一般采取外汇储备干预、货币政策调整、资本管制等汇率政策工具。

（2）浮动汇率制度下的金融政策

浮动汇率制度下，汇率由市场供求关系决定，自由波动。这种制度具有一定的优势，它能够自动调节国际收支，政府可以根据本国经济情况自主制定货币政策，而不必过多考虑汇率稳定的因素。浮动汇率制度下政府会使用直接干预、指定汇率目标区制度等汇率政策。但与固定汇率制度下的干预相比，这种干预通常是临时性的、有节制的，以避免过度扭曲市场机制。欧洲一些国家在特定时期曾采用汇率目标区制度，既给予汇率一定的灵活性，又能在一定程度上稳定汇率预期，减少汇率波动对经济的冲击。

（3）汇率政策与其他经济政策的协调配合

汇率政策和货币政策密切相关，两者需要相互协调配合。例如，一些新兴经济体为了促进经济增长通常会采取宽松货币政策，但同时又担心本币过度贬值引发通货膨胀和资本外流等问题，这时就需要在货币政策和汇率政策之间进行精细的协调。

（4）汇率政策与财政政策的协调

财政政策也会对汇率产生影响。例如，当一国出现贸易逆差时，可以通过实施紧缩性财政政策减少进口需求，同时结合适当的汇率政策，如本币适度贬值，来促进出口，改善贸易收支状况。

(5)汇率政策与产业政策的协调

汇率政策与产业政策的协调对于促进产业升级和提高国家经济竞争力具有重要意义。合理的汇率水平可以为不同产业提供适宜的发展环境。政府可以通过汇率政策的调整,配合产业政策,引导资源向优势产业流动,促进产业结构优化升级。

4.国际货币体系的演变与改革

随着经济全球化的深入发展,各国经济相互依存度不断提高。一国的货币政策不仅会影响本国经济,还会通过贸易、投资和金融渠道对其他国家产生溢出效应。因此,国际货币体系的构建变得越来越重要,旨在避免各国货币政策的冲突,维护全球金融市场的稳定,促进世界经济的平稳发展。

(1)布雷顿森林体系

二战后建立的布雷顿森林体系(1944—1973 年)确立了以美元为中心的国际货币体系。美元与黄金挂钩,各国货币与美元挂钩,并规定了固定汇率制度。在这一体系下,美元成为主要的国际储备货币,各国通过固定汇率制度维持汇率的稳定,促进了国际贸易和投资的发展。然而,随着美国经济实力的相对下降和国际收支状况的恶化,布雷顿森林体系逐渐陷入困境。1971 年,美国宣布停止美元兑换黄金,布雷顿森林体系开始瓦解。

(2)牙买加体系

布雷顿森林体系崩溃后,国际货币基金组织于 1976 年通过了《牙买加协定》,确立了新的国际货币体系,即牙买加体系(1976 年至今)。该体系实行浮动汇率制度合法化,各国可以根据自身的经济情况选择合适的汇率制度;同时规定,国际储备货币多元化,美元仍然是主要的储备货币,但欧元、日元等货币的地位也逐渐上升。牙买加体系在一定程度上适应了当时世界经济的发展需要,但也存在着汇率波动频繁、国际金融市场不稳定等问题。

(3)国际货币体系改革

近年来,随着全球经济格局的变化和国际金融市场的动荡,国际货币体系改革成为国际经济领域的重要议题。改革的方向主要包括提高新兴经济体和发展中国家在国际货币体系中的话语权,加强国际货币基金组织等国际金融机构的治理结构改革,完善全球金融监管体系,以及探索建立更加稳定、公平、有效的国际货币体系等。

(4)区域国际货币体系的建设

欧洲货币联盟是区域货币合作的成功典范,在货币政策协调方面积累了丰富经验。欧洲中央银行统一制定和执行货币政策,成员国在货币政策上保持高度一致。通过建立统一的货币市场和货币政策框架,实现了区域内利率的趋同和汇率的稳定,促进了区域内贸易和投资的发展。其他区域货币合作组织,如亚洲的东盟与中日韩(10+3)合作机制,也在探索加强货币政策协调的途径,通过定期的会议和对话,就宏观经济政策和金融稳定等问题进行交流和协调。

除此之外,世界主要国家间也在不断加强货币政策对话与协调。例如,二十国集团(G20)峰会为主要国家提供了货币政策对话的平台。G20 峰会上各国领导人就全球经济形势和货币政策进行讨论和协调。在一些重大经济事件和危机时期,G20 成员国通过共同声明和行动计划,承诺采取协调一致的货币政策措施,以稳定全球经济和金融市场。此外,主要国家的中央银行之间也经常进行双边和多边的沟通与协调,如美联储与欧洲央行、日本央行等之间的定期对话,就货币政策的走向和可能的影响进行交流和评估。

四、国际经济学的研究方法

(一)微观分析与宏观分析相结合

微观分析主要侧重于研究个体经济单位在国际经济活动中的行为和决策,如国际市场中的价格决定、资源配置、收入分配、经济效率以及福利分析等。宏观分析则从国家或全球的层面来研究国际经济现象和问题,如有关国际收支与国民收入的关系、国际收支的调节及其恢复均衡的过程等。

在国际经济学的研究中,将微观分析与宏观分析相结合是非常必要的。微观经济单位的行为和决策是宏观经济现象的基础,而宏观经济环境又会对微观经济单位产生影响。只有综合运用这两种分析方法,才能全面、深入地理解国际经济活动的本质和规律。

(二)实证分析与规范分析相结合

实证分析是一种基于事实和数据的分析方法,旨在描述和解释国际经济现象"是什么"。实证分析方法通过收集和整理相关的数据,运用计量经济学等工具进行实证研究,检验各种国际经济学理论和假设的有效性,分析国际经济变量之间的关系,为国际经济学的研究提供客观的依据和经验支持。规范分析则侧重于研究国际经济现象"应该是什么",涉及价值判断和政策建议。例如,对不同的贸易政策进行评估,判断哪种政策更有利于促进经济增长、公平分配和环境保护等目标的实现,从而为政府提供政策参考。

实证分析和规范分析在国际经济学中相互补充:实证分析为规范分析提供了事实依据,使政策建议更具有科学性和可行性;规范分析则为实证分析指明了方向,使研究更具有针对性和现实意义。

(三)静态分析与动态分析相结合

静态分析是在假定其他条件不变的情况下,对国际经济现象进行某一时点的分析。它主要用于研究国际经济变量之间的相互关系和均衡状态,如在国际贸易理论中分析不同国家在特定生产技术和资源禀赋条件下的贸易模式和贸易利益分配。这种分析方法简单明了,能够帮助我们理解国际经济的基本原理和运行机制。动态分析则考虑时间因素,研究国际经济现象随时间变化的过程和趋势。它关注国际经济变量的动态调整和变化规律,如经济增长、技术进步、贸易结构变化等对国际经济关系的长期影响。动态分析方法可以帮助我们更好地把握国际经济的发展动态和演变趋势,为预测未来国际经济形势和制定长期经济政策提供参考。

在国际经济学的研究中,静态分析和动态分析都具有重要的作用。静态分析是动态分析的基础,通过对静态均衡状态的分析可以为动态研究提供起点和参照系;动态分析则是对静态分析的拓展和深化,能够更全面地反映国际经济的实际运行情况。

(四)比较分析方法

比较分析方法是国际经济学中常用的一种研究方法。它通过对不同国家或地区在国际经济活动中的表现、政策和制度等方面进行比较,找出差异和共同点,从而总结经验教训,为制定合理的经济政策和战略提供参考。

国别比较可以对两个或多个国家的经济发展模式、贸易政策、投资环境等进行比较分析。通过国别比较,可以发现各国在国际经济中的优势和劣势,为各国相互借鉴和学习提供依据。

历史比较是对同一国家或地区在不同历史时期的国际经济活动进行比较分析。通过研究经济发展的历史轨迹,分析国际经济格局的演变过程,总结经济发展的经验和规律,为未来的经济发展提供启示。

制度比较主要是对不同国家的经济制度、国际经济组织的规则和制度等进行比较分析。研究不同制度安排对国际经济活动的影响,探讨制度创新和改革的方向。例如,比较不同国家的金融监管制度,分析国际货币体系中不同汇率制度的优缺点,研究区域经济一体化组织的制度设计和运行机制等。

比较分析方法有助于拓宽研究视野,加深对国际经济学问题的理解,为解决实际经济问题提供多样化的思路和方法。

第一章 传统贸易理论

学习目标

知识目标

1.理解绝对优势、比较优势、要素禀赋等概念。

2.理解和掌握传统国际贸易理论的假设前提，各代表性理论产生的历史背景。

3.理解和掌握传统国际贸易理论中各代表性理论的核心内容和逻辑推理。

能力目标

1.深刻理解传统国际贸易理论中各经典理论的差异，理解其创新点、理论适用性及局限性。

2.通过主动查找和阅读相关资料，利用国际贸易理论去分析现代国际贸易现象、贸易特征，评判发展趋势。

素养目标

1.通过分析国际贸易理论的历史演变和实际应用，培养批判性思维，学会质疑和反思。

2.培养发现问题的探究能力，增强对中国贸易大国发展的历史责任感、自豪感，保持对国际竞争的危机感。

引导案例

单一自然资源带来的比较优势

自然资源是很多国家比较优势的来源。例如:智利盛产铜,博茨瓦纳有大量钻石,而沙特阿拉伯石油储量丰富。原油问题可能是当今世界最重要的地缘政治问题,也是各国争夺的最大的自然资源。实际上,除货币交易外,国际原油贸易无论从数量还是从价值来看,都超过了任何其他商品或者服务的贸易。

一国在原油生产方面的比较优势主要取决于该国的原油储备量,而且众所周知,全球已探明原油储备的大部分分布在中东地区。表 1-1 列出了 2011 年全球十大产油国,以及原油出口在这些国家的总出口中所占据的比重。

表 1-1　2011 年全球十大产油国

国家	储备量/单位	原油出口占总出口的比重/%
沙特阿拉伯	2 667	80.7
加拿大	1 781	20
伊朗	1 362	74.2
伊拉克	1 150	98.2
科威特	1 040	83.4
委内瑞拉	994	90
阿拉伯联合酋长国	978	32.5
俄罗斯	600	57
利比亚	437	88.6
尼日利亚	362	83.9

石油就是财富。因此,当一国拥有丰富的原油储备时,劳动力和资本就会蜂拥而至,进入石油产业,因为这样做能够实现投入要素价值的最大化。这也是充分利用资源禀赋所带来的比较优势的一个很好的例证。但是这同样导致了糟糕的一面:大力发展石油产业带来的潜在丰厚回报会导致一国很难开展其他的经济活动。某种丰富的自然资源导致一国其他经济活动萎缩的现象被称为资源诅咒。这一点也可以从表 1-1 中看出来,对大多数产油国来说,石油出口在其总出口中所占的比重都非常高。表中大部分国家都是单一产出型经济体。

问题与思考:资源诅咒是如何产生的?会有什么负面影响?能不能避免?

国际贸易的传统理论也称国际贸易的古典理论或纯粹国际贸易理论,始于亚当·斯密的绝对优势理论,完成于李嘉图的比较优势理论。国际贸易的传统理论奠定了西方国际贸易的理论基础，构建了西方国际贸易理论的逻辑框架，规范了西方国际贸易理论的分析内容。

第一节　绝对优势贸易理论

18 世纪中叶，英国开始工业革命，生产力得到极大提高。新的机器设备和生产技术不断涌现，如纺织业中的珍妮纺纱机的发明，使得英国的工业生产规模迅速扩大。这导致英国的产品不仅能够满足国内市场的需求，还迫切需要拓展海外市场。

当时，传统的重商主义思想在国际贸易政策中占据主导地位。重商主义强调国家应该通过贸易顺差来积累金银财富，实行贸易保护主义，如实施限制进口和鼓励出口的政策。但是，随着英国工业实力的增强，这种保护主义政策开始阻碍经济的进一步发展。亚当·斯密的绝对优势理论正是在对重商主义的批判中应运而生，它倡导自由贸易，为英国及其他国家的贸易政策提供了新的理论基础。

亚当·斯密（Adam Smith）是 18 世纪英国著名的经济学家和哲学家，被誉为“经济学之父”。他出生于 1723 年的苏格兰柯卡尔迪，曾在格拉斯哥大学和牛津大学学习。斯密的主要著作是《国民财富的性质和原因的研究》（简称《国富论》），于 1776 年出版，被认为是现代经济学的奠基之作。他在书中阐述了自由市场经济的理念，对经济学的诸多领域产生了深远影响，包括劳动分工、价值理论、资本积累和国际贸易等诸多重要概念的产生。

一、亚当·斯密对重商主义的批判

亚当·斯密在其 1776 年出版的《国富论》一书中对重商主义的思想进行了深刻的批判。

（一）关于财富观

他指出，衡量一国财富的标准不是其所拥有的贵重金属的多少，而是这些贵重金属所能购买的商品数量。一国拥有的贵重金属再多，但如果可供消费的商品的数量和种类少得可怜，那么该国人民的实际生活水平也不会高。只有可供消费的商品增加，才意味着一国财富的增加。

(二)关于增加财富的手段

怎样才能增加一国的财富?亚当·斯密认为,扩大生产才能提高本国的生活水平,而生产的扩大最根本的动力是劳动生产率的不断提高,劳动生产率的提高又取决于社会分工和专业化的不断深化。简而言之,财富增加依赖于劳动分工,这就是亚当·斯密的劳动分工学说的基本思想。

(三)关于贸易政策

亚当·斯密进一步将其学说应用于国际贸易,认为国与国之间的贸易可以使每个国家都增加财富。他认为国际贸易可以通过市场的拓展,将社会分工由国内延伸到国外,将国内分工变为国际分工。社会分工范围的扩大,意味着专业化程度的提高,以及劳动生产率的不断提高,最终将促进实际收入意义上的财富增长。亚当·斯密实际上证明了国际贸易是实现专业化分工利益的重要途径,他的这一思想为自由贸易提供了有力的论据。

二、绝对优势贸易理论的基本内容

(一)绝对优势的内涵

绝对优势指某两个国家生产同一单位的某种商品时,其中一个国家所使用的资源少于另一个国家,即一个国家生产同一单位的某种商品所耗费的劳动成本绝对低于另一个国家。这种优势可能来源于该国的自然优势(如适宜的气候、丰富的自然资源等)或获得性优势(如先进的技术、熟练的劳动力等)。

(二)主要观点

1.分工提高劳动生产率

亚当·斯密认为,交换是人类的一种天然倾向,而这种倾向即产生了分工,社会劳动生产率的巨大进步正是分工的结果。他以制针业为例:分工前,一个粗工每天至多能制造 20 枚针;分工后,平均每人每天可制造 4800 枚针,劳动生产率提高了几百倍。所以,分工可以提高劳动生产率,增加国民财富。

2.国际分工的原则

分工的原则是成本的绝对优势或绝对利益,即每个人专门从事他最有优势的产品的生产,然后彼此交换,这样对每个人都是有利的。家庭之间的分工可推及国家之间,适用于一国内部不同个人或家庭之间的分工原则,也适用于各国之间,而国际分工是各种形式分工中的最高阶段。

3.国际贸易的基础与效果

国际分工是国际贸易的基础，在国际分工基础上开展国际贸易，各国都会受益。如果各国都按照各自的有利条件进行分工和交换，将会使各国的资源、劳动和资本得到最有效的利用，大大提高劳动生产率，增加物质财富。

4.贸易模式主张

一国应生产并出口在生产成本上具有绝对优势的产品，进口那些在生产成本上处于绝对劣势的产品。这样，通过专业化生产和国际贸易，各国都能获得更多的产品和利益，实现共赢。

国富论中的关于绝对优势贸易理论的经典阐述

扫码阅读

三、绝对优势贸易理论的逻辑

（一）假设前提

亚当·斯密的绝对优势贸易理论是建立在以下假设前提基础之上的。

（1）假设现实世界由两个国家构成，即 A、B 两国，这两个国家都生产 X、Y 两种产品，劳动是唯一的生产要素（2×2×1 模型）。

（2）劳动在一国之内是同质的。

（3）劳动在一国之内可自由流动，但在国家间不能流动。

（4）规模报酬不变。

（5）完全竞争市场。各国生产的产品价格都等于产品的平均成本，无经济利润。

（6）无运输成本。

（7）两国之间的贸易是平衡的。

（二）绝对优势贸易理论的数学解释

在前面所提及的 2×2×1 的模型中，A 国和 B 国在进行专业化分工之前的劳动分配、产品产量的情况如表 1-2 和表 1-3 所示。

表 1-2 两国的单位产出所需要的劳动量

国家	X 产品的劳动投入量	Y 产品的劳动投入量
A	3	6
B	12	4

表 1-3 两国的劳动生产率

国家	X 产品的劳动生产率	Y 产品的劳动生产率
A	1/3	1/6
B	1/12	1/4

在表 1-2 中，A 国生产 1 单位 X 产品需要投入 3 单位的劳动，生产 1 单位 Y 产品需要 6 单位的劳动；B 国生产 1 单位 X 产品需要 12 单位的劳动，生产 1 单位 Y 产品需要 4 单位的劳动。在表 1-3 中，A 国在 X 产品上的劳动生产率要高于 B 国；B 国在 Y 产品上的劳动生产率要高于 A 国。因此可以说，A 国在 X 产品上具有绝对优势，而 B 国在 Y 产品上具有绝对优势。

按照斯密的绝对优势原则，A 国应专门生产劳动生产率绝对高（生产成本绝对低）的 X 产品，B 国应专门生产劳动生产率绝对高（生产成本绝对低）的 Y 产品。按照这样的原则进行分工，A、B 两国生产变化的净效果如表 1-4 所示。

表 1-4 分工后生产变化的净效果

国家	X 产品	Y 产品
A	+2	−1
B	−1	+3
世界生产的净变化	+1	+2

由表 1-4 可以看出，A 国放弃 Y 产品的生产将全部劳动投入 X 产品的生产，会多生产出 2 单位的 X 产品；B 国放弃 X 产品的生产将全部劳动投入 Y 产品的生产，会多生产出 3 单位的 Y 产品。与分工前相比较，世界总产量中的 X 产品增加了 1 单位，Y 产品增加了 2 单位，而这是在总的劳动投入不变的情况下发生的。

四、对绝对优势贸易理论的评价

（一）绝对优势贸易理论具有较高的理论价值和应用价值

1.理论创新价值

绝对优势贸易理论打破了重商主义零和博弈的观念，指出国际贸易是互利共赢的。该理论强调分工和专业化能提高劳动生产率，如英国和葡萄牙在毛呢与葡萄酒生产上根据绝对优势分工，总产出会增加。

2.应用价值

为英国自由贸易政策提供理论支撑，具有较强的政策实践价值。19世纪的英国借此大力发展贸易成为世界工厂。该理论也为企业国际化指明了方向，企业可在有绝对优势领域跨国经营或出口。

（二）具有一定局限性

1.假设条件太苛刻

该理论假设只有单一同质劳动要素，现实中生产要素多样且不同质；还假定完全自由竞争市场，忽略贸易壁垒、运输成本和汇率波动等，实际贸易受这些因素影响大。

2.研究对象的特殊性

该理论无法解释一国无绝对优势时的贸易情况，而现实中即使无绝对优势，也能靠比较优势参与贸易；且未考虑产业结构动态变化，国家绝对优势会随时间、技术等改变。

第二节　比较优势贸易理论

亚当·斯密的论述虽然精辟，但存在着很大的不足。它不能解释现实中所有国家之间国际贸易的基础，因为亚当·斯密假设参与贸易的各国都拥有一个处于绝对优势的生产部门。但假如一个国家在所有部门的生产成本上都处于绝对劣势，那么亚当·斯密的分析无法解释这一种情况。直到大卫·李嘉图对国际贸易基础作了更为确切的论述后，人们在这个问题上才有了更全面的认识。

一、比较优势贸易理论的假设前提

李嘉图的比较优势模型是以古典学派的劳动价值论为基础的，它建立在以下假设之上：

（1）产品在生产中只使用劳动这一种生产要素，劳动在一国之内可自由流动，但在国家间不能流动；

（2）单位产出所需的劳动投入量在生产中保持不变，不随产量变化而变化，即劳动生产率是固定不变的；

（3）商品和劳动市场均是完全竞争的；

（4）不考虑运输成本和其他交易费用。

二、比较优势贸易理论的基本内容

李嘉图在斯密的绝对优势贸易理论的基础上提出了比较优势贸易理论。李嘉图指出，决定国际贸易的因素是两个国家商品的相对劳动成本，而不是生产这些商品所需要的绝对劳动成本。很显然，李嘉图的学说比斯密的见解更进了一步。一个国家在各种产品的生产上，即使劳动成本皆高于他国，但只要在劳动投入量上有所不同，则亦可进行贸易。每个国家只要比较劳动投入量的相对水平，即可决定比较利益之所在，进而决定贸易的方向。李嘉图比较优势贸易理论的核心思想就是两利相权取其重，两弊相衡取其轻。比如两个家庭：家庭 A 擅长烹饪和园艺，但烹饪技能更为出色；家庭 B 擅长园艺和手工艺，但园艺技能更为突出。如果两个家庭都仅依靠自己的技能来满足需求，会错过交换专长的好处。根据李嘉图的比较优势贸易理论，家庭 A 应专注于烹饪，为家庭 B 提供晚餐；家庭 B 则应专注于园艺，并为家庭 A 打理花园。作为交换，家庭 A 获得家庭 B 的手工艺品，家庭 B 享用家庭 A 的晚餐。这样，两个家庭都能从彼此的专长中获益，提高生活质量，享受更多样化的生活体验。

三、比较优势贸易理论的数学解释

我们仍然以两个国家和两种产品为考察对象，有时为了方便起见，我们称这一模型为 2×2×1 模型(两个国家、两种产品、一种要素)。

在表 1-5 中，A 国生产 1 单位 X 产品需要投入 3 单位的劳动，生产 1 单位 Y 产品需要 6 单位的劳动；B 国生产 1 单位 X 产品需要 12 单位的劳动，生产 1 单位 Y 产品需要 8 单位的劳动。A 国在两种产品的生产成本上都优于 B 国，因而 A 国在两种产品生产上都处于绝对优势，但两种产品的绝对优势程度并不相同。其中，在 X 产品上 A 国的生产成本只是对方的 1/4，或者说劳动生产率是对方的 4 倍(见表 1-6)。相比之下，A 国 X 产品的生产成本比对方更低，或者说 A 国 X 产品的劳动生产率更高，即 A 国在 X 产品生产上优势更为突出。因此可以说，A 国在 X 产品生产上具有比较优势，B 国在 Y 产品的生产上具有比较优势。

表 1-5　两国单位产出所需的劳动量

国家	X 产品的劳动投入量	Y 产品的劳动投入量
A	3	6
B	12	8

表 1-6　两国的劳动生产率

国家	X 产品的劳动生产率	Y 产品的劳动生产率
A	1/3	1/6
B	1/12	1/8

按照李嘉图的比较优势原则，A 国应专门生产劳动生产率相对更高的 X 产品，B 国应专门生产劳动生产率相对更高的 Y 产品，按照这样的原则进行分工，A、B 两国生产变化的净效果如表 1-7 所示。

表 1-7　分工后生产变化的净效果

国家	X 产品	Y 产品
A	＋2	－1
B	－1	＋1.5
世界生产的净变化	＋1	＋0.5

四、对比较优势贸易理论的评价

(一)积极意义

李嘉图的比较优势贸易理论为国际贸易奠定了更为广泛的基础。比较优势理论认为，一个国家只要具备比较优势就能参与国际分工和贸易并获得利益，不一定具备绝对优势，而这克服了绝对优势理论的局限性。

同时，从国际贸易实践出发，李嘉图比较优势贸易理论有其合理内核，其分析了国际贸易具有的各个方面的利益，揭示了国际贸易因比较利益而发生，并具有互利性。它证明了各国通过出口相对成本低，即成本并非绝对低的产品，进口相对成本高，即成本并非绝对高的产品，就可以实现贸易互利，世界的总福利水平也会得到提高。

(二)消极意义

李嘉图的比较优势贸易理论也存在着一些不足。

首先，该理论的假设前提过于苛刻，并不符合国际贸易的实际情况。例如，该理论假设市场是完全竞争的，要素在国际上完全不能流动，经济中规模收益不变，这些都与当今世界经济的现实相差甚远。这使得传统比较优势贸易理论的适用范围受到了限制。

其次，按照该理论，贸易产生的原因是国家间比较利益的差异，即不同国家间比较利益差异越大,则贸易发生的可能性就越大,这样,当今的贸易便应该主要在比较利益差距较大的发达国家与发展中国家间展开。而现实情况却是,今天的贸易主要发生在比较利益差距较小的发达国家之间。

最后,按照该理论,在自由贸易条件下,参加贸易的双方都可获利。为获得贸易的利益,所有贸易参加国都应该积极实行自由主义而非保护主义的贸易政策,否则就会违背经济理性的假设。但在实际中,不少国家的政府都在不同程度地实行贸易保护主义政策,所以国际贸易的事实与李嘉图比较优势贸易理论的结论存在较大的差距。

大卫·李嘉图

扫码阅读

第三节 要素禀赋理论

在李嘉图模型中,由于假设劳动是唯一的生产要素,那么产生比较优势的唯一原因就是各国劳动生产率的差异。然而在现实中,贸易还反映了各国之间资源的差异。用各国之间的资源差异来解释国际贸易的起因,是国际经济学中最具影响力的理论之一。这一理论是由瑞典的经济学家埃利·赫克歇尔(Eli Heckscher)和 1997 年诺贝尔经济学获奖者伯尔蒂尔·俄林(Bertil Ohlin)提出的,因此通常被称为赫克歇尔-俄林理论。赫克歇尔-俄林理论(也称 H-O 理论)包含两个重要的定理,即赫克歇尔-俄林定理和要素价格均等化定理。赫克歇尔-俄林定理认为,在技术相同、规模报酬不变、完全竞争市场等假设条件下,贸易源于各国要素丰裕度的差异。

一、基本概念

在建立要素禀赋理论的基本模型之前,先引入以下重要概念。

(一)要素禀赋

所谓要素禀赋,是指一国所拥有的两种生产要素的相对比例。这是一个相对的概念,与其所拥有的生产要素绝对数量无关。例如,若A国拥有的资本数量为K,劳动数量为L,则其相对要素禀赋为K/L。

在要素禀赋存在差异的情况,如果一国的要素禀赋(K/L)大于他国,则称该国为资本相对丰富或劳动相对稀缺的国家;反过来,他国则为劳动丰富或资本稀缺的国家。图1-1中,E_A、E_B两点分别表示A、B两国的要素总量组合。在E_A点,A国拥有的资本和劳动总量为($\bar{K}_A$,$\bar{L}_A$);在E_B点,B国拥有的资本和劳动总量为($\bar{K}_B$,$\bar{L}_B$)。图中E_A、E_B两点与原点的连线的斜率ρ_A、ρ_B分别表示A、B两国的要素禀赋状况。由图可知,$\rho_A>\rho_B$,故A国为资本要素丰富的国家,B国则为劳动要素丰富的国家。

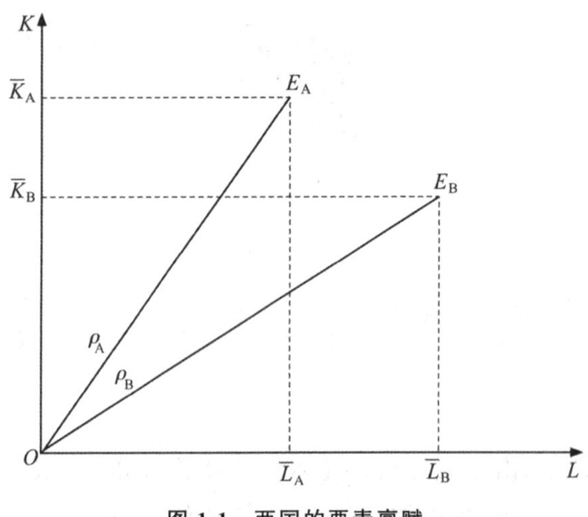

图1-1　两国的要素禀赋

要素丰富程度也可以用两国要素的相对价格来衡量。如果A国工资w和利率r的相对价格w/r低于B国,则A国为劳动要素相对丰富的国家,B国为资本要素相对丰富的国家。

(二)要素密集度

所谓要素密集度(factor intensity),是指生产某种产品所投入的两种生产要素的比例。这也是一个相对的概念,与生产要素的绝对投入量无关。

如果生产X产品所采用的资本与劳动投入比例$k_X=K_X/L_X$,大于生产Y产品所采用的资本与劳动投入比例$k_Y=K_Y/L_Y$,即$k_X>k_Y$,则称X是资本密集型(capital-intensive)产品,Y是劳动密集型(labor-intensive)产品。

如果X、Y的生产部门采用的都是固定要素比例的生产技术,即无论在什么情形下，X、Y 生产所使用的资本-劳动比例均保持不变，在这种情形下，直接比较 X、Y 的生产部门的资本-劳动比例就可以确定要素密集度的差异。但是，固定要素比例生产技术在现实中很难找到。对于绝大多数产品来说，生产中的资本-劳动比例是可变的，即资本与劳动之间可以互相替代使用。当生产要素市场上资本价格相对上升，即资本变得昂贵时，厂商大都倾向于减少资本的使用量，而用较廉价的劳动代替原来使用的一部分资本，因此所有生产部门的资本-劳动比例都可能因资本价格上涨而下降；同样，当劳动价格相对上升时，各部门的资本-劳动比例将提高。所以，在生产要素可替代的情况下，比较两个部门的要素密集度必须在一个共同的标准下进行，这个标准就是共同的要素价格。如果在任何相同的要素价格下，生产 X 所使用的资本-劳动比例均大于生产 Y 所使用的资本-劳动比例，则称 X 是资本密集型产品，Y 是劳动密集型产品。

（三）要素充裕度

有两种定义要素充裕度（factor abundance）的方法。一种是以实物单位定义，即用各国所有可以利用的资本和劳动的总和来衡量。另一种是用相对要素价格（relative factor prices）定义，即用每个国家的资本的租用价格和劳动时间价格来定义。

用第一种方法定义，如果国家 2 的可用总资本和可用总劳动的比例（T_K/T_L）大于国家 1 的这一比例，我们就说国家 2 是资本充裕的（即国家 2 的 T_K/T_L 大于国家 1 的 T_K/T_L）。

用第二种方法定义，如果国家 2 的资本租用价格和劳动时间价格的比例（P_K/P_L）小于国家 1 的这一比例，我们就说国家 2 是资本充裕的。

这两种定义要素充裕度的方法之间的关系是很明了的。用实物单位定义要素充裕度仅仅考虑了供给这一方面的因素；而用相对要素价格来定义则同时考虑了供求两方面的因素。从经济学原理中还可以得知：对一种生产要素的需求是派生需求（derived demand），是从对最终产品的需求中派生出来的。因为我们假定两国的偏好是相同的，在这种情形下，定义要素充裕度的两种方法得出的结论是相同的。

但实际情况并不总是这样。很有可能出现这样一种情况：国家 2 对商品 Y（资本密集型商品）的需求和由此产生的对资本的需求远远大于国家 1，从而使国家 2 的资本相对价格高于国家 1（尽管国家 2 的资本的供给大于国家 1）。出现这种情况时，在实物单位定义法下国家 2 是资本充裕的，在相对要素价格定义法下国家 2 却是劳动充裕的。

在这种情况下，应该使用相对要素价格定义法。也就是说，如果一国资本的相对价格低于另一国，则该国是资本充裕的。在我们的假设条件下，两种定义方法并不冲突。无论在哪种定义方法下,国家 2 总是资本充裕的,国家 1 总是劳动充裕的。

在图 1-2 中,我们在同一坐标系中绘出了国家 1 和国家 2 的生产可能性曲线。由于国家 1 是劳动充裕的国家,而 X 产品是劳动密集型的,那么国家 1 的生产可能性曲线更偏向度量 X 产品的横轴。同样,由于国家 2 是资本充裕的国家,而 Y 产品是资本密集型的,那么国家 2 的生产可能性曲线就更偏向度量 Y 产品的纵轴。

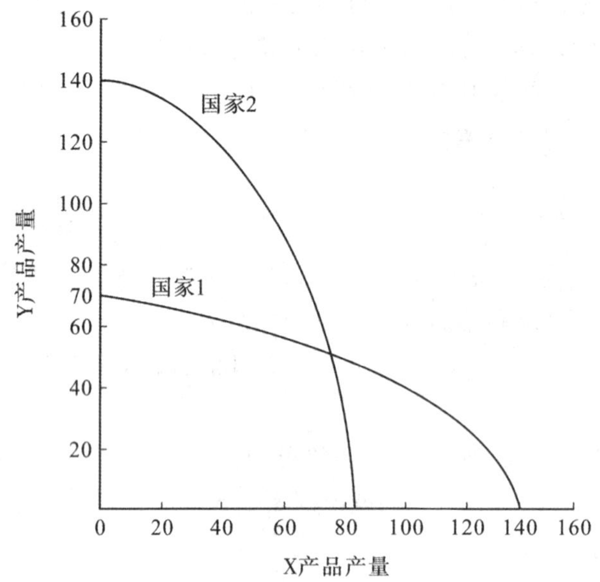

图 1-2 国家 1 和国家 2 生产可能性曲线

注:国家 1 的生产可能性曲线比国家 2 的平坦,而且在横轴方向上扩展得较宽,这反映了国家 1 可以比国家 2 生产更多的 X 产品。其原因是,国家 1 是劳动充裕的国家,而 X 又是劳动密集型产品。

二、模型基本假设

要素禀赋模型建立在以下基本假设之上:

(1)两国相同部门的生产函数相同;

(2)两国消费者偏好相同;

(3)规模收益不变;

(4)所有商品市场、要素市场都是完全竞争的;

(5)两国的生产要素供给是既定不变的;

(6)假设 A 国为资本丰富的国家,B 国为劳动丰富的国家;

(7)生产要素在一国之内可自由流动,在国际不能流动;

(8)产品 X、Y 的生产技术不同,假设 X 为资本密集型产品,假设 Y 为劳动密集型产品;

(9)不存在运输成本或其他贸易障碍。

由以上假设可知,A、B 两国除要素禀赋不同外,其他一切条件都是完全相同的。

假设(1)意味着两国相同部门的等产量线的形状相同,影响要素使用比例的只有要素的相对价格。假设(2)意味在相同的要素价格下,生产 X 产品的资本-劳动的比例要比生产 Y 产品的这一比例高。假设(3)表明,增加生产某一产品的资本和劳动的投入量,该产品的产量会同比例地增加。假设(4)主要告诉我们,当市场均衡时,价格与边际成本相等,生产者得不到超额利润。假设(5)表明,两国所使用的每种要素之和分别等于各种要素的总供给。假设(7)表明,一国内生产要素会从低报酬的部门流向高报酬的部门,直到两个部门同种要素报酬相等为止。同时,没有国际贸易时,两国的同种要素的收入差异会永久存在。假设(8)表明,两国社会无差异曲线的形状是相同的。假设(9)表明,在市场开放条件下,当两国的相对价格相等时,两国的生产分工才会停止,贸易达到均衡。

三、赫克歇尔-俄林定理

从前面所述的基本假设出发, 我们可以这样表述赫克歇尔-俄林定理(Heckscher-Ohlin Theorem):一国应当出口密集使用该国相对充裕和便宜的要素所生产的商品,进口密集使用该国相对稀缺和昂贵的要素所生产的商品。简言之,劳动相对充裕的国家应当出口劳动密集型商品,进口资本密集型商品。

国家 1 出口商品 X 是因为 X 是劳动密集型商品,而劳动是国家 1 比较充裕和便宜的要素。类似地,国家 2 出口商品 Y 是因为 Y 是资本密集型商品,而资本是国家 2 比较充裕和便宜的要素(即国家 2 的利率/工资比例小于国家 1 的这一比率)。

在所有可能造成国家之间相对商品价格差异和比较优势的原因中,赫克歇尔-俄林定理认为,各国的相对要素充裕度,或称要素禀赋,是国际贸易中各国具有比较优势的基本原因和决定因素。因此,赫克歇尔-俄林定理又常被称为要素比例或要素禀赋理论(factor-proportions theory or factor-endowment theory),即每个国家都应专业化生产并出口密集使用该国相对充裕和便宜的要素的商品,进口密集使用该国相对稀缺和昂贵的要素的商品。

这样一来,赫克歇尔-俄林定理就解释了比较优势产生的原因,而不像古典经济学家只是假设其成立。换句话说,赫克歇尔-俄林定理认为相对要素充裕度和相对要素价格之间的差异是导致两国贸易前相对商品价格不同的原因。这种相对要素价格和相对商品价格之间的差异可以转化为两国间绝对要素价格和绝对商品价格的差异。这种绝对价格差异才是两国之间发生贸易的直接原因。

图 1-3 通过图形阐释了要素禀赋理论。该图的生产可能性曲线存在以下假设:美国是资本相对充裕的国家,而中国是劳动力相对充裕的国家。该图同时假设:飞机制造业是资本密集型产业,纺织业是劳动密集型产业。

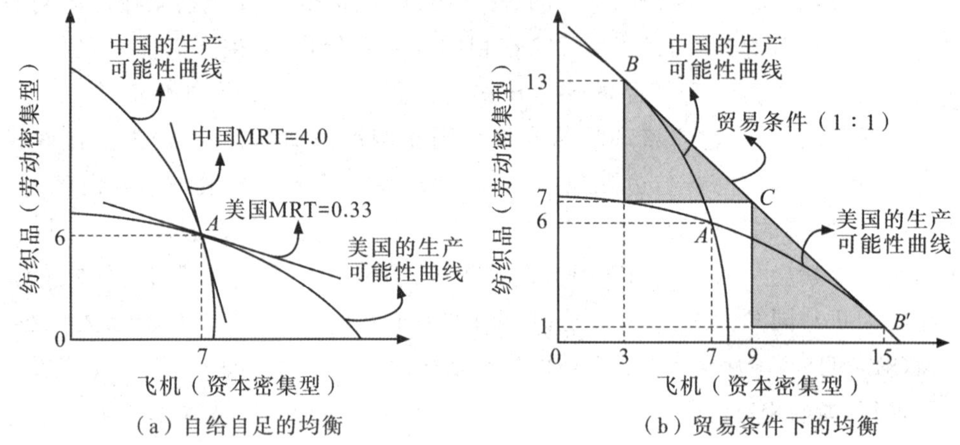

图 1-3 要素禀赋理论

注:一个国家出口资源相对丰裕要素的产品,进口资源相对稀缺要素的产品。

因为美国的资本相对充裕,而飞机又是资本密集型产品,所以美国在飞机生产上的优势要大于中国。因此,美国的生产可能性曲线更偏向于飞机制造业,如图 1-3 所示。类似地,因为中国的劳动力资源相对充裕,而纺织业是劳动密集型产业,因此,中国在纺织品的生产上比美国更具优势,中国的生产可能性曲线将更偏向于纺织业。

假设经济处于自给自足的状态,中美两国对纺织品和飞机的需求一致,那么,两国将在图 1-3(a)中的 A 点处进行生产与消费。此时,美国的生产可能性曲线在 A 点的切线斜率的绝对值小于中国的生产可能性曲线在 A 点的切线斜率的绝对值。美国飞机的相对价格比中国低,也就是说,美国在飞机生产上具有比较优势,而中国在纺织品生产上具有比较优势。然而,图 1-3(a)虽然对比较优势进行了形象的阐释,却未对其原因作出解释。在这个贸易案例中,在资本相对充裕的国家(美国),资本的价格相对便宜;而在劳动力相对充裕的国家(中国),劳动力的价格相对便宜。资源相对价格的差异使美国在资本密集型产品(飞机)的生产上具有比较优势,中国则在劳动密集型产品(纺织品)的生产上具有比较优势。简而言之,要素禀赋理论认为,资源禀赋上的相对差异是在不存在贸易的情况下,两国产品的相对价格存在差异的主要原因。

如图 1-3(b)所示,有关贸易收益的分析基本都适用于要素禀赋理论。通过贸易,每个国家都继续在具有比较优势的产品上进行专业化生产,直到该产品的价格等同于对方的价格为止。专业化会持续进行,直到美国的生产点移至点 B′处、中国的生产点移至点 B 处为止,这时,两国的生产可能性曲线均与斜率绝对值为 1 的相对价格曲线相切。这条相对价格曲线就是贸易的均衡条件。我们还可以假设,两国都更偏好贸易条件下飞机与纺织品的消费组合,即图中的点 C。为了达到 C 点,美国需要出口 6 架飞机以换取 6 个单位的纺织品,中国需要出口 6 个单位的纺织品来换取 6 架飞机。因为 C 点高于自给自足条件下的 A 点,可知贸易为两国都带来了收益。

要素禀赋理论可以很好地解释了为什么中国等劳动力资源丰富的国家出口纺织品和玩具等劳动密集型产品,也可以很好地解释为什么美国等资本丰富的国家出口飞机和机械等耗费大量资本的产品。但是,要素禀赋理论很难解释现在普遍存在的双向贸易,即许多国家在出口钢铁和汽车的同时,为什么也进口钢铁和汽车。此外,该理论也很难解释要素禀赋相似的发达国家之间为什么其中一国的贸易量更大。

各国的相对资源禀赋情况

表 1-8 给出了 2011 年几个重要国家在重要生产要素方面占世界总量的份额以及其 GDP 占世界的份额。其中,可耕种土地是生产农产品所需的通用资源,有形资本是指机器、厂房和其他非人工的生产手段,研发科学家是指具有大学本科以上学历、从事最高技术含量的产品生产的拥有最高技能的劳动力,高技能工人是指完成大学课程的劳动力,中等技能工人是指完成中等教育(如高中、职业中学或同等学历)但未完成大学课程的劳动力,无技能工人是指顶多接受过初等教育的劳动力。从广义方面定义,如果一个国家占有某种资源的世界份额超过其占世界产出(用购买力来衡量的 GDP)的比例,则称该国拥有相对丰富的该种资源。

表 1-8 2011 年各国资源禀赋的占有率

单位:%

国家	(1)可耕种土地	(2)有形资本	(3)研发科学家	(4)高技能工人	(5)中等技能工人	(6)无技能工人	(7)GDP
美国	11.5	25.1	18.8	17.7	7.6	0.7	20.2
日本	0.3	10	9.8	6	3.6	0	5.6
德国	0.9	5.1	5.1	3.3	3	0.1	4.2

续表

国家	(1)可耕种土地	(2)有形资本	(3)研发科学家	(4)高技能工人	(5)中等技能工人	(6)无技能工人	(7)GDP
英国	0.4	3.5	3.8	3	1.9	0	2.9
法国	1.3	2.0[a]	3.7	2.4	1.6	0.6	3
意大利	0.5	3.4	1.6	1.2	1.9	0.8	2.5
加拿大	3.1	2.3	2.4	2.4	0.8	0	1.8
中国	8.1	10.2	19.9	6.4	35.5	20.5	15.3
印度	11.1	2.9	2.9	3.9	4.6	36.6	5.8
俄罗斯	8.6	1.7	6.7	12.5[b]	2.1	0.4	4.2
巴西	5.1	1.6	2.1	2.7	3.2	3.6	2.9
墨西哥	1.8	1.9	0.7	2.2	1.8	2.9	2.5
韩国	0.1	2.3	4.3	2.5	1.1	0.4	1.9
世界其他地区	47.2	28.1	18.2	34	31.3	33.4	27.2
全世界	100	100	100	100	100	100	100

注:a.该值对于法国而言似乎过低,但数据确实如此。

b.该值似乎特别高;UNESCO(联合国教科文组织)数据似乎显示过去几年间俄罗斯将一大批此前被定义为“中等技能”的工人改划为“高技能”的工人。

资料来源:OECD Economic Outlook[EB/OL].[2025-07-16].https://www.oecd-ilibrary.org/economics/oecd-economic-outlook-volume-2013-issue-1_eco_outlook-v2013-1-en.

问题与思考:根据表1-8分析,美国和中国在哪些产品上可能会具有比较优势?

四、对赫克歇尔-俄林定理的评价

赫克歇尔-俄林定理是以一个国家基本的经济资源优势来解释国际贸易发生的原因,从实际优势出发决定贸易的模式,根据贸易对经济的影响来分析国际贸易的作用,这在理论上是有益的,即扩充了国际贸易发生的原因和利益分配的影响因素,比斯密和李嘉图的理论更贴近事实,更具有说服力。

同时,该理论也存在多方面局限性:

其一,理论假设与现实脱节。它假定生产要素在国内自由流动、各国生产技术相同且规模报酬不变,但实际中,要素流动常受制度、地理等限制,各国生产技术水平也参差不齐,规模报酬也并非恒定。

其二,解释视角过于单一。仅强调要素禀赋对贸易模式的决定作用,忽视了技术创新、规模经济、消费者偏好等关键因素。技术进步能改变要素投入比例和生产效率，规模经济可使企业降低成本，需求偏好差异也会影响贸易流向。

其三，实证遭遇挑战。“里昂惕夫之谜”揭示了美国实际贸易模式与该定理预测不符，暴露出理论在解释复杂贸易现象时的不足。美国经济学家里昂惕夫采用投入产出法对战后美国对外贸易发展状况进行了分析，他发现美国进口的是资本密集型产品，出口的是劳动密集型产品。这与要素禀赋理论的预测完全相悖，被称为“里昂惕夫之谜”。

复习与思考

一、核心概念

绝对优势贸易理论　　比较优势贸易理论　　要素禀赋
要素密集度　　要素丰裕度　　要素禀赋理论

二、思考题

1.假设只有美国和墨西哥两个国家生产武器和黄油两种产品，每个国家都以规模报酬不变的技术进行生产。如果美国有 1 亿工人和 2 亿资本，墨西哥 3 000万工人和 6 000 万资本，美国和墨西哥应分别生产和出口哪种产品？如果 1 000万墨西哥工人移居美国，且黄油是劳动密集型产品，那么美国和墨西哥又应分别生产和出口哪种产品？

2.“世界上一些最贫穷的国家找不到什么产品来出口。在这些国家里，没有一种资源是充裕的。资本、土地，甚至劳动也不充裕。”试分析上面这段话。

3.根据下表试判断以下情况。

要素禀赋	A 国	B 国
资本	20	10
劳动	50	20

(1)哪个国家是资本相对丰富的国家，哪个国家是劳动相对丰富的国家？

(2)如果 X 是资本密集型产品，Y 是劳动密集型产品，那么两国具有比较优势的产品各是什么？

4.讨论里昂惕夫之谜的含义和重要意义，并试着对里昂惕夫之谜进行解释。

5.20 世纪 70 年代末到 90 年代初，发达国家与发展中国家的贸易不断增加，有一些人认为，这是由于发达国家与发展中国家之间的贸易造成发达国家中高技能工人的工资提高了，而非技能工人的工资下降了，导致发达国家内部收入差距拉大。这种观点对吗？试叙述你的观点。

6.试评论下面这段话："使各国要素价格均等化的条件如此严格，而且现实生活中几乎不可能满足，因此我们可以认为该理论只能用来证明其反命题，即在自由贸易下，要素价格绝没有机会达到均等。"

第二章　现代国际贸易理论

学习目标

知识目标

1.了解现代国际贸易理论产生的背景和发展脉络。

2.了解现代国际贸易理论假设条件的变化。

3.了解现代国际贸易理论的代表学说的主要内容。

能力目标

1.能够分析现代国际贸易理论的适用范围和理论贡献与局限性。

2.熟练应用分析工具分析现代国际贸易理论。

3.灵活运用产业内贸易理论、产品生命周期理论、规模经济与国际贸易理论、不完全竞争理论和全球价值链理论进行国际贸易现实分析。

素养目标

1.理解现代国际贸易理论的基本内容和发展贡献及现代应用性。

2.能够从当代价值观与世界观来认识现代国际贸易理论。

3.利用现代国际贸易理论解释和指导中国与福建省外贸发展及经济社会发展实践。

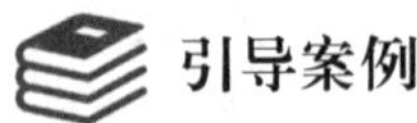

引导案例

智能手机的产品生命周期

1.导入期(2007—2010 年)

2007 年,苹果公司推出了第一代 iPhone,标志着智能手机时代的开始。这一阶段,智能手机技术尚未成熟,生产成本较高,价格昂贵。消费者对智能手机的认知度较低,市场需求有限。

苹果公司凭借其创新的设计和技术优势,在全球范围内迅速获得了消费者的认可。然而,由于生产规模较小,苹果公司主要满足美国等发达国家的市场需求,很少出口到其他国家。

2.成长期(2011—2014 年)

随着智能手机技术的不断成熟,生产规模逐渐扩大,成本降低,价格下降。消费者对智能手机的认知度提高,市场需求迅速增长。

苹果公司继续推出新款 iPhone,同时,三星、华为、小米等品牌也迅速崛起。这些品牌在技术和设计上不断创新,满足了不同消费者的需求。智能手机开始从发达国家向发展中国家出口,全球智能手机市场呈现出快速增长的态势。

3.成熟期(2015—2018 年)

智能手机技术已经成熟,生产规模达到最大,成本进一步降低,价格趋于稳定。市场需求增长放缓,竞争加剧。

全球智能手机市场逐渐饱和,各大品牌之间的竞争更加激烈。为了争夺市场份额,企业纷纷推出具有差异化特色的产品,如拍照手机、游戏手机、折叠屏手机等。同时,产业开始向中国、印度等发展中国家转移,这些国家的企业在技术和生产规模上逐渐赶上发达国家。

4.衰退期(2019 年至今)

智能手机技术已经相对落后,市场需求逐渐减少。随着 5G 技术的发展,新一代通信设备的出现使得智能手机逐渐被淘汰。

在衰退期,智能手机生产主要集中在中国、印度等发展中国家,这些国家的企业凭借成本优势,继续向全球市场出口智能手机。然而,价格竞争成为主要的竞争手段,企业的利润空间逐渐缩小。

问题与思考:智能手机产品生命周期变化的关键因素是什么?苹果公司如何能保持全生命周期的竞争力?

第二次世界大战以后,随着科学技术的发展和跨国公司的迅速发展,国际分工进一步深化并呈现出新的特点:第一,发达国家之间的贸易额迅速上升,在国

际贸易中逐渐占主导地位，改变了战前的分工格局，以自然资源为基础的产业间贸易比重逐步降低，发达国家之间的“产业内贸易”成为主导。第二，国际分工的领域不断扩大，从一般的商品生产扩展到服务和技术领域，推动了服务贸易和技术贸易的发展。贸易的对象也由原来的有形扩展为无形，贸易的内容更加丰富。第三，以往盛行于国家与国家之间的整体产业的分工或转移关系逐步被产品价值链在全球范围内的分段设置和有效组合所取代。发达国家的跨国企业日益集中在知识密集的研发设计、营销服务及品牌运作等高增值环节，同时将生产制造等低附加值的环节或区段剥离到发展中国家。随着信息技术的发展，以及投资政策自由化及经济全球化的推进，国际贸易分工逐渐从以不同产业为边界开始转向以同一产业或产品价值链不同的增值环节为边界，从以国家为主体转向以企业尤其是跨国企业为主体。

对于这些国际贸易领域的新现象和新趋势，经济学家认为，传统的比较优势贸易理论和要素禀赋理论是难以作出解释的。因此，新的现象引导经济学家进行深入研究，从而使国际贸易理论发展到一个崭新的阶段，现代国际贸易理论能更加包容、动态和全面地解释比较优势及竞争优势的来源，对国际分工进行全新的阐述。

第一节　重叠需求理论

1961年，瑞典经济学家斯戴芬·伯伦斯坦·林德（Staffan Linder）在《论贸易与转换》一书中提出重叠需求理论（overlapping demand theory），从需求方面探讨了国际贸易产生的原因。林德认为，国际贸易是国内贸易的延伸，产品的出口结构、流向及贸易量的大小决定于本国的需求偏好，而一国的需求偏好又决定于该国的平均收入水平。因此，两国平均收入水平越接近，其需求结构越相似，重叠需求越多，其贸易规模就越大。该理论对于理解当代国际贸易的结构和发展趋势具有重要的指导意义。

一、重叠需求理论的主要内容

（一）基本假设

（1）假设世界上只有两个国家，分别为国家A和国家B。
（2）两国的消费者具有相同的偏好，即对于不同产品的偏好顺序是一致的。

(3)两国的收入水平不同,但收入分配状况相似。

(4)产品可以分为两类:一类是传统的贸易产品,其生产只需要一种生产要素,即劳动;另一类是具有规模经济效应的产品,其生产需要多种生产要素的投入。

(二)核心内容

1.需求与收入水平的关系

重叠需求理论认为,消费者对产品的需求取决于他们的收入水平。一般来说,收入水平越高,消费者对高品质、高附加值产品的需求就越大;收入水平越低,消费者对低品质、低附加值产品的需求就越大。因此,不同收入水平的国家对不同品质和类型的产品存在不同的需求。

2.重叠需求的产生

如果两个国家的收入水平相近,那么它们的消费者对产品的需求结构也会比较相似,从而产生重叠需求。这种重叠需求是两国之间进行贸易的基础。例如,国家 A 和国家 B 的人均收入都在中等水平,那么两国的消费者可能都对中档服装、电子产品等产品有较大的需求,这些产品在两国之间就存在着重叠需求,从而为两国之间的贸易提供了机会。

中国为什么是奢侈品消费大国

扫码阅读

3.贸易模式的确定

根据重叠需求理论,两国之间的贸易模式取决于它们的重叠需求部分。如果两国的重叠需求主要集中于某一类产品,那么两国之间就会在这类产品上进行大量的贸易。例如,如果国家 A 和国家 B 的重叠需求主要集中于汽车产品,那么两国之间就会进行大量的汽车贸易,国家 A 可能会向国家 B 出口其具有比较优势的汽车产品,而国家 B 也可能会向国家 A 出口其具有特色的汽车产品。

重叠需求理论可以用图 2-1 来说明阐释。图 2-1 中,y 轴表示一国的人均收入水平(以单位货币或购买力平价衡量);q 轴表示消费商品的品质等级或层次,品质等级越高,商品的档次也越高。射线 OP 表示人均收入与消费商品品质等级的关系，即人均收入水平越高，消费者所需商品的品质等级也越高。A 国的人均收入水平为 y_A，其消费商品品质等级的需求范围以 D 为基点，上限为 F，下限为 C。B 国的人均收入水平为 y_B，其消费商品品质等级的需求范围以 G 为基点，上限为 H，下限为 E。对于 E 和 F 之间的商品，两国都有需求，即存在重叠需求，那么这部分商品就有可能成为贸易商品。

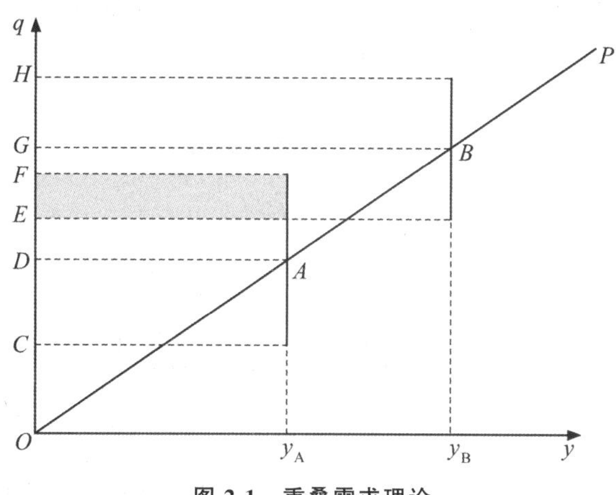

图 2-1　重叠需求理论

关于重叠需求理论的适用性，林德曾指出，其理论主要是针对工业产品或制成品。他认为，初级产品的贸易是由自然资源的禀赋不同而引起的，初级产品的需求与收入水平无关。而工业产品的品质差异较明显，其消费结构与一国的收入水平有很大的关系。从需求方面看，发生在工业品之间的贸易与两国的发展水平或收入水平有密切关系。所以，重叠需求理论适用于解释工业品贸易。另外，发达国家人均收入水平较高，他们之间对工业品的重叠需要范围较大，因此，工业品的贸易应主要发生在收入水平比较接近的发达国家之间。

日本汽车风行美国

扫码阅读

二、对重叠需求理论的评价

重叠需求理论从需求的角度解释了国际贸易的产生和发展，为我们理解国际贸易的内在动因提供了新的视角。传统的国际贸易理论主要解释了产业间贸易的产生，重叠需求理论则解释了产业内贸易的产生，即同一产业内的产品在不同国家之间的进出口贸易。重叠需求理论为国家制定国别贸易政策和产业政策提供了参考。

但同时，该理论只考虑了需求因素，忽略了供给因素，而且难以解释发展中国家与发达国家之间的贸易，有一定的局限性。

第二节　技术差距理论与产品生命周期理论

技术差距理论是解释国际贸易起源的重要理论基石，它聚焦于国家间技术创新与模仿能力差异所导致的贸易模式，强调技术领先国凭借新产品获得暂时垄断优势。产品生命周期理论则是国际贸易理论中的一个重要概念，它从动态的角度分析了产品在不同阶段的特点以及国际贸易格局的变化。这两个理论共同构成了理解现代国际贸易动态演变的关键框架，对于深刻把握国际贸易的发展趋势、企业的国际化战略制定以及国家相关政策的优化都具有不可或缺的指导意义。通过对技术创新的扩散路径和产品生命全过程的深入研究，我们能够更全面地把握国际贸易中的机遇与挑战，为促进各国经济的持续发展提供坚实的理论支撑和实践参考。

一、技术差距理论

技术差距理论又称技术差距模型(technological gap model)，由美国学者波斯纳(Posner)于 1961 年提出。该理论将技术视为独立于劳动和资本的第三种生产要素，探讨技术差距或技术变动对国际贸易的影响。技术差距理论认为，技术上的领先可以使一个国家在国际市场上具有比较优势，从而出口技术密集型产品。随着技术的传播和模仿，这种比较优势会逐渐消失，国际贸易也会相应减少。

如图 2-2 所示，横轴代表时间，纵轴代表技术水平或贸易量。创新国在最初阶段具有技术领先优势，因此出口技术密集型产品到模仿国，并享受高利润。随着时间的推移，模仿国逐渐掌握了这项技术，开始自行生产并减少进口，创新国的出口量和利润逐渐减少。最终，技术差距消失，两国在相关产品上的贸易量趋于平衡。

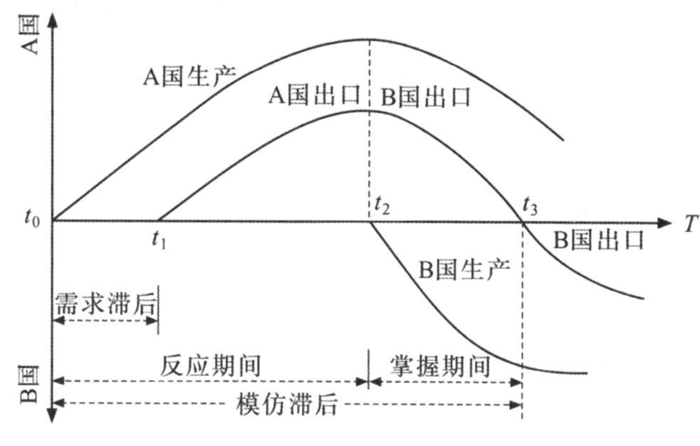

图 2-2 技术差距与国际贸易

中美人工智能的发展差距

扫码阅读

二、产品生命周期理论

(一)理论的提出背景

1.传统贸易理论的不足

传统的国际贸易理论主要侧重于从静态的角度分析国家之间的贸易模式，无法解释贸易模式随时间变化的动态过程。此外，传统理论也难以解释为什么一些国家在某些产品上的比较优势会随着时间的推移而发生变化。

2.战后国际贸易的新特点

第二次世界大战后，技术创新在国际贸易中的作用日益凸显：一方面，新产品不断涌现，产品的更新换代速度加快；另一方面，发达国家之间的贸易在国际贸易中的比重不断上升，产业内贸易迅速发展。

3.跨国公司的兴起

随着经济全球化的推进，跨国公司在国际贸易中的地位日益重要。跨国公司通过在全球范围内配置资源、组织生产和销售，实现了产品生命周期的全球化。跨国公司的行为不仅影响了国际贸易的规模和结构，也对传统的贸易理论提出了挑战。

(二)理论的主要内容

1.产品生命周期的阶段划分

(1)导入期

该时期产品刚刚投入市场，技术尚未成熟，生产规模较小，成本较高，价格昂贵。消费者对产品的认知度较低，市场需求有限。这一时期，产品通常主要在发明国生产和消费，很少出口到其他国家。因为发明国在技术上具有领先优势，能够满足国内市场对新产品的需求。

(2)成长期

该时期产品技术逐渐成熟，生产规模扩大，成本降低，价格下降。消费者对产品的认知度提高，市场需求迅速增长。

在成长期，随着产品需求的增加，发明国开始将产品出口到其他国家。由于发明国在技术和生产规模上仍然具有优势，其他国家对发明国的产品存在较大需求。同时，其他国家的企业也开始模仿发明国的产品，进行生产和销售。

(3)成熟期

该时期产品技术已经成熟，生产规模达到最大，成本进一步降低，价格趋于稳定。市场需求增长放缓，竞争加剧。

在成熟期，其他国家的企业在技术和生产规模上逐渐赶上发明国，产品的生产开始向其他国家转移。发明国的出口逐渐减少，甚至可能出现进口。同时，其他国家之间的贸易也在增加，产业内贸易成为主要的贸易形式。

(4)衰退期

该时期产品技术已经落后，市场需求逐渐减少，生产规模缩小，成本上升。新产品的出现使得旧产品逐渐被淘汰。

在衰退期，产品的生产主要集中在发展中国家等成本较低的地区，发明国和其他发达国家逐渐停止生产该产品。贸易主要是发展中国家向其他国家出口，价格竞争成为主要的竞争手段。

2.产品生命周期与国际贸易格局的变化

(1)技术创新与贸易模式

在产品生命周期的导入期，技术创新是贸易的主要驱动力。发明国凭借其技术优势，在国内市场和国际市场上占据主导地位。

随着产品进入成长期和成熟期，技术逐渐扩散，其他国家的企业开始模仿和生产该产品，贸易模式逐渐从发明国的单向出口转变为多国之间的双向贸易。

在衰退期，技术已经落后，成本成为决定贸易的关键因素。发展中国家等低成本地区成为产品的主要生产地和出口地。

（2）产业转移与贸易格局

在产品生命周期的不同阶段，产业会在不同国家之间进行转移，如图 2-3 所示。在导入期和成长期，产业主要集中在发明国；在成熟期，产业开始向其他发达国家转移；在衰退期，产业转移到发展中国家等低成本地区。

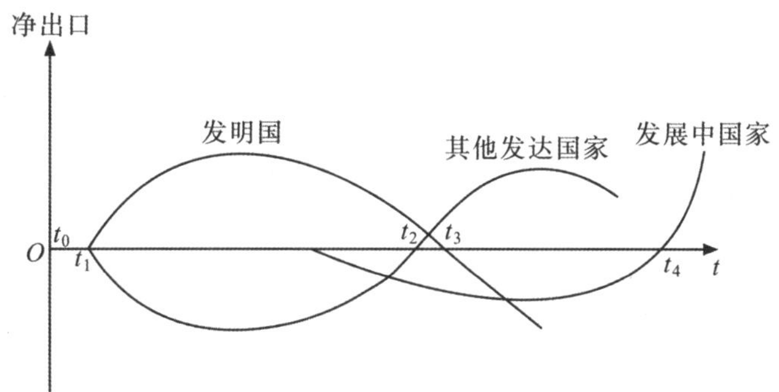

图 2-3　产品生命周期与国际贸易

产业转移导致贸易格局的变化。随着产业的转移，产品的生产地和出口地也会发生变化，从而影响国际贸易的流向和规模。

汽车产业的产品生命周期

扫码阅读

（三）对产品生命周期理论的评价

产品生命周期理论从动态的角度分析了产品在不同阶段的特点以及国际贸易格局的变化，为我们理解国际贸易的动态发展提供了重要的理论支持。该理论解释了技术创新与产业转移之间的关系，对于理解全球产业布局的变化和国家的产业政策制定具有重要的指导意义。企业可以根据产品所处的生命周期阶段，选择合适的市场进入策略和生产布局策略。。

然而，应该注意到的是，该理论忽略了其他因素如汇率波动、贸易政策、文化差异等，对国际贸易格局产生的重要影响，且难以准确预测产品生命周期的长度，这是其局限性所在。

第三节　规模经济、不完全竞争与国际贸易

20 世纪 70 年代末，保罗·克鲁克曼(Paul Krugman)提出了“新贸易理论”，从规模经济的角度诠释了国际贸易的起因和利益来源，为国际贸易基础提供了一种新的解释。

一、规模经济与国际贸易

(一)规模经济的概念

规模经济(economies of scale)是指在企业生产扩张的开始阶段，由于扩大生产规模而使经济效益得到提高的现象。规模经济分为内部规模经济和外部规模经济两种形式。

内部规模经济指单个企业的生产规模扩大时，其单位产品的成本下降。这是由于企业在扩大生产规模后，可以更有效地利用生产要素，实现专业化分工，提高生产效率。

外部规模经济指整个行业的规模扩大时，行业内每个企业的单位产品成本下降。这通常是因为行业的发展带来了更完善的基础设施、更便捷的供应链、更丰富的劳动力市场和知识技术外溢等好处。

外部规模经济产生的原因

扫码阅读

(二)规模经济与国际贸易

为简化分析,假定 A、B 两国拥有相同的生产技术和要素禀赋,同时生产 X、Y 两种产品(可以是同质产品,也可以是异质产品),这意味着两国的生产可能性曲线完全相同,两种产品的要素密集度相同;进一步假定两国消费偏好相同,即有相同的无差异曲线;两国在生产两种产品上同时具有同等程度的规模经济(可以是内部规模经济,也可以是外部规模经济)。

封闭状态下,两国拥有相同的生产可能性曲线 AB 和相同的相对价格 P_A,进而拥有相同的生产-消费均衡点 C_1 和相同的福利水平 U_1。由于两国生产两种产品同时存在同等程度的规模经济,因此如果两国分工只生产其中一种产品,都会由于产量的扩大而带来平均成本的下降,如图 2-4 所示。

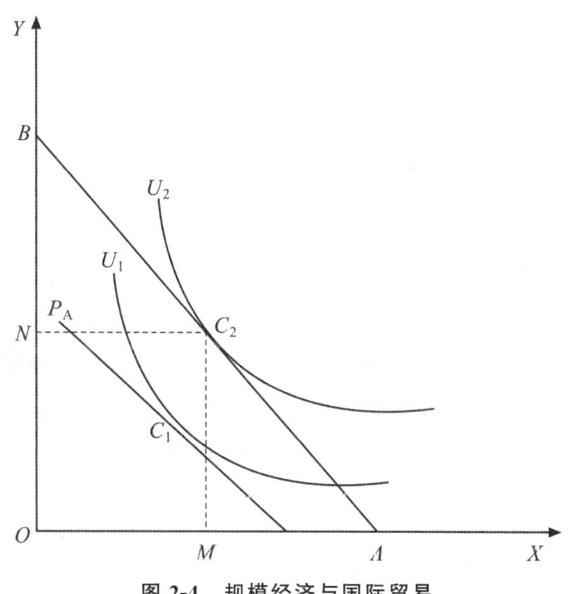

图 2-4　规模经济与国际贸易

开放经济下,假设 A 国完全分工生产 X 供给两国使用,B 国则只生产 Y 供给两国使用,即 A 国在 A 点进行生产,B 国在 B 点进行生产;再假定 AB 线斜率的绝对值为两国的均衡贸易条件,则 AB 线也就成了 A、B 两国的消费可能性曲线。显然,贸易后两国的消费均衡点为 C_2,两国的贸易三角形全等,即 $\Delta BNC_2 \cong \Delta AMC_2$,两国均达到了更高的社会福利水平 U_2,即通过国际分工和贸易,两国的福利水平均有所增加。

上述分析说明,即使两个国家的经济条件完全相同,只要存在规模经济,通过专业化分工也能使两国的福利水平都有所提高。事实上,只要至少一国生产某种产品具有规模经济,其他经济条件也不必完全相同,就能通过国际贸易使双方获益，模型的假设只是为了简化分析。

（三）外部规模经济与国际贸易

假设两国（A、B）存在两个部门（X、Y），两国相同部门的生产函数、要素禀赋、消费者偏好及市场规模假设均相同，又假设 X 部门存在外部规模经济，而 Y 部门仍为规模收益不变。当达到均衡时，不存在比较优势。

在没有比较优势的情况下，两国之间还会发生国际贸易吗？

1.外部规模经济存在时生产可能性边界的形状

在规模经济存在的情况下，生产可能性边界的性质会发生变化。影响生产可能性边界性质的因素不仅有要素密集度，还有规模经济。最终整条生产可能性边界的形状则取决于要素密集度"张力"与规模经济"吸力"相反力量的对比。如果随着每增加一个单位的某种产品，所必须放弃的另一种产品的数量逐渐增加，则这种状况为机会成本递增，此时生产可能性曲线为一条凹向原点的曲线，如图 2-5 所示。如果随着每增加一个单位的某种产品，所必须放弃的另一种产品的数量逐渐递减，则这种状况为机会成本递减，此时生产可能性曲线为一条凹向原点的曲线；规模经济存在时会出现这种情况，如图 2-6 所示。

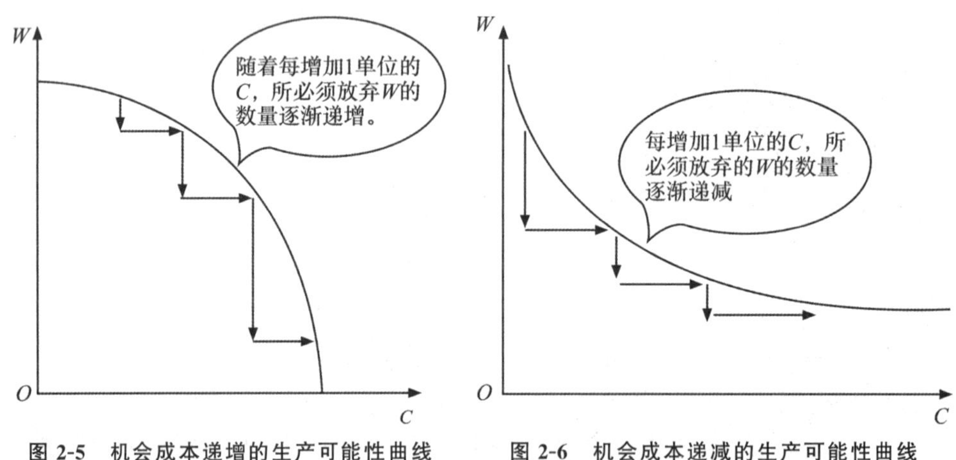

图 2-5　机会成本递增的生产可能性曲线　　图 2-6　机会成本递减的生产可能性曲线

2.开放条件下外部规模经济的一般均衡

假设规模经济的影响超过了要素密集度的影响。封闭条件下，一般均衡点在图 2-7 中的 E 点。在 E 点相对价格线（P_X/P_Y）与生产可能性边界相交，而不是相切，这是因为 X 部门存在外部规模经济。在均衡状态下，社会福利则由通过 E 点与相对价格线相切的社会无差异曲线表示。

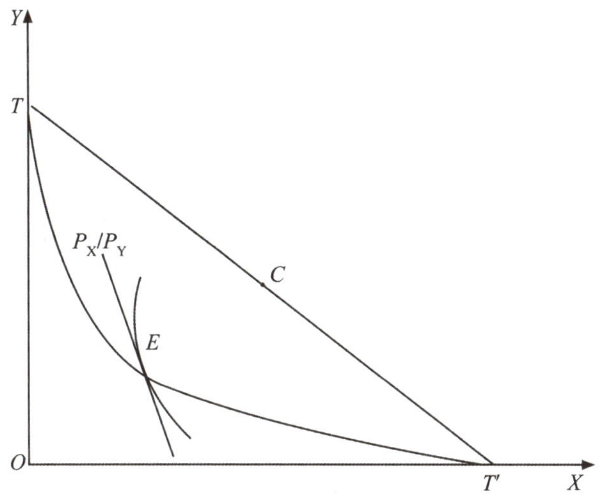

图 2-7 外部规模经济与国际贸易

在开放条件下，均衡点 E 对两国来说都不再是稳定的，此时两国都会立即发现通过国际分工与贸易可以改善各自的福利。如果 A 国专门生产 X，B 国专门生产 Y，那么由于 X 部门存在外部规模经济，对整个世界来说，由一国专门生产 X，要比两国都生产 X 可得到更多的 X。因此，即使不存在比较优势，外部规模也可导致国际贸易的产生。

如果 A、B 两国都愿意将各自所生产出的产品的一半与对方进行交易，那么均衡点位于图 2-7 中 TT' 的中点 C。这时，两国都会获益。

一般情形下，贸易利益在两国间的分配可能是不均等的，如果两国都希望消费更多的 X 产品，那么 X 的相对价格就要上升，A 国 X 产品的出口供给就会增加，B 国 X 产品的进口需求则下降，最终两国贸易达到均衡，这时国际均衡价格要高于图 2-7 中的国际均衡价格。

A 国的消费均衡点为 C_A，B 国的消费均衡点为 C_B，在图 2-8 中通过 C_A 点与国际相对价格线相切的社会无差异曲线，位于通过 C_B 点与国际相对价格线相切的社会无差异曲线之上，这说明，A 国从国际分工与贸易中获得好处要多于 B 国。

外部规模经济可成为国际贸易的一个独立起因，由于两国情况完全一致，所以两国无论生产或出口哪种产品都能从国际贸易中获益。在图 2-7 和图 2-8 中，开放条件下，两国均衡解并不是唯一的。

（二）规模经济下国际分工格局的确定：偶然或历史因素

1.“先行优势”(first mover advantage)

在发展初期“领先一步”的优势，由于规模经济的存在，转化为成本上的优

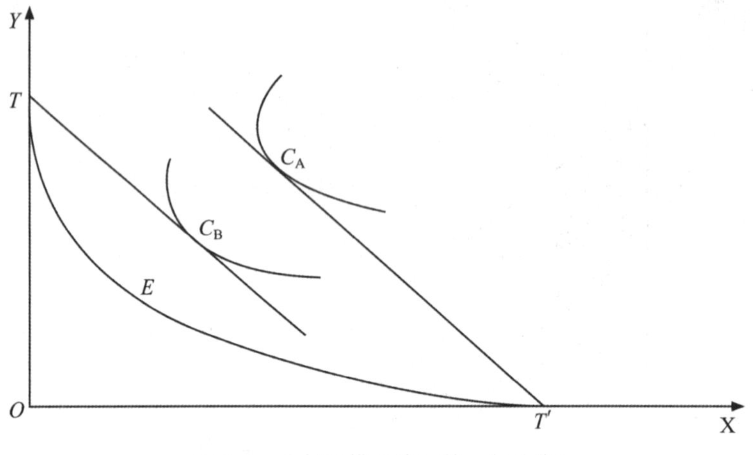

图 2-8　外部规模经济下的一般均衡

势，从而限制了“后来者”的进入。国际分工与国际贸易格局的确定可能完全由偶然或历史因素决定。

2.国与国之间市场规模的差别

国内市场规模相对较大的国家将完全专业化生产具有外部规模经济的产品，而国内市场规模较小的国家将只能完全专业化生产规模收益不变的产品。

3.进口保护或出口促进等政策措施的采用

实行进口保护或出口促进措施的国家会最先获得规模经济优势，其因成本下降而具有价格优势。

中国汽车产业规模效应带来的竞争优势

扫码阅读

二、不完全竞争与国际贸易理论

内部规模经济对应着不完全竞争的市场结构，因此分析内部规模经济对国际贸易的影响时，传统的贸易理论框架已不再适用，必须考虑不完全竞争的市场结构和厂商行为。然而不完全竞争贸易理论并没有一个统一的理论框架，这主要是因为不完全竞争的市场结构过于复杂，既有垄断竞争、寡头垄断，又有完全垄断以及介于不同垄断程度之间的市场经济状态，不同市场结构中厂商的行为会有很大差别，因此无法在一个统一的模型或理论框架内研究。

(一)垄断竞争市场与国际贸易

1.垄断竞争市场结构的特征

垄断竞争市场上有许多厂商生产和销售有差别的同种产品。产品差异可以体现在品牌、质量、包装、设计、功能等方面。厂商进出市场比较自由，但由于产品存在差异，每个厂商都对自己的产品有一定的垄断力量，但又面临着来自其他厂商的竞争。

智能手机产业在国际市场上的差异化竞争

扫码阅读

2.垄断竞争贸易模型

国际贸易能够扩大市场规模的思想成为垄断竞争模型在国际贸易中运用的基础。在具有规模经济的行业中，一国能生产的产品种类和其生产规模都受到该国市场规模的限制。但通过国与国之间的贸易，就能形成一个比任何单个国家都要大的世界市场，各国就能在一个更大的市场范围内从事某些产品的大规模的专业化生产，通过规模经济来降低生产成本，同时，通过进口自己不生产的产品，可以扩大本国消费者可消费商品的种类。

因此，如果国际贸易可以降低价格并增加可消费商品的种类，贸易就是有利的。

(1)模型的关键性假设

第一，假设一个行业由数家厂商组成，这些厂商生产有差异的产品，各厂商均是其特有产品的唯一生产者，但对其产品的需求却取决于同行业其他厂商生产的类似产品的数量及价格，即取决于行业的总产量和产品的平均价格。

第二，每个厂商生产的是与竞争对手有差异的产品。也就是说，购买该产品的顾客不会由于微小的价格差异而去购买其他厂商的产品,产品的差异确保每家厂商所特有的产品在行业中拥有垄断地位。

第三,每个厂商都不考虑自己产品的价格对其他厂商价格的影响。

第四,假定这一行业的所有厂商都是对称的,即行业中所有的厂商所面临的需求曲线和成本函数完全相同,因此均衡时,所有厂商的均衡价格和均衡产量也相同。

第五,每个垄断竞争厂商只生产一个品种的产品,那么厂商数量就和异质产品数量相等。

由于模型中假定各厂商均对称,因而生产均衡时,它们制定的价格均相同。此时,各厂商的产出也都相等,即 $Q=S/n$。

(2)封闭条件下单个厂商均衡产量的决定

厂商决定其产出的条件是 $MR=MC$。如果短期内厂商获得的超额利润大于零,那么就会不断有新的厂商进入市场,新厂商的进入会对原有厂商的需求曲线造成影响:一是原有厂商在市场上的占有量会下降,即厂商所面对的需求曲线会向左移动;二是原厂商所面对的需求弹性越来越大,即其需求曲线变得更加平坦,这是因为差异产品的数目增加导致原有厂商的产品被其他产品替代的程度也越来越高。新厂商的进入最终导致行业内所有厂商的利润为零,这时市场结构达到均衡,市场上的厂商数目随之确定下来。

图 2-9 展示了企业呈现规模经济特征,表现为曲线 AC 逐渐降低,垄断竞争市场条件下,企业面临向下倾斜的需求曲线,在封闭经济中,长期竞争会导致企业的经济利润为零,均衡点为 E。

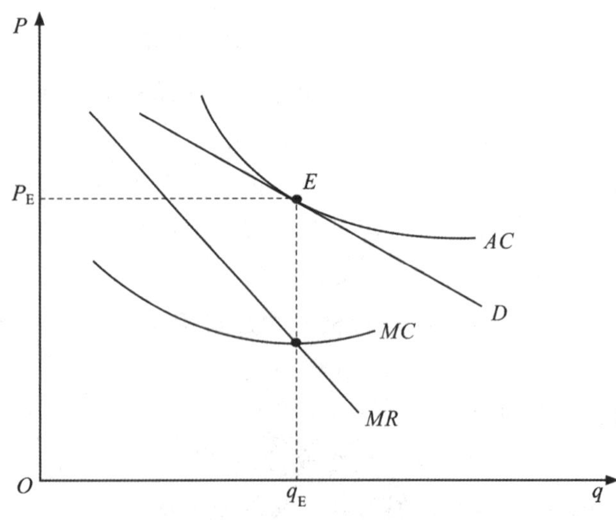

图 2-9 封闭经济中垄断竞争企业的长期均衡

(3)封闭条件下的市场规模与厂商产量、厂商数目

均衡状态下,市场规模越大,则其所能容纳的厂商数目(n)就会越多;厂商数目越多,与单个厂商平均成本曲线相切的需求曲线就越平坦。厂商的均衡产量会随着市场规模的扩大而上升。由于所有厂商的条件均完全相同,所以均衡时,所有厂商的产量与产品价格也均相同,若用 M 表示整个市场规模,那么均衡时每个厂商的产量均为:$q=M/n$。

(4)开放条件下垄断竞争市场的均衡

假设世界上只有 A、B 两个国家,两个国家除了市场规模存在差异(如人口规模的差别导致了市场规模的差异)外,在生产技术条件、要素禀赋以及消费者偏好等诸多方面假设都完全相同;同时假设 A 国是小国,B 国是大国。

图 2-10 中 RC 曲线为均衡时厂商数目与厂商产量之间所有可能组合的轨迹。RC 曲线向上倾斜,曲线上离原点越远的点表示市场规模 M 越大,因而对应的厂商数目与厂商产量就越大。封闭条件下,A、B 两国的市场均衡分别为 A 点与 B 点。开放条件下,市场规模扩大,世界均衡点为 W,厂商数目为 n_W,所有厂商的均衡产量均为 q_W。A'、B'分别表示 A、B 两国开放后的新均衡点。各国厂商的产量均为 q_W,A、B 两国的厂商数目之和等于 n_W。

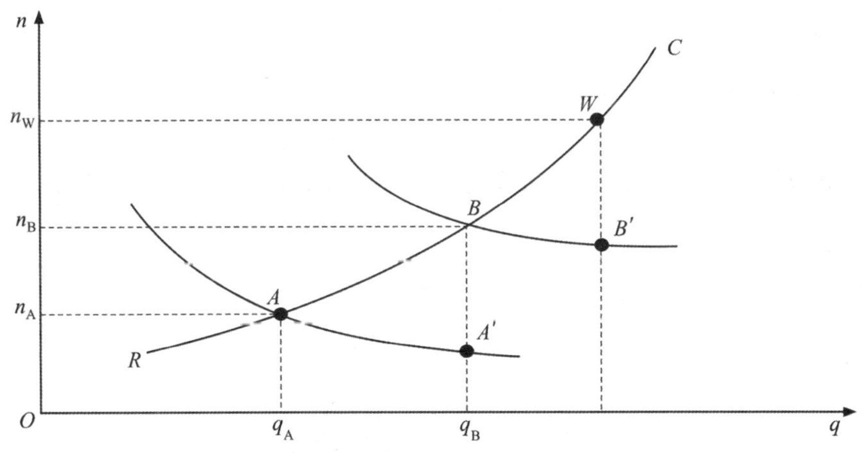

图 2-10 开放条件下垄断竞争市场的均衡

开放后的国际分工格局为:同一行业里,一国只生产某些种类的产品,另一国则生产其他类型的产品,但不能肯定每个国家生产产品的种类。

开放后,两国的市场规模扩大,厂商产量提高获得规模经济利益,同时产品的品种数量增加了。通过国际贸易,消费者可以获得更多种类和价格更合理的产品,消费者剩余增加。

三、垄断竞争、规模经济、要素禀赋差异下的国际贸易

假设现有 X 与 Y 两个部门，其中 X 是资本密集型部门，属于垄断竞争市场结构，Y 是劳动密集型部门，属于完全竞争市场结构；要素市场仍假设为完全竞争结构。假设 A、B 两国除了要素禀赋存在差异外，其他一切条件都相同，其中 A 国为资本丰裕的国家，B 国为劳动丰裕的国家。开放后，A 国的消费者会从 B 国购买 Y 产品，但在 X 部门，两国的厂商各自生产不同的差异产品，两国消费者所消费的 X 部门产品既有本国的，也有外国的，即在 X 部门，每个国家都既有出口，又有进口。由于整个贸易最终必须达到平衡，所以 A 国在 X 部门应属于净出口国，B 国在 X 部门则应属于净进口国。

概括起来说，在这种假设前提下会产生如下结果：第一是产业间贸易与产业内贸易同时存在的贸易格局；第二是，从贸易起因上，产业间贸易的发生取决于两国的要素禀赋的差异，而产业内贸易则完全由规模经济引起。两种贸易形式在整个贸易中的相对重要性取决于要素禀赋差异与规模经济的对比，即两国的差异性越小，贸易应主要由规模经济引起，贸易形式应以产业内贸易为主；反之，两国的差异性越大，产业间贸易就会越显著。

四、寡头垄断市场与国际贸易

考虑两个国家的寡头企业，假设它们在国内市场的产量和价格情况如图 2-11 所示。

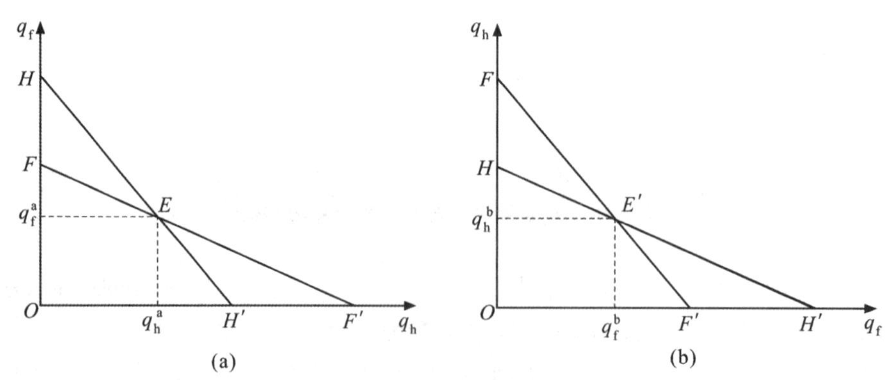

图 2-11　寡头竞争与国际贸易

假设世界上只有 A、B 两国，且两国在某一共同行业中各只有一个厂商存在。开放后，两国厂商均可自由进入对方市场，因此两国的国内市场现在变为寡头市场结构(双寡头)。

图 2-11 描述了 A、B 国市场的均衡。在图 2-11(a)中，A 国市场的均衡点为 E，此时国内厂商在本国市场上的销售量为 q_f^a 。来自 B 国的厂商在 A 国市场上的销售量为 q_h^a 。两国之间的同质产品相互倾销(reciprocal dumping)，发生了产业内贸易。

同质产品的产业内贸易之所以会发生，完全是因寡头厂商的策略性行为(strategic behavior)引起的。

与垄断竞争模型不同的是，在寡头垄断情形下，产品是同质的，所以贸易并不能增加两国消费者的消费选择。但是贸易后，两国市场结构将由原来的完全垄断转化为寡头垄断，即贸易虽不能完全消除垄断因素，但还是带来了竞争，这便是贸易的竞争促进效应(pro-competitive effect)。

可能的结果是，两国的寡头企业在国际市场上进行产量和价格的博弈，最终达到一种新的均衡状态。这种均衡状态取决于企业的成本结构、市场需求弹性、竞争对手的策略等多种因素。在这个过程中，国际贸易的规模和利益分配会受到企业间博弈的影响。如果企业能够通过合理的策略在国际市场上获得更大的市场份额和利润，那么对于该国的经济利益和相关产业发展将会有积极作用。同时，消费者在这个过程中可能会享受到价格下降或产品质量提升等好处，但也可能面临市场不稳定等问题。

寡头垄断市场中的民用航空产业的国际贸易

扫码阅读

第四节　产业内贸易理论

按产品内容可以把国际贸易分为两种基本类型：一种是国家进口和出口的产品属于不同的产业部门，如出口初级产品、进口制成品，这种国际贸易称为产业间贸易(inter-industry trade)；另外一种被称为产业内贸易(intra-industry trade)，即一国同时出口和进口同类型的制成品，通常也被称为重叠贸易(overlap trade)。

产业内贸易理论是国际贸易经济学中的一个重要理论，它主要关注相似或相同商品在不同国家之间的贸易现象。产业内贸易理论综合了产品差异论、规模经济和偏好相似理论等。产业内贸易理论的主要代表人物有保罗·克鲁格曼(Paul Krugman)等。克鲁格曼在新贸易理论方面有着卓越的贡献，为产业内贸易理论的发展和完善提供了重要的思路。

这一理论的核心观点是，国家间的贸易不再仅仅依赖于资源禀赋差异或商品的比较优势，还受到规模经济、产品差异化和消费者偏好的影响。

一、产业内贸易理论的内容

(一)产业内贸易的含义

产业内贸易，亦即一国同时出口和进口同类型的制成品的贸易。

(二)产业内贸易的分类

联合国国际贸易标准分类(standard international trade classification，SITC)中将产品分为类、章、组、分组和基本项目五个层次，每个层次中用数字编码来表示。本书所涉及的相同产品，指的是至少前三个层次分类编码相同的产品。

产业内贸易理论中所指的产业必须具备两个条件：第一，生产投入要素相近；第二，产品在用途上可以相互替代。符合上述条件的产品又可以分为两类：同质产品和异质产品，也称相同产品或差异产品。

1.同质产品的产业内贸易

同质产品或相同产品是指产品间可以完全相互替代，即产品有很高的需求交叉弹性，消费者对这类产品的消费偏好完全一样。这类产品的贸易形式通常都属于产业间贸易，但由于市场区位、市场时间等的不同，也会发生产业内贸易。

(1)两国边境大宗产品的交叉型产业内贸易。在矿石、钢铁、木材和玻璃等建筑材料等大宗交易产品当中，运输费用占据了总成本中的很大一部分。

(2)季节性贸易。有些产品的生产和市场需求具有一定的季节性，因此国家为了满足国内需求矛盾也会形成产业内贸易，例如，欧洲一些国家之间为了相互解决用电高峰期而进行的电力“削峰填谷”的进出口。另外，一些果蔬的季节性进出口也属于此类。

(3)大量的转口贸易。转口贸易中，转口国的进口项目和出口项目中就出现了同类产品，在统计上构成了产业内贸易。

(4)相互倾销。不同国家生产同样产品的企业,为了占领更多的市场,有可能在竞争对手的市场上倾销自己的产品,从而形成产业内贸易。

(5)政府的外贸政策。当一个国家政府在对外贸易政策中实行出口退税、进口优惠时,国内企业为了与进口商品竞争,就不得不以出口得到出口退税,然后再进口以享受进口优惠,这样一来就产生了产业内贸易。

(6)跨国公司的内部贸易。跨国公司的内部贸易(intra-firm trade)也称为公司内贸易,指的是母公司与子公司之间或者子公司与子公司之间产生的国际贸易。由于统计上常常将零部件、中间产品以及加工产品都视为同样的产品,因此,跨国公司的内部贸易也会形成产业内贸易。

2.异质产品的产业内贸易

异质产品又可以分为三种:水平差异产品、技术差异产品和垂直差异产品。

不同类型的差异产品引起的产业内贸易也不相同,分别为水平差异产业内贸易、技术差异产业内贸易和垂直差异产业内贸易。

(1)水平差异产业内贸易。水平差异是指由同类产品相同属性的不同组合而产生的差异。烟草、服装及化妆品等行业普遍存在着这类差异。

(2)技术差异产业内贸易。技术差异是指由于技术水平提高所带来的差异,也就是新产品的出现带来的差异。从技术的产品角度看,是产品的生命周期导致了产业内贸易的产生。技术先进的国家不断地开发新产品,技术后进的国家则主要生产那些技术已经成熟的产品,因此,在处于不同生命周期阶段的同类产品间就产生了产业内贸易。

(3)垂直差异产业内贸易。垂直差异就是产品在质量上的差异。汽车行业中普遍地存在着这种差异。为了占领市场,人们需要不断提高产品质量,但是,个国家的消费者不能全部追求昂贵的高质量产品,而是因个人收入的差异存在不同的消费者需要不同档次的产品。为了满足不同层次的消费需求,高收入水平的国家就有可能进口中低档产品来满足国内低收入阶层的需求;同样,中低收入水平的国家也可能进口高档产品满足国内高收入阶层的需求,从而产生产业内贸易。

3.产业内贸易的测度

产业内贸易指数是用来测度一个产业的产业内贸易程度的指数。这一指数的计算公式为

$$T=1-\frac{X-M}{X+M}$$

式中:X 和 M 分别表示某一特定产业或某一类商品的出口额和进口额,并且对 $(X-M)$ 取绝对值。T 的取值范围为 0～1。

电子产品产业内贸易现象

扫码阅读

二、对产业内贸易理论的评价

(一)理论意义

1.拓展了国际贸易理论的研究范畴

传统国际贸易理论主要侧重于产业间贸易,强调比较优势和要素禀赋的差异是贸易的主要原因。产业内贸易理论则从产品差异化、规模经济和不完全竞争等新的角度解释了贸易现象,丰富了国际贸易理论的内容,使其更能适应现实经济中多样化的贸易模式。

2.加深了对贸易利益的理解

传统理论认为贸易利益主要来源于资源的优化配置和比较优势的发挥,通过产业间贸易实现。产业内贸易理论指出,贸易利益还包括通过规模经济实现成本降低、产品多样化满足消费者需求以及促进技术创新和产业升级等方面。

3.有助于解释现实中的贸易格局

产业内贸易理论能够很好地解释发达国家之间大量的贸易往来,以及同一产业内不同产品的双向贸易现象。

(二)局限性

产业内贸易理论强调的是,贸易的基础是规模经济,在现实中,具有规模经济的产业部门大多为制成品生产部门,它们又大多分布在收入相对较高的发达国家,因此,发达国家在国际贸易中具有优势,而发展中国家由于产业较少具有规模经济的特点,在产业内贸易中处于被动的劣势地位。所以该理论对发展中国家的产业内贸易缺乏理论指导。

福建省产业内贸易发展状况

扫码阅读

第五节 全球价值链理论

20世纪后期，随着信息技术的飞速发展和贸易自由化程度的不断提高，跨国公司为了追求利润最大化，开始在全球范围内布局生产和销售网络。企业不再局限于在一个国家或地区内完成整个产品的生产，而是将生产过程分解为不同的环节分布在不同国家和地区。这种分工模式使得各个国家和地区可以根据自身的比较优势参与到产品生产的某个环节，从而形成全球价值链。

全球价值链的实质是一种新型分工模式，从产业间分工、产业内分工到产品内分工。迈克尔·波特(Michael Porter)最早提出价值链观点，他提出企业的价值创造是通过一系列相互关联的活动构成的，包括基本活动(如生产、销售等)和辅助活动(如技术开发、人力资源管理等)。格里芬(Gary Gereffi)进一步拓展了价值链的概念，将其应用于全球产业分析，提出了全球商品链(global commodity chain，GCC)概念，并将全球商品链分为生产者驱动和购买者驱动两种类型，为理解全球产业组织和贸易模式提供了新的视角。

一、全球价值链理论的内涵

(一)全球价值链的含义

关于全球价值链的定义，不同的学者强调的重点稍有差异，最具影响力的为斯特恩(Sturgeon，2001)从组织规模(organizational scale)、地理分布(geographicscale)和生产性主体(productive actor)三个维度来界定全球价值链。从组织规模看，全球价值链包括参与了某种产品或服务的生产性活动的全部主体；

从地理分布来看，全球价值链必须具有全球性；从参与的主体看，有一体化企业（如 HPhillips、原 IBM 等）、零售商（如 HSears、Gap 等）、领导厂商（如戴尔、耐克等）、交钥匙供应商（如 Celestica、Solectronic）和零部件供应商（如英特尔、微软等）。他还对价值链和生产网络的概念进行了区分：价值链主要描述了某种商品或服务从生产到交货、消费和服务的一系列过程，而生产网络强调的是一群相关企业之间关系的本质和程度。

联合国工业发展组织对全球价值链的定义受到广泛认可，全球价值链包括所有参与者和生产销售等活动的组织及其价值、利润分配，当前散布于全球的处于价值链上的企业进行着从设计、产品开发、生产制造、营销、交货、消费、售后服务到最后循环利用等各种增值活动。

苹果手机的全球价值链特征与利益分配特点

扫码阅读

二、全球价值链理论的核心观点

（一）全球价值链的分工基础理论

从理论分析上，更多学者都在传统比较优势理论基础上分析全球价值链的分工基础。传统比较优势理论强调国家之间基于资源禀赋（如劳动力、土地、资本等）的差异进行产业间分工。在全球价值链分工下，比较优势理论进一步拓展到产品内不同环节。各国企业参与全球价值链分工的依据是在产品特定环节的比较优势。例如，发展中国家在劳动密集型的加工组装环节具有成本优势，而发达国家在技术密集型的研发设计环节和资本密集型的品牌营销环节更具优势。

随着时间的推移和经济的发展，各国的要素禀赋会发生变化。在全球价值链分工的背景下，企业和国家需要根据要素禀赋的动态变化调整在价值链中的参与环节。例如，一些新兴经济体通过教育和培训提升了劳动力素质，开始从单纯的组装环节向技术含量稍高的零部件生产环节转移，利用新的比较优势提升在全球价值链中的地位。

(二)全球价值链治理理论

全球价值链的治理是指通过一系列非市场机制(如权力关系、契约等)来协调价值链中各环节的活动。格里芬提出的生产者驱动和购买者驱动是两种典型的治理模式。

1.生产者驱动的全球价值链

在这种模式下,大型制造商在全球价值链中占据主导地位,通常存在于资本和技术密集型产业,如汽车、航空航天等。这些制造商控制着核心技术和关键零部件的生产,通过在全球范围内建立生产网络和供应链,将其他环节外包给其他企业。例如,波音公司作为航空航天领域的巨头,在全球价值链中扮演着核心角色,它主导着飞机设计、核心技术研发和关键零部件生产,同时将一些零部件生产和组装工作外包给全球各地的供应商。

2.购买者驱动的全球价值链

这种模式常见于劳动密集型的消费品产业,如服装、玩具等。大型零售商、品牌商等购买者在价值链中具有强大的市场力量,他们通过制定产品标准、订单规模等方式控制着全球价值链。例如,耐克公司作为全球著名的运动品牌商,不直接从事生产,而是通过设计品牌形象、制定产品标准和营销战略,将生产任务外包给发展中国家的众多供应商。这些供应商按照耐克公司的要求进行生产,产品贴上耐克的品牌后在全球市场销售。

(三)全球价值链中的升级路径

企业在全球价值链中的升级是指企业通过提升自身在价值链中的地位,获取更多的附加值。主要有以下几种升级路径。

1.工艺升级

企业通过改进生产工艺,提高生产效率和产品质量。例如,一家服装加工厂从传统的手工缝纫升级为使用自动化缝纫设备,提高了生产效率和产品质量。

2.产品升级

企业通过研发和设计新产品,增加产品的附加值。例如,一家电子企业从生产简单的功能手机升级为生产智能手机,满足了消费者更高层次的需求。

3.功能升级

企业从低附加值的价值链环节向高附加值环节转移。例如,一家原本只从事服装加工的企业开始涉足服装设计和品牌营销领域,从而提升了其在全球价值链中的地位。

4.链的升级

企业从一条价值链转移到另一条附加值更高的价值链。例如,一家从事传统纺织业的企业转型进入高科技纤维材料产业。

三、对全球价值链理论的评价

（一）理论意义

1.拓宽了国际贸易研究的视角

全球价值链理论突破了传统贸易理论中以国家为主体、以最终产品贸易为主要研究对象的局限，将研究视角深入到产品内分工和跨国生产网络，为理解国际贸易的新模式和新趋势提供了更全面的框架。

2.揭示了价值创造和分配的复杂性

该理论清晰地展示了全球生产过程中价值是如何在不同国家和环节创造和分配的，强调了企业在全球价值链中的地位和能力对其收益的关键影响，有助于分析各国在国际贸易中的利益得失。

3.为产业升级提供指导

全球价值链理论提出的升级路径为发展中国家的企业和产业在全球经济竞争中寻求发展方向提供了有益的参考，有助于制定针对性的产业政策。

（二）局限性

1.忽视了发展中国家的自主创新能力

在一定程度上，全球价值链理论在分析发展中国家产业升级时，过多强调了对发达国家技术和市场的依赖，而对发展中国家自身的自主创新能力和内生发展动力重视不足。

2.对价值链治理模式的分析过于简化

现实中的全球价值链治理模式往往是复杂多样的，不仅仅局限于生产者驱动和购买者驱动两种模式，而且不同行业和企业之间的治理关系可能存在很大差异，这使得理论在具体应用时需要进一步细化和拓展。

服装产业 ZARA 的全球价值链布局与治理

扫码阅读

复习与思考

一、核心概念

需求重叠理论	产品生命周期理论	产业内贸易理论
技术差距理论	一般均衡	垄断竞争市场
同质产品	异质产品	水平差异产品
技术差异产品	垂直差异产品	全球价值链

二、思考题

1.请阐述需求重叠理论的主要观点,并分析其与需求偏好理论的关系。

2.产品生命周期理论中,不同阶段的贸易特点是什么?技术差距理论如何对产品周期理论进行具体解释?

3.论述规模经济理论与不完全竞争对现代国际贸易的影响。

4.产业内贸易理论产生的原因有哪些?结合实际案例进行分析。

5.全球价值链理论的核心内容是什么?对当今国际贸易格局有何重要意义?

6.比较需求重叠理论、产品生命周期理论、规模经济理论与不完全竞争、产业内贸易理论和全球价值链理论在解释现代国际贸易现象中的优势与不足。

7.结合现代国际贸易的发展趋势,分析以上理论在未来可能面临的挑战和发展方向。

第三章　要素流动与国际贸易的互动关系

学习目标

知识目标

1.理解和掌握资本、劳动力和技术要素国际流动的经济效应。

2.理解跨国公司的基本特征及基本理论。

能力目标

1.能够运用所学理论，对现实中的国际经济现象进行解读和分析，如跨国公司在全球布局生产基地。

2.能对国际贸易中出现的新趋势（如全球价值链的深化与要素流动的新变化）进行合理剖析，评估其对不同国家和产业的利弊。

3.能根据给定的经济数据构建简单的模型来分析要素流动和国际贸易的相互关系，预测可能的经济结果，并提出合理的政策建议。

素养目标

1.树立开放发展意识，积极对待国际经济合作中的机遇和挑战。

2.培养公平意识，关注不同国家和群体在国际经济活动中的利益分配。

引导案例

上交会:全球创新要素的流动之旅

2025 年 6 月 11 日,中国(上海)国际技术进出口交易会(以下简称“上交会”)如约而至。随着科技发展和市场变化,上交会通过不断创新搭建技术贸易“桥梁”,为中外双方提供高规格、多领域合作平台,加速了全球创新要素流动。经过十余年培育与沉淀,上交会累计吸引来自 30 多个国家和地区超 1 万家企业参展,连续三届意向成交项目数均超 500 项,一大批先进项目在上交会实现首展首发,通过上交会迈入发展快车道。

1.技术转移“三步走”模式:通过展前预配对、AI(人工智能)撮合、现场洽谈,促成 154 组跨境技术合作。“这是我们的上交会首秀。”香港科技大学上海产教融合中心副主任钱文馨的期待,是借助上交会平台,全面展示学校的创新创业生态,在上海乃至长三角地区进行技术转移与产学研合作,从而推动沪港产业领域的“双向奔赴”。

2.孵化器矩阵建设:上海 12 家孵化器联合展示人形机器人等创新成果,推动实验室技术向国际市场转化。这里,创新型企业、孵化器和服务机构组成了创新矩阵,成为技术流动的“加速器”。在孵化器中“诞生”的初创企业——上海青心意创,带来了全球首款直膝自然变速行走机器人。

3.“转化门诊”服务:技术经理人提供跨境法律、金融等全链条支持,加速技术要素全球化配置。企业所看重的“机遇”涵盖展示创新成果、推动产业升级、收集客户反馈、拓展业务渠道等多个方面;“出海”则意味着更大的机遇,更广阔的视野。在境外主宾城主题日活动中,7 家英国企业和 25 家中方企业参与对接交流,会后 14 个项目达成合作意向;有近 200 名技术经理人参与“淘展”活动,与展商深度互动,发掘潜在交易机会,同时,有 14 家成果转化平台和服务机构现场提供转化全链条服务。

资料来源:葛俊俊.上交会观察:全球创新要素的流动之旅[EB/OL].(2025-06-14)[2025-06-16].http://sh.people.com.cn/n2/2025/0614/c134768—41259788.html.

问题与思考:要素全球化流动与国际贸易的发展有哪些内在联系?

第一节　资本国际流动及其经济效应

一、资本国际流动的内涵

(一)资本国际流动的含义

国际资本流动是指一个国家(或地区)的政府、企业或个人与另一个国家(或地区)的政府、企业或个人之间以及国际金融机构之间资本的流出和流入。它是国际经济交易中的基本内容之一。资本既可表现为货币形态,也可表现为实物形态(如生产设备、技术、劳动力等)。因此,国际资本流动既可指货币资金的国际间转移,也可以指生产要素(实物资本)的国际转移(在统计上实物资本可用货币价值来计算)。广义的资本流动除上述内容外,还包括资本的国际无偿转移,如政府间赠款。

(二)国际资本流动的类型

国际资本流动按照资本使用期限的长短可以分为长期资本流动和短期资本流动两种类型。

1.长期资本流动

长期资本是指使用期限在1年以上或未规定到期期限的资本。它包括实际资本(对企业的投资)、财务资本(如对债券、股票的投资)和对外资产与负债(如贷款)。按照资本移动方式的不同,长期资本又可分为直接投资、间接投资和国际信贷三种形式。

(1)直接投资

它是指一国的政府、企业或个人对外国的企业进行投资,并拥有被投资企业的全部或部分管理控制权的投资类型。直接投资主要有以下几种形式:第一,在国外创办新企业,包括创办独资企业,设立分支机构、附属机构、子公司,同别国资本创办合营企业,以及直接收买现有的外国企业等。第二,收买并拥有外国企业的股权达到一定比例。例如,美国有关法令规定,凡拥有外国企业股权达到10%以上者,均属直接投资。第三,保留利润的再投资。投资者把在国外投资所获得的利润的一部分或全部对原有企业或其他外国企业进行再投资,这也属于直接投资。

(2)间接投资

它也称证券投资，是指在国际金融市场上购买外国政府和企业发行的中长期债券，或购买外国企业发行的仅参加分红的股票所进行的投资活动。间接投资与直接投资的区别在于，间接投资者只能获取债券、股票等证券投资的股息红利等，而对被投资者(如企业)无管理控制权；直接投资则不然，投资者除了直接承担被投资者的盈利风险外，还须对该企业拥有管理控制权。

(3)国际借贷

它包括除上述两种形式以外的各种长期资本流动方式，如政府间接贷款或互惠贷款、国际金融组织贷款、国际银行贷款、出口信贷、租赁信贷等。

2.短期资本流动

它是指使用期限为 1 年或 1 年以下的国际资本流动。按照资本流动的原因和特征的不同，短期资本流动可划分为贸易资金流动、银行资金流动、保值性资本流动和投机性资本流动。

(1)贸易资金流动。贸易资金流动在短期资本流动中占有重要地位，它是由商品和劳务的进出口引起的。它包括在国际贸易中进出口双方相互提供的短期信用，如出口方提供延期付款信用、进口方提供的预付货款，以及结算中发生的早收迟付或早付迟收所形成的资金流动。

(2)银行资金流动。银行资金流动是指各经营外汇业务的银行，由于经营业务的需要而进行资金调拨所引起的短期资本在国际的转移。例如，不同国家银行之间的同业拆借、头寸抛补、掉期交易等，都会产生大量、频繁的短期资本流动。

(3)保值性资本流动。它又称资本逃避，是指资本持有者为了避免受到损失，保证资本的安全性而在国际进行的资本流动。

(4)投机性资本流动。它是指各种投机者利用国际金融市场上行市涨落的差异以及对行情变动趋势的推测进行投机活动以争取预期利润而引起的短期资本的流动。它与保值性资本流动的根本区别在于：保值者逃避风险机会，以防止受到损失，而投机者则利用风险机会，以期获得高额收益。

二、资本国际流动的驱动因素

(一)费雪利率差

1.费雪效应

费雪效应最早由美国经济学家欧文·费雪(Irving Fisher)在 1930 年提出。他强调了名义利率与实际利率的差别，并指出名义利率的调整在于反映预期通

货膨胀的变化。费雪效应的基本公式可以表示为

$$I=r+p \tag{3-1}$$

其中 I 是名义利率，r 是实际利率，p 是通货膨胀率。如果费雪效应存在，那么名义利率的上升主要是由于通货膨胀率的上升，而不是货币政策紧缩的结果。因此，费雪效应对于理解货币政策的传导机制和实际利率的变化具有重要意义。因此，费雪利率差驱动国际资本流动也很好理解了：它是指不同国家之间的实际利率差异。在国际金融市场中，资本总是流向那些能够提供更高实际回报率的国家。当一个国家的实际利率高于其他国家时，投资者会倾向于将资本投到那个国家，以期获得更高的收益。

2.费雪利率差的政策含义

根据费雪效应，央行若提高货币供应量，短期内名义利率会下降，因为货币供给增加了。在这个短期内，价格和通胀预期保持稳定，这会导致真实资本存量和产出均有所增加。然而，到了中期，产出会回归自然率水平。此时，通货膨胀率直接等同于货币供给增长率，因为中期真实产出增长率归零。根据费雪效应方程，中期时真实利率也会回到自然率水平。若其他条件不变，名义利率将随通货膨胀率和货币供给增长率的提升而上升，幅度与货币供给增长率相同。举个例子：如果某人在中国购买了一款年利率为 4%的稳健银行理财产品，一年后其本息总和的购买力若等同于一年前的购买力，没有增值，那么投资就没有任何价值了。

因此，我国央行应该慎用利率作为货币政策的指标。货币政策的目标是保持物价稳定，但利率的调整与通货膨胀率的变动并非相同幅度的变化，所以应将货币政策倾向于保持币值稳定的法定目标的行为逻辑。

(二)两缺口模型

1.两缺口模型

两缺口模型是由 20 世纪 60 年代美国经济学家钱纳里(H.Chenery)和斯特劳特(A.Strout)共同提出的。该模型试图从理论上阐明了发展中国家利用外资来弥补国内资金短缺的必要性。

在经济发展过程中，国家常常面临诸多制约因素，如储蓄水平、外汇储备、技术实力以及财政资金等。宏观经济学中的哈罗德-多马模型基于一个根本假设，即储蓄(S)与投资(I)的均衡是经济增长的关键前提。然而，当国内资源(储蓄)无法支撑预定的增长速度时，储蓄缺口便随之产生。当这一缺口，即资金短缺阻碍了经济发展进程时，引入外部资源以填充此缺口的举措便显得尤为重要。

该模型主要考虑的是储蓄缺口与外汇缺口在国民经济发展中的作用。从国

民经济的基本恒等式——总收入等于总供给，可以得出：

$$Y=C+S+T+M \tag{3-2}$$

式中，Y 为总供给，C 为消费，S 为储蓄，T 为税收，M 为进口。

$$Y=C+I+G+X \tag{3-3}$$

式中，Y 为总需求，C 为消费，I 为投资，G 为政府支出，X 为出口。若税收等于政府支出（$T=G$），则有：

$$S+M=I+X \text{ 或 } I-S=M-X \tag{3-4}$$

公式左边 $I-S$ 是投资与储蓄的差额，为储蓄缺口；右边 $M-X$ 是进口与出口的差额，为外汇缺口。由于有投资、储蓄、进口、出口四个独立的变量，因此进行调节的目的是使上述公式平衡。

2.两缺口模型的政策含义

该模型强调了发展中国家利用外部资源的重要性。通过引进外部资源，这些国家能够有效提升自身的出口潜力，进而促进高收入和高储蓄的良性循环，使资源配置更为优化。20 世纪 70 至 90 年代的东亚发展中国家与地区正是通过有效引入外部资源，从而实现了经济的迅速崛起。

双缺口模型是中国改革开放初期利用外资的理论支撑

扫码阅读

三、资本国际流动的经济效应

图 3-1 为资本国际流动的经济效应（福利）分析。假设有 A、B 两国，横轴为资本的存量，纵轴为资本的边际收益率（资本的边际产出），即在技术、劳动投入不变时，增加资本投入所增加的产量。左轴为 A 国资本的代表性边际收益率，右轴为 B 国资本的代表性边际收益率。可以看出，B 国的资本边际收益率高于 A 国，那么资本将从边际收益率低的 A 国流向边际收益率高的 B 国。当两国资

本的边际收益率一致时，资本流动停止。

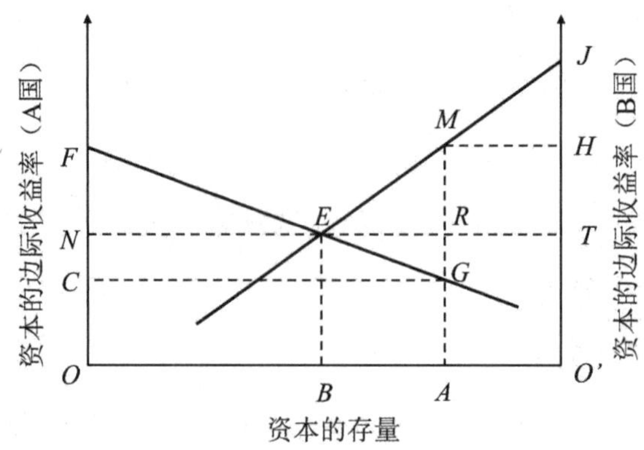

图 3-1 资本国际流动的产出与福利效应

在图 3-1 中，A 国的资本存量为 OA，B 国的资本存量为 $O'A$。A 国资本的边际产出为 OC，总产出为 $FOAG$，其中 $OCGA$ 为资本的收入，CFG 为其他要素的收入。B 国资本的边际产出为 $O'H$，总产出为 $O'JMA$，其中 $O'HMA$ 为资本的收入，HJM 为其他要素的收入。由于 A 国资本的边际收益率低于 B 国资本的边际收益率，在资本自由流动的条件下，资本便会从 A 国向 B 国流动。当资本的边际收益率 $ON=O'T$，即两国资本的边际收益率相等，在 E 点达到均衡时，资本停止流动。这时，A 国的总产出为 $OFEB$，B 国的总产出为 $O'JEB$，A 国的总产出减少 $EBAG$，B 国的总产出增加 $EBAM$，两国的总产出净增 EGM。因 A 国投资要有收益，A 国的总收入为 $AOFER$，B 国的总收入为 $O'JERA$，A 国总收入净增 EGR，B 国总收入净增 ERM。可见，资本跨国流动后产生了福利的增量，这是 B 国相对富余的劳动与 A 国相对富余的资本相结合而进行生产的结果。

共建"一带一路"与世界经济发展

扫码阅读

第二节　劳动力跨国流动及其经济效应

一、劳动力国际流动的内涵

(一)劳动力流动的含义

国际劳动力流动是指劳动力在国与国之间的迁移,一般涉及劳动力国籍身份的改变,这种改变可以是永久性的(如移民),也可以是暂时的(称作临时劳动力流动)。这是生产要素国际流动的一种类型,是劳动力这种生产要素跨越国界而被优化配置到世界的其他地方。

(二)劳动力国际流动的类型

劳动力的国际流动是国际经济关系的一个方面。劳动力的国际流动有若干种类型,大致可以分为两类:永久移民式的劳动力国际流动和中短期的劳动力国际流动。

永久移民式的劳动力国际流动一般同人口的国际迁移结合在一起,即迁居国外,一般不再返回。历史上三次大规模的人口迁移大多属于这种情况,即使在今天,劳动力跨国流动中的永久性移民仍然占有很大比例。

中短期的劳动力国际流动是指一国根据国家间签署的有关合同,派遣有关人员到劳动力输入国履行合同,一旦完成合同规定的任务后即刻返回。这种形式的劳动力国际流动涉及的范围较广,包括与工程、服务等有关的国际劳务出口、留学人员的派遣、根据国际经济技术合作协定进行的人员派遣,甚至还包括虽未跨出国门但在外国机构或外资机构工作的人员流动等。总之,但凡外国雇用本国劳动力,都可纳入中短期劳动力国际流动的范畴。

二、劳动力国际流动的原因

(一)劳动力供求失衡

劳动力的供求状况是决定劳动力国际流动的根本原因。非洲劳动力被贩运到拉美地区是因为在西班牙和葡萄牙殖民主义者的殖民奴役和掠夺下,为满足西班牙、葡萄牙,特别是英国国内对烟草、大米以及蓝靛等的需要而大力发展种植园经济的结果。也就是说，除了政治方面的原因之外，从经济方面分析，种植园的大量建立引起了对劳动力的大量需求，这种需求必然引起黑奴的贩运。19世纪中叶至20世纪初从欧洲到美国的移民潮，更能说明经济发展对劳动力的需求影响了劳动力国际流动的方向。19世纪末，美国经济后来居上，超过英国这一老牌工业帝国成为世界第一工业大国。经济的高速发展需要大量的劳动力来支撑，急剧增长的劳动力需求引来了大批的欧洲移民。战后的情况也是如此。战后经济重建以及后来资本主义的高速经济增长使劳动力严重短缺，使劳动力从发展中国家流向欧美发达国家。

（二）收入差异

收入差异是劳动力国际流动的基本动力。19世纪中叶至20世纪初，英国的工资水平在欧洲最高，但是美国经济正高速发展，其工资水平是英国的两倍以上，这样的工资差距促使大量的欧洲劳动力流向美国。第二次世界大战时，发达国家与发展中国家之间的经济发展水平和工资水平长期存在很大差距，使得发达国家的高收入对于发展中国家的劳动力始终保持着巨大的吸引力。

（三）经济周期的影响

若一国经济处于繁荣、高涨时期，该国投资通常迅速增长，劳动力需求急剧增加，工资水平较高，由此刺激外国劳动力大量流入。相反，若一国经济处于危机、衰退时期，企业压缩规模、缩减生产甚至停产倒闭，投资急剧下降，对劳动力的需求萎缩，工资水平也会下降，这种情况不仅会使外国劳动力回流，也会使本国劳动力流向其他国家。

另外，农业生产的季节性也会造成对劳动力需求的周期性变动。农业生产的特点是忙闲不均，而任何一家农场都不会终年雇用大量工人；种植和收获的大忙季节，劳动力需求十分旺盛，而在其他季节，对劳动力几乎没有什么需求。农业生产对劳动力需求的这种特点会引起劳动力的国际流动。

（四）国际经济合作

国际经济合作是劳动力国际流动特别是交叉流动的重要原因。国际贸易必然伴随着贸易国之间的频繁持续的人员往来，对外直接投资则不仅仅是资本的流动，而且也伴随着经营管理人员、技术专家和熟练工人的国际流动。随着国际贸易和跨国公司对外直接投资的加速发展，国际劳动力的流动数量和频率也会越来越多。此外，各国之间日益增多的工程承包活动和劳务合同也会进一步推动劳动力的国际流动。

当然，引起劳动力国际流动的原因还有很多，如政治、宗教的原因，或动乱、战争等;但这些原因造成的劳动力国际流动往往具有暂时性。经济方面原因是劳动力国际流动的长期性原因和根本性原因。

中国大陆的海外移民与在华国际移民

扫码阅读

三、劳动力国际流动的经济效应

(一)图示分析

图 3-2 对劳动力国际流动进行了经济(福利)分析,以 A、B 两国为例,横轴为两国劳动力的存量,纵轴为劳动的边际收益率,即在技术、资金状况不变时每单位增量劳动所增加的产量。图中左轴为 A 国劳动的代表性边际收益率,右轴为 B 国劳动的代表性边际收益率。从图中可以看出,B 国劳动的边际收益率高于 A 国,则劳动力将从边际收益率低的 A 国流向边际收益率高的 B 国。当两国劳动的边际收益率一致时,劳动力流动停止。

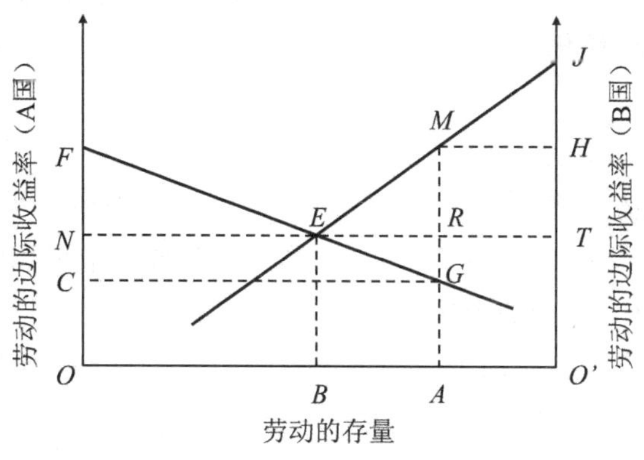

图 3-2　劳动力国际流动的产出与福利效应

进一步分析,A 国的劳动量从左原点出发,为 OA,B 国从右原点出发,为 $O'A$,A 国的总产出为 $FOAG$,其中 $OCGA$ 为劳动收入,CFG 为其他要素收入,劳

动的边际产出为 OC。B 国的总产出为 $O'JMA$，其中 $O'HMA$ 为劳动的收入，HJM 为其他要素收入，劳动的边际产出为 $O'H$。在劳动力自由流动的条件下，劳动力由边际收益率较低的 A 国流向边际收益率较高的 B 国，劳动力产生流动（AB 的量），最终在 E 点达到均衡，边际收益为 $ON=O'T$，A 国的总产出为 $OFEB$。B 国的总产出为 $O'JEB$。总的情况从（$FOAG+O'JMA$）增加为（$OFEB+O'JEB$），净增 EGM。

在新增的 EGM 中，ERG 为劳动力流出国所得，MER 为劳动力流入国所得。A 国的总收入为 $OAREF$，劳动的收入为 $ONRA$，B 国的总收入为 $O'JERA$，劳动的收入为 $O'TRA$。A 国其他要素的收入为 NFE，B 国其他要素的收入为 TEJ。新增部分 EGM 是劳动力国际流动的利益。

（二）对劳动力输入国的经济效应

1.积极效应

（1）增加劳动力供给和产出。大量劳动力的流入增加了流入国的劳动力资源。根据生产函数，在资本存量和技术水平不变的情况下，劳动力的增加会导致总产出上升。例如，在中东一些石油资源丰富的国家，大量外国劳动力来参与石油开采、基础设施建设等工作，使得原本因劳动力不足而闲置的资本得到充分利用，进而增加了国内的总产出。

（2）降低生产成本和物价水平。一些劳动密集型产业因外国劳动力的流入缓解了劳动力短缺的压力，抑制了工资上涨幅度有利于降低生产成本和降低产品和服务价格，稳定了劳动力流入国的物价水平。

（3）促进技术交流和产业升级。一些高技能移民人才可以为流入国的相关产业和领域带来先进的技术理念和创新思维，推动流入国产业结构优化，促进传统产业的高端化、绿色化、智能化和数字化升级，促进本国现代农业、现代服务业的发展。

2.消极效应

（1）对本地劳动力就业可能产生挤出效应。劳动力流入可能会对流入国本地劳动力的就业产生一定的竞争压力，尤其是那些技能水平较低的本地劳动力，可能会面临就业机会减少的情况。

（2）社会福利负担可能加重。如果流入国的社会福利制度较为慷慨，大量劳动力流入后可能会增加社会福利的负担。这些外来劳动力及其家属可能会享受教育、医疗等社会福利服务，给流入国的财政带来一定压力。

（三）对劳动力输出国的经济效应

1.积极效应

(1)外汇收入增加。劳务输出人员会将在国外获得的工资收入汇回国内，这构成了输出国的外汇收入。菲律宾是劳务输出大国，大量菲律宾海外劳工将打工所得汇回国内，这些外汇收入对于平衡菲律宾的国际收支起到了重要作用。外汇收入可以用于进口国内急需的资本品、技术和商品，促进国内经济发展。

(2)缓解国内就业压力。当国内劳动力市场供过于求时，劳动力输出可以有效减少国内的失业人口。一些经济转型国家的传统产业衰退，导致大量劳动力失业，劳务输出为这些失业人员提供了新的就业机会，从而在一定程度上缓解了国内的就业矛盾。

(3)带回技术和经验促进国内发展。外出务工人员在国外工作期间可以学习到先进的技术和管理经验。当他们回国后，可以将这些技术和经验应用于国内的生产和经营活动。

2.消极效应

(1)人才流失问题。如果输出的劳动力是高技能人才，那么可能会导致输出国出现人才流失的现象。人才流失可能会使输出国在科技研发、高端服务业等领域的发展受到阻碍，影响国家的长期经济发展战略。

(2)对国内经济结构可能产生不良影响。过度依赖劳务输出可能会使输出国的经济结构出现不合理的变化。一些国家的基础产业(如农业和制造业)可能会因为大量劳动力流出而萎缩，进而影响国家的经济安全和可持续发展。

国际学生流动

扫码阅读

第三节 技术国际转移及其经济效应

一、技术国际转移的内涵

(一)国际技术转移的含义

国际技术转移是指技术在不同国家之间的流动和传播过程。根据联合国贸易和发展会议(UNCTAD)的统计,全球技术转移交易额逐年增长,2023年国际技术许可和技术服务等相关交易总额达到约3000亿美元,这其中涉及众多行业,如信息技术、汽车制造、生物医药等,技术在国家之间的流动促进了全球产业的融合与发展。

(二)国际技术转移的类型

1.技术贸易型

这种类型主要是通过技术许可和技术服务合同进行技术转移。

(1)技术许可。技术许可是指许可方(技术拥有者)允许被许可方(引进技术方)在一定条件下使用其专利技术、商标或专有技术等。

高通公司是全球著名的通信技术企业,它通过技术许可的方式将其众多的通信专利技术授权给世界各地的手机制造商使用。根据高通的财报,其每年来自技术许可的收入达到数十亿美元。在中国,许多手机厂商如小米、OPPO等都与高通签订了技术许可协议,以获得使用其通信芯片相关技术的权利。

(2)技术服务。技术服务则是技术提供方为技术接受方提供与技术相关的服务,如技术咨询、技术培训等。例如,德国西门子公司为印度的一些发电厂提供技术服务,包括帮助其培训技术人员如何操作和维护西门子提供的发电设备。

2.直接投资型

跨国公司通过对外直接投资,在东道国设立子公司或合资企业,将技术作为资本投入。这种投资方式可以更好地利用当地的资源和市场。

日本汽车企业丰田公司在泰国建立了汽车生产厂。在这个过程中,丰田将其先进的汽车生产技术,包括冲压、焊接、涂装和总装等四大工艺技术引入泰国工厂。通过这种直接投资的技术转移方式,丰田不仅利用了泰国当地的劳动力和土地等资源,还开拓了东南亚市场。

3.合作研发型

不同国家的企业、科研机构等合作进行技术研发，在这个过程中实现技术的相互转移。这种类型有助于整合各方的优势资源，共同攻克技术难题。

欧洲的空中客车公司和中国的航空企业及科研机构开展合作研发项目。在空中客车 A350 飞机的研制过程中，中国的科研团队参与了部分复合材料机翼的研发工作。通过合作，欧洲的先进飞机设计理念和制造技术向中国转移，同时中国在复合材料等领域的研究成果也被应用到飞机制造中。

二、国际技术转移的原因与驱动因素

（一）国际技术转移的原因

1.技术差距

不同国家之间存在技术水平的差异。这种技术差距使得技术从先进国家向落后国家转移成为可能。发展中国家为了提升自身的产业竞争力，有强烈的意愿引进先进的芯片制造技术，以缩小与发达国家的差距。在过去几十年，中国汽车工业通过合资等方式，将先进的汽车发动机技术、汽车装配技术等引入中国，这使得中国汽车工业在技术水平上得到快速提升，中国品牌汽车的质量和性能从而也得到不断提高。

2.降低企业生产成本

在一些劳动力成本较低的国家，引进技术可以降低生产成本。一些国际服装品牌将先进的服装裁剪和缝制技术转移到孟加拉国的工厂，利用当地的廉价劳动力，既能保持产品质量，又能降低生产成本。加拿大木材加工行业利用该国森林资源丰富的优势，引入欧洲的先进木材加工技术，在当地加工木材，减少原材料运输成本，提高整体效益。

3.市场扩张需求

一些快餐品牌，如肯德基、麦当劳等，为了在全球范围内扩大市场份额，会将其标准化的餐饮制作技术、店铺运营技术等向世界各地扩散。其通过技术转移，能够保证各地店铺提供统一标准的食品和服务。再如智能手机制造商，如苹果公司，除了在美国本土生产部分高端产品外，还将一些技术转移到中国等国家进行组装生产。这是因为中国市场庞大，且中国的劳动力和产业链配套能力有利于大规模生产，通过技术转移能够更好地满足全球市场对苹果手机的需求。

（二）国际技术转移的驱动因素

1.经济全球化

随着经济全球化的发展，世界贸易组织（WTO）等国际组织推动贸易自由化，降低了技术转移的壁垒。例如，在信息技术领域，根据国际数据公司（IDC）的数据，全球信息技术产品和服务贸易额逐年增长。同时，软件技术、互联网技术等可以更自由地在各国之间转移。印度的软件外包产业就是在经济全球化背景下发展起来的，许多欧美国家的软件技术和项目管理技术被转移到印度，印度的软件企业通过承接国际项目提升了自身技术水平，同时也促进了全球软件技术的交流。

2.政策激励

许多国家出台政策鼓励技术引进。例如，中国政府制定了一系列税收优惠政策和产业扶持政策来吸引国外先进技术。对于引进新能源汽车关键技术的企业给予税收减免。在一些科技园区，对于引进国外先进生物医药技术的企业给予土地使用、资金补贴等优惠。

同时，一些发达国家也会通过政策鼓励本国企业对外技术转移，以扩大其在全球产业链的影响力。例如，美国政府有时会支持本国的农业技术公司将先进的农业种植和灌溉技术向发展中国家转移，一方面可以获得经济利益，另一方面也可以增强在全球农业领域的话语权。

3.知识产权保护的加强

随着各国对知识产权保护的重视程度不断提高，企业更愿意进行技术转移。根据世界知识产权组织（WIPO）的数据，专利申请数量在全球范围内持续增加。当企业的专利技术在其他国家能够得到有效保护时，它们会更有信心将技术转移到这些国家。

以制药行业为例，瑞士的制药公司拥有许多先进的药品研发和生产技术。随着各国知识产权法律的完善，这些公司更愿意将一些非核心的药品生产技术转移到其他国家，在当地设立生产基地，同时利用专利保护来确保自己的技术优势和经济利益。

三、国际技术转移的经济效应

国际技术转移对输入国与输出国的经济发展均产生重要影响，二者在技术流动中获得不同层面的经济效应。

（一）对技术输入国的经济效应

1.生产力的快速提升

引进国外先进技术，有利于输入国企业缩短研发周期，降低创新成本，迅速应用于生产环节。例如，韩国在 20 世纪引进欧美电子、汽车技术，构建起高端制造产业体系，实现了生产效率与产品质量的双重飞跃。

2.产业结构得以优化升级

新兴技术引入催生新产业，同时改造传统产业，推动其向技术密集型转型。例如，中国引进新能源汽车技术后，不仅培育了整车制造产业，还带动了锂电池、充电桩等上下游产业的发展。

3.促进技术创新

输入国企业在吸收外来技术基础上通常会进行本土化改进，形成自主创新能力，推动国家创新体系完善。

（二）对技术输出国的经济效应

1.获得贸易利益

技术输出国通过国际技术转移，能够开辟新的市场空间，获取技术转让收益和知识产权费用，扩大贸易顺差。例如，美国通过向全球输出信息技术、生物医药技术，获取巨额经济回报。

2.有助于资源优化配置

技术转移有助于输出国优化产业结构，淘汰落后产能，将资源集中于更具竞争力的高端产业。例如，日本将传统制造业技术向海外转移，推动本国向高附加值的智能制造、精密仪器产业转型。

3.强化国际竞争力

技术输出能促进输出国企业全球布局，其通过在海外设立研发中心、生产基地，实现技术、资本与市场的深度融合，增强企业的国际竞争力。

甘李药业的全球化之路

扫码阅读

第四节　跨国直接投资理论与跨国公司对国际贸易的影响

一、跨国直接投资理论的内涵

(一)跨国直接投资的含义

跨国直接投资(foreign direct investment,FDI)是指企业跨越国界,在国外进行长期的资本投入,通常涉及对外国企业的控股或参股。这种投资形式不仅包括资本的输入,还包括技术、管理知识和品牌等无形资产的转移。

(二)主要理论流派

1.发达国家对外直接投资理论

(1)垄断优势理论

垄断优势理论的基本观点是投资国企业进行对外直接投资,而不是进行国际贸易,这主要是因为其在产品差异化、技术知识、经营管理、商标、销售经营等方面具有其他企业所没有的垄断优势,进行对外投资可以获得因垄断优势产生的全部收益。美国学者海默(Hymer)在其博士论文《国内企业的国际化经营:一项对外直接投资的研究》中提出了垄断优势理论,开创了对外直接投资理论的先河。他通过研究美国1914—1956年对外直接投资数据,以微观经济学的竞争理论为分析工具,论述了跨国公司之所以进行国际化生产经营,是因其在技术、资金、经营管理等方面的优势,可以在东道国形成垄断优势,从而获得较高的市场利润。后来一些西方学者从其他视角研究了垄断优势的来源,发展了该理论,如凯夫斯(Caves,1971)的产品差异论、约翰逊(Johnson,1970)和赫什(Hirsh,1976)的占有能力论等。

(2)内部化理论

随着跨国公司在全球范围内组织国际生产,形成全球生产体系,海默的垄断优势理论已经不能很好地解释这种现象,英国里丁大学教授巴克莱、卡森和加拿大学者拉格曼共同提出了内部化理论。该理论认为,如果企业生产所需的生产要素、原材料等由于市场信息的不对称和中间产品的信息模糊等原因导致市场交易成本过高,那么企业为了降低成本,提高利润,就会与上游的生产商进行合作,或者将其内部化,即用内部生产替代外部交易。企业跨国进行内部化生产的行为，其实质就是企业对外直接投资，该理论较好地解释了20世纪90年代后跨国公司进行全球直接投资、国际兼并的现象。

(3)国际生产折中理论

以上几个对外投资理论从不同视角解释了各自国家或地区在特定的经济时期进行对外直接投资的动因，但不具有解释各国投资的普遍意义。20世纪70年代后期，随着日本和欧洲的兴起，跨国公司对外直接投资也出现了快速发展和繁荣的景象，为以后学者创新理论打下了基础。英国研究跨国公司行为的著名学者邓宁(Dunning)继承了海默的垄断优势理论以及巴克莱和卡森的内部化理论，并结合国际贸易理论中的区位优势理论，提出了国际生产折中理论。该理论认为，企业只有在所有权、内部化和区位方面都具有优势时才能进行对外投资，否则只能采取对外贸易和技术转让的方式达到国际化，从而解释了进行对外直接投资的原因、内部化的原因和投资区位与方向的问题。

2.发展中国家对外直接投资理论

20世纪80年代中期以后，发展中国家对外直接投资呈现出加速增长态势，特别是一些新兴工业化国家和地区，其对外直接投资开始投向发达国家，甚至成为当地企业有力的竞争对手。这种新趋势难以用传统国际直接投资理论解释，从而促使学界提出一系列针对性理论，用以解释其投资行为特征与经济逻辑，本章主要介绍以下几种核心理论。

(1)小规模技术理论

威尔斯(Wells)开创性地提出，即使是发展中国家技术不够先进、生产规模较小的企业，但如果能够满足国际市场上的小产品、多样化的需求，也可以进行对外直接投资，参与国际市场竞争，获得较高利润。发展中国家之所以可以进行对外直接投资，其优势主要在于：第一，其技术水平和管理经验更加符合东道国的经济、社会和文化发展水平，在东道国市场上具有比发达国家更加贴近东道国地方化的优势；第二，投资国企业的小规模生产以及提供的技术可以为东道国市场多样化低水平的市场需求提供服务；第三，企业在进行规模生产时，可以利用东道国相对廉价的劳动力和生产设备进行生产，从而获得较高的利润水平。

(2)技术地方化理论

英国经济学家拉奥(Lall)在对印度跨国公司的竞争优势和投资动机进行深入研究之后，提出了适用于发展中国家跨国公司的技术地方化理论。该理论认为，虽然发展中国家企业的市场规模小，采用的是标准化技术，但其不只是一个简单的技术模仿，而在于技术的消化、吸收和创新，是利用自身的竞争优势集合技术创新形成的一种特有的国际竞争能力，进而形成对外直接投资的国际竞争优势，不仅可以在发展中国家进行投资，而且在不断创新的基础上还可以对发达国家进行投资。

(3)技术创新产业升级理论

英国学者坎特韦尔(John A. Cantwell)和托兰惕诺(Paz Estrella Tolentino)在20世纪90年代初期共同提出了“技术创新产业升级理论”。他们强调,发展中国家对外直接投资的产业分布和地理分布是随着时间推移而变化的。在初始阶段,企业主要向邻近国家投资,输出本国成熟技术;随着经济发展和技术能力的提升,投资逐渐向发达国家扩展,目的是获取先进技术和研发资源,进而促进本国产业升级。例如,韩国电子企业早期在东南亚投资设厂,后逐步在美国、欧洲建立研发中心,实现从技术引进到技术创新的跨越。

中国新茶饮企业海外投资与国际生产折中理论

扫码阅读

二、跨国公司

(一)跨国公司的定义

跨国公司是指在两个或两个以上国家(或地区)拥有矿山、工厂、销售机构或其他资产,在母公司统一决策体系下从事国际性生产经营活动的企业。它可以由一个国家的企业独立创办,也可以由两个或多个国家企业合资、合作经营或控制当地的企业使其成为子公司。

联合国国际投资和跨国公司委员会认为,一个跨国公司应具备下述三个要素:

第一,跨国公司本质上是一个工商企业,组成这个企业的实体在两个或两个以上的国家内经营业务,而不论其采取何种法律经营形式,也不论其经营所涉及的领域。

第二,跨国公司的管理决策着眼于全球,尽管它的管理决策机构的设立以某国或某个地区为主。在跨国公司的全球决策中,市场占据主导地位,市场决定了工厂、企业的经营策略和经营状况。

第三,跨国公司的经营范围很广,从研究与开发、原料开采、工业加工到批发、零售等再生产的各个环节都有涉足，并形成了完整的产业链条。它是资本运作的全过程，而不是某个行业或再生产的某个环节。

（二）跨国公司的基本特征

跨国公司在不同国家有着不同的形成与发展历史，同时，跨国公司也会因行业不同和经营方式的差异而在形式上千差万别。但是，撇开形式上的差别，跨国公司都具有一些不同于国内公司的基本特征。

1.经营规模庞大，公司实力雄厚

跨国公司一般都是在一个或几个部门居于垄断地位的国际化大企业或企业联合体。它们拥有先进的管理经验、多样化的经营活动，资金雄厚；它们的业务范围覆盖不同的国家和地区，经营规模庞大，实力雄厚。例如，花旗银行集团在全世界 160 多个国家拥有分行、分支机构或业务代表处；宝洁公司在全世界 70 多个国家经营业务，产品畅销 140 多个国家和地区。

2.实行全球战略

所谓跨国经营的全球战略是指跨国公司将它在全球范围的经营活动视为一个整体，目标不只是一时、一地或一个子公司的利益的最大化，而是追求公司整体利益的最大化。

3.内部实现“一体化”的经营体系

跨国公司在世界上拥有众多的子公司和分支机构，形成了生产、贸易、投资、金融和信息等综合化的业务网络。总公司统一指挥、协调，总公司和子公司、子公司和子公司之间相互配合，结成一个整体，形成内部一体化的经营体系，共同面对世界市场，统筹安排各种经营活动，以获取最大利益。

4.产品和服务多样化

跨国公司的业务范围涉及面极其广泛，产品和服务多样化。跨国公司基于强大的资金、技术研究和开发等方面的优势，实现产品和服务多样化，从而使它能够形成一般公司所无法比拟的经营优势，有助于降低经营风险。

5.扩张的主要手段是对外直接投资

跨国公司通过对外直接投资，在国外设立分支机构，并对国外分支机构实施有效控制，以使经营的触角延伸到世界的各个角落，从而贯彻自己的全球化经营战略，实现利益最大化目标。

6.具有强大的抵御风险的能力

跨国公司的产品和服务多样化以及全球化经营有效地分散了市场风险，降低了公司所面临的经济周期风险，增强了公司整体抵御风险的能力。

三、跨国公司对国际贸易的影响

跨国公司的迅猛发展是当代经济的一个重要特征，它的发展直接推动了国际贸易的发展和国际资本流动。21世纪初，跨国公司已经控制了世界工业生产总值的40%～50%、国际贸易的60%～70%、外国直接投资的90%和全球90%的技术转让份额。截至目前，全球跨国公司已经超过8万家，拥有79万家国外分支机构，已然成为当代世界经济发展中一支不容忽视的重要力量。跨国公司在国际贸易中也扮演着至关重要的角色，它们通过多种方式促进了国际贸易规模的扩大、结构的优化、方式的创新以及地理方向的改变。在经济全球化的背景下，跨国公司的持续发展将进一步深刻影响国际贸易的未来走向。

（一）跨国公司促进国际贸易规模的扩大

1.跨国公司内部贸易的增长

跨国公司在全球范围内布局生产和销售网络，其内部贸易成为国际贸易的重要组成部分。内部贸易是指跨国公司母公司与子公司之间、子公司相互之间进行的产品、原材料、技术和服务等交易。据估计，跨国公司内部贸易占世界贸易总额的比例约为1/3。这种内部贸易的发展极大地增加了国际贸易的流量。

2.带动上下游产业贸易

跨国公司的大规模生产和采购活动会带动上下游产业的国际贸易。大众汽车（Volkswagen）是一家全球性的跨国公司，其供应商网络遍布世界各地。为了生产一辆汽车，大众需要从德国采购发动机核心部件，从日本采购高精度的电子设备，从中国采购汽车座椅等内饰件。这些跨国采购活动促进了各国之间零部件的贸易往来。同时，大众汽车的销售也带动了汽车售后服务市场的贸易，包括汽车维修设备、配件以及保养用品等贸易。

（二）跨国公司促进国际贸易结构的优化

1.促进国际贸易中产品结构升级

跨国公司凭借其强大的技术研发能力，推动了国际贸易中产品结构的升级。以半导体行业为例，英特尔（Intel）公司是全球半导体行业的领军企业。英特尔不断投入研发，其先进的芯片制造技术使得高性能计算机芯片得以广泛应用于全球的电子设备中。英特尔等跨国公司的技术创新促使计算机及相关电子产品的贸易结构向高端化迈进。根据半导体行业协会的数据，全球高端芯片贸易额在过去10年中以年均8%的速度增长，远高于传统电子产品贸易的增速。

2.促进服务贸易的兴起

跨国公司在全球扩张的过程中，服务贸易也随之蓬勃发展。据世界贸易组织统计，全球服务贸易总额从20世纪90年代以来以年均7%左右的速度增长，其中跨国公司贡献了相当大的比例。跨国公司的全球化经营推动了国际服务贸易在运输、金融、电信、咨询等多个领域的快速发展。

（三）跨国公司推动国际贸易方式的创新

1.电子商务的应用

许多跨国公司积极采用电子商务平台开展国际贸易。亚马逊（Amazon）是全球最大的电子商务跨国公司之一，通过其跨境电商平台，让全球的商家和消费者能够直接进行交易。它整合了全球的供应链，消费者可以在平台上购买来自世界各地的商品。这种电子商务的贸易方式突破了传统贸易的时空限制，大大提高了贸易效率。据统计，亚马逊全球跨境电商销售额在过去5年内增长了3倍以上，带动了大量中小企业参与国际贸易。

2.推进全球供应链管理创新

跨国公司还通过创新全球供应链管理方式改变贸易模式。高效的供应链管理模式使得商品能够以更快的速度、更低的成本从生产地运往销售地。沃尔玛的全球采购额每年超过数千亿美元，其供应链创新带动了相关贸易方式的变革，如供应商管理库存（VMI）、协同规划、预测和补货（CPFR）等模式在国际贸易中的应用越来越广泛。

（四）跨国公司对国际贸易地理方向的影响

1.推动新兴市场的崛起

跨国公司的投资和市场拓展战略促使国际贸易地理方向发生变化。随着新兴市场国家经济的快速发展，跨国公司纷纷加大在这些地区的投资和贸易活动。中国已经成为许多跨国公司重要的生产基地和销售市场，而跨国公司的贸易活动也使得中国与世界各国的贸易联系更加紧密。

2.推动区域经济一体化的加强

跨国公司为了降低贸易成本，获取区域市场优势，积极推动区域经济一体化进程。大众、西门子等德国跨国公司在欧盟内部的贸易和投资活动促进了成员国之间贸易壁垒的逐步消除。它们利用区域内的贸易自由化政策扩大了在欧洲市场的份额，据欧盟统计局的数据，欧盟内部贸易额在过去几十年中大幅增长，跨国公司内部贸易和跨国公司带动的上下游产业贸易在其中占据了重要地位。

四、跨国公司对国际资本直接流动的影响

(一)是对外直接投资(FDI)的主要推动者

1.推动大规模资源导向型投资

跨国公司为了获取全球范围内的自然资源,会进行大规模的对外直接投资。石油巨头埃克森美孚(Exxon Mobil)在中东、非洲和南美洲等地投资建设油井、输油管道等基础设施。据统计,埃克森美孚每年在海外石油资源开发方面的直接投资高达数十亿美元。

2.推动市场导向型投资

为了开拓海外市场,大众汽车(Volkswagen)在中国的累计直接投资已超过数百亿欧元。这些投资不仅包括厂房建设、设备购置等固定资产投资,还包括研发中心的设立和营销网络的构建。这种市场导向型投资使资本从汽车产业发达的德国等国家流向中国等汽车消费潜力巨大的市场。

(二)跨国并购对资本流动的刺激

1.行业整合带来的资本大转移

跨国公司通过并购来快速进入新市场或获取新技术。2008年,比利时英博啤酒集团(InBev)以520亿美元收购美国安海斯-布希公司(Anheuser-Busch),该并购使得巨额资本从欧洲流向美国,同时也对全球啤酒行业的资本布局产生了深远影响。通过此次并购,英博整合了安海斯-布希的品牌、生产设施和销售渠道,实现了全球市场份额的大幅提升。并购过程中涉及的资金流动包括股权收购款、债务承接等多种形式,大量的银行资金、投资基金等也参与其中,刺激了国际资本在金融市场和实体经济领域的流动。

2.技术和品牌驱动的并购资本流动

为了获取先进技术和知名品牌,2005年,联想以12.5亿美元收购IBM的个人电脑事业部。这一收购也引发了后续一系列的资本流动。联想为了整合IBM的业务,需要投入资金用于品牌过渡、研发改进和全球销售渠道的优化。这次收购不仅改变了个人电脑行业的国际资本格局,还使得中国企业在全球科技产业中的资本布局得到拓展。

五、跨国公司对技术国际流动的影响

跨国公司在高、中技术部门的集中倾向显示了它在生产、获得、掌握和组织

技术性资源方面的突出优势。跨国公司通过其国际化生产网，直接转移软、硬件生产技术，对国际技术流动产生深刻影响。

(一)促进技术的国际直接转移

跨国公司在其他国家设立子公司，独资或合资生产其最终产品或部分半成品，一部分技术必须向这些子公司转让。许多先进技术从发达国家转移到发展中国家，都是通过跨国公司进行的。为了降低生产成本，提高在当地的竞争能力，许多跨国公司都有研究和发展机构，不断研制新的生产技术，然后转让到子公司。对于跨国公司来说，这是提高收益的必要手段，而对于许多发展中国家来说，这是引进技术的重要途径。

(二)通过技术外溢，引起技术的国际间接转移

技术通常具有外溢的特性。跨国公司对外直接投资的技术外溢表现为三种效应。

1.示范和模仿效应

跨国公司先进的产品、技术和管理方式对当地企业是一种示范作用，使当地企业在对外开放中了解国外的先进技术、管理水平，增强危机感和竞争意识，并通过模仿当地跨国公司使用的某些技术来提高本企业的技术水平。例如，美国的肯德基在中国开设了分店，中国各地不久就出现了各种各样的炸鸡店，其炸鸡技术与肯德基不相上下。

2.联系效应

跨国公司通常拥有技术或信息上的优势，当其子公司与当地的供货商或客户发生联系时，当地企业就有可能从跨国公司子公司先进的产品、工序技术或市场知识中“搭便车”，于是就产生了技术外溢效应。另外，跨国公司先进的质量水平、笃实的信誉和高效的市场分销技术也有可能成为潜在的溢出资源。

3.人力资本流动效应

人力资本流动也是技术溢出的一种重要方式。经过跨国公司培训的技术工人和管理人员如果从跨国公司流向一国的企业或自创企业，其在跨国公司受雇时所学的各种技术也将随之外流，从而引发技术外溢。

微软在中国的技术转移

扫码阅读

宁德时代——福建跨国企业的全球化发展战略

扫码阅读

复习与思考

一、核心概念

资本国际流动　长期资本的国际流动　短期资本的国际流通
国际直接投资　国际间接投资　劳动力国际流动
技术国际转移　技术外溢　跨国投资理论
跨国公司

二、思考题

1.试分析中国企业对外直接投资的原因。

2.试分析国际资本流动分别对母国和东道国的影响。

3.试推导费雪效应、两缺口模型,并阐述其理论意义与政策含义。

4.分析资本国际流动的经济效应。

5.试分析劳动力国际流动的原因。

6.试分析国际人才的跨国流动可能给流出国和流入国带来的影响。

7.试阐述国际技术转移的经济效应。

第四章　贸易保护理论与政策实践

学习目标

知识目标

1.了解贸易保护理论的早期观点。

2.了解对外贸易乘数理论及其不足。

3.掌握新贸易保护主义的常见壁垒。

能力目标

1.能够分析各类贸易保护政策的主要作用。

2.能够分析贸易保护主义思想的历史演变路径。

3.能够对不同国家的贸易措施进行追踪了解和分析。

素养目标

1.认识贸易保护主义带来的负面影响，坚定对外开放的富民之路与强国之路。

2.领悟我国坚决反对单边主义和贸易保护主义的对外开放立场，增强民族自信与制度自信。

引导案例

欧盟须警惕美国贸易保护主义“毒药”

在2024年5月闭幕的七国集团财长和央行行长会议上，“产能过剩”再次成为美西方攻击、抹黑中国的重要议题。美国财长耶伦、法国财长和意大利工业部长极力渲染中国产品对世界的“威胁”。美欧大肆炒作中国“产能过剩”，无非是想通过提高关税来打击中国新能源产业，为滥施贸易保护主义政策寻找借口。

就在半个月前，美国政府刚刚宣布对来自中国的电动汽车、太阳能电池板等新能源产品加征高额关税，其中，电动汽车关税税率从25%直接提升至100%。

挑唆欧盟加入对华贸易战，是美国的“如意算盘”。欧盟是中国新能源产品的进口大户。2023年，欧盟从中国进口近50万辆电动汽车，占中国电动汽车出口总量的1/3；2018至2022年，欧盟从中国进口的光伏组件金额翻了近两番，达到200亿欧元，占其光伏进口总量的91%。如果欧盟效仿美国对华树起贸易壁垒，不仅将对中国的新能源产品出口造成不利影响，也会严重拖累欧盟自身能源转型进程。为了实现自身的能源转型，近年来，欧盟设立了一系列减排目标：要在2030年将现有可再生能源份额提高1倍、到2040年应将温室气体净排放量减少90%、在2050年实现碳中和……但相对于雄心勃勃的减排计划，欧盟自身的新能源产能却显得不够给力。因此，吸收中国在新能源领域的先进产能，是欧盟完成自身减排计划的必由之路，也是中欧实现合作共赢的重要契机。

乐水.欧盟须警惕美国贸易保护主义“毒药”[EB/OL].(2024-05-31)[2025-07-25]. http://www.china.com.cn/opinion/2024-05/31/content_117225483.html.

问题与思考：为什么说贸易保护主义是“毒药”？为什么要保护？对中国的负面效应是什么？

第一节 重商主义

15—18世纪，地理大发现打破了世界的孤立状态，重商主义以金银为财富象征，主张通过贸易顺差及殖民掠夺积累贵金属。同时，欧洲封建制度衰落，民族国家兴起，中央集权政府为增强国力、巩固统治，急需通过发展对外贸易充实财政，于是制定关税保护、贸易垄断等政策，推动工商业发展。此外，手工业和工场手工业的进步为商品生产和出口提供物质保障，造船技术的提升则助力海外贸易拓展。多重因素交织，促使重商主义成为当时欧洲国家经济政策的核心指导思想。

一、重商主义的历史发展历程

一般认为重商主义(mercantilism)萌芽于15世纪,盛行于16—18世纪中叶,随工业革命兴起逐渐被自由贸易理论取代。早、晚期重商主义者都是资本原始积累时期商业资产阶级的意识形态,都把货币当作是财富的唯一形态,但是在如何增加货币财富的问题上却有着不同的看法和主张,也给政府政策带来不同的建议。

(一)早期重商主义

15世纪到16世纪下半叶为早期重商主义时期,这一时期的重商主义以货币差额论为中心(即重金主义),认为任何的进口都会导致金银外流,任何的出口都会使得金银增加。他们认为贱买贵卖的对外贸易才能够增加贸易顺差,以换取更多的金银,实现国家财富积累。早期重商主义者主张采取行政手段,禁止国内货币输出,以贮藏尽量多的货币。当时的英国甚至要求外国人在英国销售货物所得的全部货币不得运出英国,必须将其在英国花费掉或者是用于购买英国商品。英国早期重商主义代表人物包括约翰·黑尔斯(John Hales)和热拉尔·德·马利内(Gerrard de Malynes)等。

(二)晚期重商主义

16世纪末期到17世纪,世界贸易和海外探险的巨大发展重新塑造了重商主义贸易思想。这一阶段的重商主义者不再直接反对货币输出,而是将重心转移到对贸易的控制上。他们开始认识到没有流通的金银是没有意义的,而应该用于扩大对外国商品的购买,同时通过大量的出口实现贸易顺差。因此,他们普遍赞扬国际贸易,认为贸易是"王国繁荣的真正试金石"。[①] 所以,晚期重商主义的中心思想是贸易差额论:贸易的一个关键目标应当是实现或者保持贸易顺差。在这一思想影响下,从16世纪下半叶开始,西欧各国力图通过实施奖励出口,限制进口,即多卖少买的政策措施,保证对外贸易顺差,以达到金银流入的目的。

晚期重商主义的代表人物为托马斯·孟(Thomas Mun, 1571—1641)。作为英国东印度公司的董事,他在为该公司开展贸易做辩护的过程中写成《论英国与东印度的贸易》(*A Discourse of Trade from England unto the East Indies*)一书。该书曾出版多次,最后经过作者彻底改写,于1664年由他的儿子以《英国得

① 托马斯·孟,尼古拉斯·巴尔本,达德利·诺斯.贸易论(三种)[M].顾为群,刘漠云,陈国雄,等译.北京:商务印书馆,1997.

自对外贸易的财富》(*England's Treasure by Foreign Trade*)为名出版。它标志着由早期重商主义转变到晚期重商主义。马克思在评价托马斯·孟的这部著作时这样指出:"它攻击当时在英国作为国家政策还受到保护的原始的货币制度,因而它代表重商主义体系对于自己原来体系的自觉的自我脱离。"并且说,这本著作从一开始就"对立法产生了直接影响"[①]。

托马斯·孟:一个开明的重商主义者

扫码阅读

二、重商主义的政策特点

(一)强调货币积累

将金银等货币当作财富的最主要象征,认为国家富强与否取决于金银储备量,一切政策围绕增加国内金银储备来制定,力求避免金银外流,积极寻求金银流入。

(二)奖出限入的贸易保护倾向

通过给予出口补贴、退税等优惠政策,大力鼓励出口,扩大出口规模;运用高关税、进口配额等手段,严格限制进口,保障贸易顺差,实现金银积累。

(三)着力扶持本国工业

积极推动本国制造业发展,为制造业企业提供资金支持,吸引国外技术工匠;重视保障工业原材料供应,鼓励国内开采,对稀缺的国外原材料也会尽力获取。

(四)强调国家全面干预

主张国家对经济活动进行深度介入,从规范生产环节,明确产品质量、工艺

① 马克思,恩格斯.马克思恩格斯全集:第二十卷[M].北京:人民出版社,1971:252-253.

标准，到管控货币铸造、流通等都要严格把控，以此保障贸易及生产有序进行，实现财富的稳定积累。

（五）殖民扩张

积极开拓海外殖民地，把殖民地当作本国原材料供应地和商品倾销市场，从殖民地掠夺廉价原料，加工后再将制成品销往殖民地，通过这种不平等贸易模式进一步增加本国财富。

三、对重商主义思想与政策的评价

（一）积极影响

1.推动贸易的发展与繁荣

重商主义将金银视为财富的唯一形态，强调通过贸易顺差积累贵金属。在此思想影响下，各国积极开辟海外市场，拓展贸易航线。西班牙和葡萄牙在地理大发现后，凭借强大的船队垄断了美洲、亚洲的贸易，大量金银流入欧洲，推动国际贸易规模急剧扩张，世界经济联系愈发紧密。

2.推动资本原始积累，促进工业经济发展

各国政府运用关税保护、贸易垄断等政策手段，为本国工商业发展创造有利条件。英国通过《航海条例》限制外国商船运输，扶持本国航运业和制造业，使工场手工业迅速发展，羊毛纺织、造船等产业规模不断扩大，完成了资本的原始积累，为工业革命奠定了坚实基础。同时，贸易活动的繁荣带动了港口建设、航运技术等配套产业的兴起，促进了区域经济的发展。

3.奠定国家宏观调控的政策基础

重商主义时期，中央集权政府积极干预经济运行，通过制定产业政策、贸易法规等方式对经济活动进行全面管理。法国的柯尔贝尔推行重商主义政策，建立了一系列工业管理机构，规范生产标准，鼓励技术创新，构建起早期的经济管理体系，为现代国家运用经济政策调控市场提供了宝贵经验。

（二）消极影响

1.引发贸易争端，阻碍国际分工的深化

重商主义限制进口、鼓励出口的贸易保护做法，容易引发贸易摩擦和争端，不仅破坏了正常的国际贸易秩序，还阻碍了国际分工的深化和全球资源的优化配置。

2.扭曲资源分配，抑制市场活力

重商主义片面强调出口、限制进口，过度依赖外部市场，忽视国内消费需求的培育。例如，一些国家通过限制奢侈品进口、鼓励居民储蓄等方式减少国内消费，导致国内市场需求不足，企业创新动力匮乏，经济增长缺乏可持续性。随着资本主义的发展和工业革命的推进，重商主义的弊端日益凸显，最终被自由放任的经济思想所取代。

3.财富观狭隘，忽视生产力发展

重商主义将财富简单等同于贵金属，忽视了生产领域创造财富的巨大潜力。这种狭隘的财富观限制了对经济运行规律的深入理解，阻碍了经济理论的进一步发展。

第二节　幼稚产业保护理论及政策实践

一、幼稚产业保护理论

（一）汉密尔顿的制造业保护思想

亚历山大·汉密尔顿（Alexander Hamilton，1757—1804）是美国独立后的第一任财政部部长，他在 1791 年向国会提交的《关于制造业的报告》中明确提出，亚当·斯密的自由贸易理论不适用于当时工业基础薄弱、技术落后、生产成本高的美国，实行自由贸易只会使美国在国际分工格局中被限制在农业产业。而一个国家的经济独立要依靠发展制造业。

汉密尔顿系统地阐述了保护和发展制造业的必要性和重要性，他认为，制造业的发展有利于增加机器的使用，提高国家的机械化水平和社会分工的深化；能够增加就业，吸引移民，加速国土的开发；提供更多各种事业得以开创的机会，发挥个人的才能；消化农业产品，保证农产品销路和价格稳定。因此，他极力主张实行保护贸易政策以促进本国幼稚产业的发展。但是，他并不主张对所有进口商品都实行限制，而是只对本国有能力生产但暂时竞争力弱的进口商品实施限制。

汉密尔顿是最早对幼稚产业观点进行比较翔实阐述的，而且他对于政策工具的研究是很有见地的，他详细比较了用以保护国内制造业的四种政策工具的作用效果，认为在保护关税、禁止进口、原料出口税和资金补贴之间，补贴是最优的选择。

（二）李斯特的保护幼稚产业学说

弗里德里希·李斯特（Friedrich List，1789—1846）是19世纪上半叶德国著名的资产阶级经济学家，他于1841年出版的《政治经济学的国民体系》一书在贸易保护主义阵营中的地位可与《国富论》在自由贸易者中的地位相媲美，恩格斯认为该著作是“德国资产阶级经济学著作中最优秀的作品”。

1.李斯特对古典贸易理论的批判

（1）李斯特批判古典学派的财富观忽视了生产力的重要性。他认为，一个国家的财富绝不单纯在于对物质财富的积聚，而在于对生产力的占有。“财富的生产力比之财富本身，不晓得要重要多少倍”，国家不能单纯从某一特定时刻的物质利益所得来考虑，而应着眼于国家未来的发展。而工业是生产力发展的决定性源泉，能增加资本积累，激发技术创新，带来更大的安全和独立。因此，在世界经济发展不平衡的情况下，一个落后国家要抵御外国强大的竞争，必须要从工业发展中获取力量。

（2）李斯特批判古典学派“世界主义”观点忽视了国家利益。古典学派认为，在世界范围内实行自由贸易能够使整个人类的福利最大化。李斯特认为，在国家彼此分立的现阶段，还远远不具备实行普遍自由贸易的条件，只有基于民族国家立场，根据本国的国情以及所处的国际形势，通过适当的政策使国家成长为一个工业强国，才能为世界范围内的自由贸易创造条件。

（3）李斯特批判古典学派“自由放任”思想忽视了政府的作用。古典学派以“自由放任”为核心，坚信“看不见的手”能自发协调经济利益使个人逐利行为与社会目标一致，认为国家干预会限制个人自由、阻碍经济自我调节。李斯特则认为，社会中存在私人难以完成的事务，需国家介入。个人自由的实现依赖经济、政治主权及发达生产力，而工业化是关键，因此国家干预经济推动工业化是保障公民自由的前提，而非障碍。

2.幼稚产业保护原则

就具体的贸易政策而言，李斯特认为，为了达到保护幼稚产业、培育国内生产力的目的，可以禁止某些产品的进口或者制定较高的关税。“关税保护是弱国对抗强国以图发展的有力武器”，是“国家把贸易机会留给自己的方法”，“保护关税如果使价值有所牺牲的话，它却使生产力有了增长，足以抵偿损失而有余”。但保护的对象仅限于工业部门，农业不需要保护，保护应集中于那些对整个国家来说有头等重要意义的主导产业，这些产业的建立需要大量的资本、机械设备、高级技术知识和众多有丰富经验的工人。即使是幼稚工业，在没有强大竞争者时也不需要保护；而且应区别不同的工业给予不同程度的保护。对于工业所需的农产品、原料和机械等，应予以免税或只征少量关税。

3.发展阶段与贸易保护论

李斯特提出了各国应在不同的经济发展阶段上实行不同的贸易政策。李斯特把经济发展进程按发达程度划分为五个阶段:原始未开化时期、畜牧时期、农业时期、农工业时期和农工商业时期。在农业社会时期(涵盖前三个阶段),国家应推行自由贸易政策,通过大量输出农产品、输入外国工业产品,加快自身文明开化进程,为工业发展积累基础。当进入农工业阶段,国家工业虽有一定发展,但在国际竞争中仍处于弱势,此时需实施保护政策,借助关税壁垒为本土工业创造发展空间,助力其不断壮大。而处于农工商业阶段时,国家工业已高度发达,具备与外国竞争的实力,便应回归自由贸易政策,充分享受国际分工与贸易带来的红利。

4.生产力思想

李斯特还特别重视技术的引进吸收和发展教育。他指出"在对外贸易中主要应当引进或吸收的是精神资本(即财富的生产力),如先进的技术和管理方法等","如果在对外贸易中大量购买国外物质产品(即财富本身),则犹如进口特洛伊木马,是一种十分愚蠢而危险的行为"。"发展教育虽然消耗了现有社会财富,牺牲了某些眼前利益,但能提高下一代的智力水平和劳动熟练程度,在将来获得更多利益"。

在失败与困苦中苦苦求索的弗里德里希·李斯特

扫码阅读

二、幼稚产业保护政策的实践

(一)高额关税与阶段性调整

关税保护是幼稚产业保护政策最为常见的手段之一。关税税率的设置通常会根据产业发展的阶段和需要进行调整。在产业发展初期,关税可能会很高,随着产业的逐渐成熟,关税会逐步降低。

（二）传统的非关税壁垒

除了关税之外，国家还会采用各种非关税壁垒措施。如进口配额，政府规定在一定时期内，进口某类幼稚产业相关产品的最高限额，这有效控制了国外产品在国内市场的占有份额。另外，还有进口许可证制度、技术性贸易壁垒等。

（三）产业扶持政策

政府会根据国家的战略目标、资源禀赋和市场前景等因素来选择哪些产业需要重点保护和扶持。政府还会在资金、技术等方面给予支持，制定包括产业发展促进法、贸易保护条例等系列法律法规来保障幼稚产业保护政策的实施。

幼稚产业保护的的典型案例

扫码阅读

三、对幼稚产业保护理论及政策实践的评价

（一）积极意义

（1）突破传统静态比较优势观点，为后发国家提供发展思路。例如，日本汽车产业，二战后在政府的扶持下，从无优势到形成节能等优势，在全球市场站稳脚跟。

（2）促进产业结构升级与多元化。例如：德国 19 世纪保护化学工业，推动产业结构从传统向多元化转变；中东石油国家保护新兴产业，减少对石油产业的依赖。

（3）鼓励企业投入研发，产生技术外溢。例如：美国半导体产业在政府保护下加大研发，保持领先；高端装备制造业的技术进步能带动上下游产业升级。

（二）局限性

（1）政府难以精准选择值得保护的产业，若选错易致资源浪费。

(2)长期保护会扭曲资源配置,阻碍经济结构转型。

(3)封闭市场下企业易产生依赖,削弱竞争力。

(4)保护政策扭曲市场价格机制,提高消费者购买成本,使消费者利益受损。

(5)易引发贸易争端,恶化国际贸易关系,影响国际经济秩序与合作。

第三节 对外贸易乘数理论

一、对外贸易乘数理论基本思想

乘数理论由英国经济学家凯恩斯提出,用于分析国民收入的决定因素及其作用。凯恩斯曾推崇自由贸易,但其贸易政策主张在 20 世纪 20 年代末至 30 年代经济大萧条时期发生转变。面对经济衰退,凯恩斯主张通过扩张性需求政策促进充分就业。然而,在金本位制固定汇率下,低利率虽利于扩张政策实施,却会引发对外贷款增加、本国商品价格上升,导致贸易差额减少,削弱政策效果、恶化就业,还可能威胁英镑稳定及伦敦金融霸主地位。为恢复外部均衡,凯恩斯建议采用进口关税,认为这既能维持外部平衡、保障黄金储备,又有助于维持低利率,实现国内储蓄与投资平衡。

凯恩斯认可自由贸易理论的价值,但认为其适用条件已随时代变迁。他认为,在 20 世纪经济环境下,保护主义虽牺牲了部分效率,却更有利于实现国民经济的健康平衡发展。

众多经济学家肯定凯恩斯的政策主张,希克斯、巴格瓦蒂等均从不同角度予以支持。凯恩斯的追随者琼·罗宾逊等质疑古典自由贸易学说,马赫卢普和哈罗德将乘数理论引入对外贸易,建立对外贸易乘数理论,强调外贸顺差对增加国民收入和就业量的倍数效应。

二、对外贸易乘数理论

哈罗德在《国际经济学》一书中将凯恩斯的乘数理论运用到对外贸易的分析中。在开放经济中,总需求包括消费、投资和出口。因此,总供给中除了消费、储蓄之外还包括进口,它们各自具有不同的边际消费倾向、边际储蓄倾向和边际进口倾向。边际消费倾向指的是收入增加中用于消费的比例,即:

$$\Delta C/\Delta Y = c \tag{4-1}$$

其中 C 和 Y 分别表示消费和收入水平，则 c 就是边际消费倾向。同理，边际进口倾向就是收入增量中用于进口的比例，即：

$$\Delta M/\Delta Y = m \tag{4-2}$$

所以，在开放经济下，国民收入的均衡表达式为：

$$Y = C + I + (X - M) \tag{4-3}$$

假定消费是收入 Y 的函数，即：

$$Y = C(Y) + I + (X - M) \tag{4-4}$$

其中 ΔI 为投资增量，ΔX 为出口增量，那么收入的变化量就可以表示为：

$$\Delta Y = c\Delta Y + \Delta I + \Delta X - m\Delta Y \tag{4-5}$$

根据均衡的定义：

$$\Delta I + \Delta X = (1 - c + m)\Delta Y \tag{4-6}$$

移项整理后得到：

$$\Delta Y = \frac{1}{1 - c + m}(\Delta I + \Delta X) \tag{4-7}$$

其中，$\frac{1}{1-c+m}$ 就是对外贸易乘数，该乘数的数值与 c 正相关：边际消费倾向越大，对外贸易乘数也越大；该乘数值与 m 负相关：边际进口倾向越大，对外贸易乘数越小。①

三、对凯恩斯贸易乘数理论的评价

（一）积极意义

1.开创了贸易分析的宏观研究视角，突破了传统自由贸易理论的局限

凯恩斯之前的传统贸易理论多强调比较优势、要素禀赋等因素对国际贸易的影响，而凯恩斯贸易乘数理论则从宏观经济的角度将对外贸易与国民收入、就业等联系起来，为国际贸易理论的发展提供了新的视角和分析方法，是对传统贸易理论的重要补充。

2.为经济衰退时期的政策制定提供了有力依据

该理论强调通过扩大出口、限制进口来增加贸易顺差，进而刺激国内经济增

① 有时(1－C)也被解释为边际储蓄倾向(因为 $S = Y - C$)，这样一来，对外贸易乘数就变成边际储蓄倾向与边际进口倾向之和的倒数。

长和就业,为政府运用贸易政策调节经济提供了理论支持,在实践中对缓解经济危机、促进经济复苏起到了一定的作用。经济大萧条时期,各国面临着严重的失业和经济衰退问题,这一理论为政府干预经济、通过扩大出口等手段刺激经济增长提供了理论依据,对当时各国制定经济政策具有重要的指导意义。

3.揭示对外贸易发展的作用机理

凯恩斯贸易乘数理论揭示了对外贸易与国内经济各部门之间的相互依存关系。出口的增加不仅会使出口部门的收入和就业增加,还会通过产业链的传导带动相关产业的发展,从而对整个国民经济产生倍加的推动作用;同理,进口的增加也会产生相应的连锁反应,影响国内经济。这有助于人们更全面地理解国际贸易在国民经济中的地位和作用。

(二)局限性

1.充分就业假设的局限

该理论的一个重要假设是国内存在闲置资源,尚未达到充分就业状态。然而在现实中,许多国家尤其是发达国家,经济往往处于接近充分就业或已经充分就业的状态。在这种情况下,出口的增加可能并不会带来国民收入的成倍增长,反而可能引发通货膨胀,因为此时经济中已无足够的闲置资源来满足出口增加所带来的需求扩张。

2.对贸易顺差的过度依赖

凯恩斯贸易乘数理论强调贸易顺差对国民收入和就业的积极影响,这在一定程度上可能导致各国过度追求贸易顺差,从而采取各种贸易保护主义措施。这种做法不仅会引发贸易摩擦和贸易战,破坏国际贸易的正常秩序,也不利于全球资源的有效配置和世界经济的长期稳定发展。

3.忽视其他因素影响

该理论在分析对外贸易对国民收入的影响时过于简化和片面,没有充分考虑汇率、国际资本流动、贸易结构、技术进步等其他重要因素对国际贸易和国民经济的影响。

4.实践操作的模糊性

对外贸易乘数的大小难以准确确定和衡量,它受到多种因素的制约,如边际消费倾向、税率、汇率等,这些因素在不同国家和不同时期会发生变化。在实践中,依据该理论制定的经济政策可能难以达到预期的效果。

第四节 战略性贸易保护理论

传统的贸易保护政策之所以站不住脚，是因为其造成了市场的扭曲和国民福利的损失。而传统贸易理论的分析是在一种完全竞争市场、规模收益不变等理想假设条件框架下进行的。然而，随着科学技术进步，社会生产组织结构和市场竞争结构也发生了变化。20 世纪 80 年代以来，出现了一种针对规模经济和不完全竞争市场结构的新贸易政策理论，称为战略性贸易政策(strategic trade policy)。[①]

一、战略性贸易政策的含义

战略性贸易政策是指在不完全竞争和规模经济条件下，政府通过生产补贴、出口补贴或保护国内市场等政策手段，扶持本国战略性产业的发展，增强其在国际市场上的竞争能力，从而获取规模经济和垄断利润的贸易政策。该政策需警惕外国反制及政府信息不充分，可能引发“囚徒困境”式贸易战。该政策需警惕外国反制及政府信息不充分，可能引发“囚徒困境”式贸易战。这种理论探讨为特定市场条件下政府干预贸易提供了合理性和可能性。正如这一理论的主要创始人保罗·克鲁格曼(Paul Krugman)所定义的：“政策本身并不可取，但却可以通过改变对手行为使政策制定者获益。”[②]

战略性贸易政策可分为狭义的和广义的两种。狭义的战略性贸易政策即“利润转移”(profit shifting)理论，核心思想是一国政府通过贸易干预影响企业的策略行动，从而将外国企业的超额垄断利润(租金)从外国企业向本国企业转移，其中，政策手段主要包括战略出口政策、战略进口政策、以进口保护促进出口政策三种。

广义的战略性贸易政策除了“利润转移”理论之外，还包括“外部经济”理论。某些产业的经济活动会对其他相关产业乃至整个社会产生正的外部效应，但该

① 早在重商主义时期，某些贸易政策就已经类似于当代战略贸易政策的基本思想，但并未建立一个完善的经济分析框架来评估这种政策，关于这方面内容的详细说明和讨论可参见 Douglas Irwin 1991 年的文章“Mercantilism as Strategic Trade Policy: The Anglo-Dutch Rivalry for the East India Trade”，其中列举了 16 世纪荷兰和英国在东印度贸易问题上的争端作为案例。

② 保罗·克鲁格曼.克鲁格曼国际贸易新理论[M].黄胜强，译.北京：中国社会科学出版社，2001.

厂商却无法完全获得其投资的全部收益。这样的行业往往会存在私人投资不足,或者由于初期投资风险太大而使私人厂商无法进入的情况。这种情况下,政府可以给予产业适当的保护和扶持来促进其发展,并带动相关产业的发展。

二、战略性贸易政策的模型

(一)战略性出口补贴政策

这一理论模型最早是由加拿大经济学家詹姆斯·布兰德(James A. Brander)和芭芭拉·斯潘塞(Babara Spencer)[①]提出的,随后吉恩·格罗斯曼(Gene Grossman)和大卫·理查森(David Richardson)[②]对此做了更直观的描述。

假设一个双寡头垄断行业有两个生产同质产品的厂商,他们分别属于两个不同的国家:H 国和 F 国。他们的产品只在某个第三国市场上展开竞争,都不在各自国内市场上销售,因此每家企业的利润均来自第三国市场,而这一利润的增加也就等于其国民福利的增加(其他条件不变的情况下)。

假设两个厂商均以产量作为其决策变量,采取古诺竞争模式。如图 4-1 所示,曲线 HH 和 FF 分别表示两个厂商的反应函数。在没有政府干预的情况下,企业间会达成一个古诺—纳什均衡,即图中 HH 和 FF 线的交点 E。对应于 E 点,两个厂商的均衡产量分别为 q_H^0 和 q_F^0。

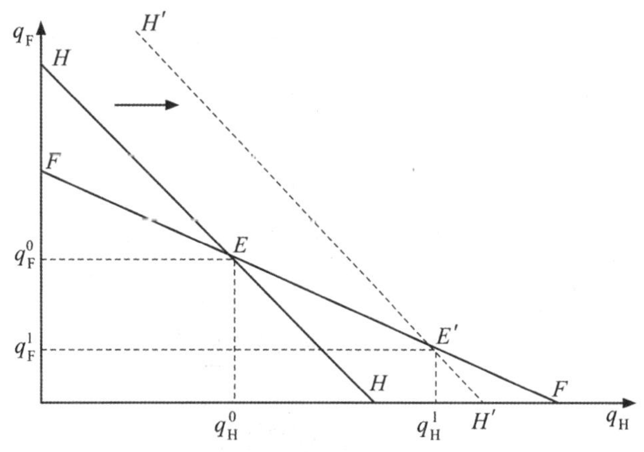

图 4-1 战略性出口补贴政策

① JAMES A BRANDER, BARBARA J SPENCER. Export Subsidies and International Market Share Rivalry[J] Jounal of International Economics, 1985, 18(2): 83-100.

② GENE M GROSSMAN, J D RICHARDSON. Strategic Trade Policy: A Survey of Issues and Early Analysis (Special Papers in International Economics)[M]. Princeton, NJ: Princeton University Press, 1985.

现在假设 H 国的厂商宣称要增加产量，以扩大自己的市场份额和利润。然而，他这种威胁在对手看来是不可信的，因为他知道，如果 H 国厂商提高了产量，而自己并不削减产量的话，那么总产量的增加一定会带来价格的下降，所以 H 国厂商增加销售所得到的收益会被价格下降造成的损失所抵消。因此，对 F 国厂商而言，维持 E 点的产出水平会更好。

然而，如果 H 国政府实施战略性政策干预，事先宣布给予本国企业一定的补贴，那么本国厂商的边际成本就会降低，能够在产量增加导致价格下降的情况下依然获得利润。因此，H 国厂商在对应的 F 国厂商的每一销售水平上都将生产更多，即 H 国厂商的反应函数 HH 向右方移动至 $H'H'$。此时，H 国厂商增加产量（至 q_H^1）的行为是可信的，F 国厂商现在按照其反应函数进行决策，最优策略是将其产量减少到 q_F^1，此时均衡点变为 E' 点。

最终，H 国厂商的利润增加了，而 F 国厂商的利润必然减少了，也就是说，H 国政府通过出口补贴政策使得垄断市场上的超额利润从外国厂商转移到了本国厂商。只要设计一个恰当的补贴额，使本国厂商利润的增加超过政府的补贴成本，那么本国的国民福利就将得到改善。

由此得出结论：在不完全竞争、存在超额垄断租金的出口市场上，政府的战略性补贴能够帮助企业占领市场从而操纵价格获得利润，最终提高本国福利。

克鲁格曼以航空制造业这一典型的双寡头垄断行业为例，进一步阐述了战略性出口补贴的政策含义。假设美国波音公司和欧洲空中客车公司都计划向世界市场供给一种新产品，表 4-1 表示双方在四种可能情况下的收益矩阵。矩阵左上方的情况表明，由于飞机制造业具有巨大的规模经济效应，如果双方都进入市场则会产生规模不经济而两败俱伤，双方各损失 1000 万美元；如果只有一家企业独占市场（另一家企业选择不生产），则可以赚取全部的垄断利润 1 亿美元，正如矩阵的左下方和右上方所显示的；如果两家厂商都不进入市场，则每家的利润都为 0，如矩阵右下方所示。

表 4-1　没有补贴时波音公司与空客公司的收益矩阵

		空中客车	
		进入	不进入
波音	进入	−1 000，−1 000	10 000，0
	不进入	0，10 000	0，0

这个博弈对于任何一家厂商都不存在最优策略均衡，如果两家企业同时做出决定，那么博弈没有唯一的均衡解。其中任何一家先行决定进入该市场的话，那么另一家的最优反应都是不进入。单纯依靠企业的力量试图阻止竞争对手进入从而独占市场是无法做到的，因为企业发出的任何信号都是不可信的。

此时,如果欧洲政府宣布向空中客车公司提供1500万美元的补贴,那么收益矩阵将变成表4-2所示的情况。这时无论波音公司是否进入市场,补贴都将保证空客公司能获得利润,因此它无论如何都会选择进入市场,而波音公司在这种情况下的最优策略是不进入。最终的结果是:空客公司由于获得了政府补贴而独占了市场的全部利润。并且,只要其获得的利润增加超过政府的补贴额,那么欧洲的整体福利水平就会得到提高。

表4-2 欧洲政府给予空客公司补贴时两家公司的收益矩阵

		空中客车	
		进入	不进入
波音	进入	−1 000,500	10 000,0
	不进入	0,11 500	0,0

(二)战略性进口限制政策

战略性进口政策模型也是由布兰德和斯潘塞(Brander & Spencer)提出的。他们探讨了在不完全竞争的国际市场情况下,作为消费国如何通过实施进口关税政策将外国垄断厂商在本国所获取的垄断租金转移到本国来。如果外国出口商在本国市场上具有垄断力量,意味着商品的价格大于其边际成本,那么进口国的消费者剩余将有损失,即进口国居民向外国垄断出口商支付了垄断租金。为了避免这种福利损失,进口国政府可以通过实施进口关税从外国垄断厂商抽取租金,以提高本国福利。下面以图4-2来进行说明。

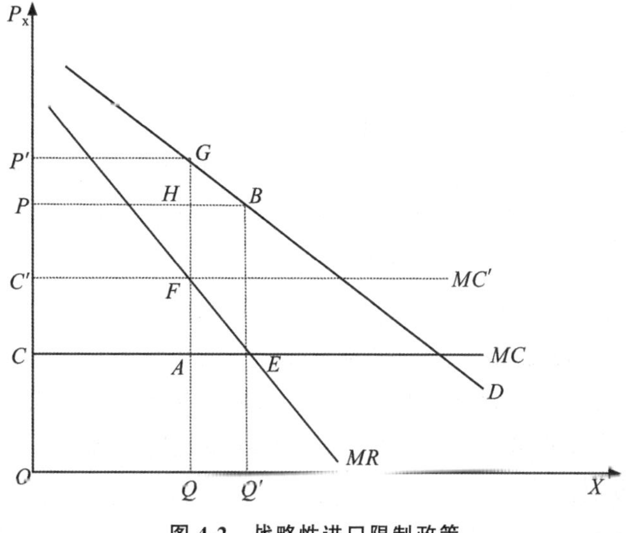

图4-2 战略性进口限制政策

假设进口国市场没有同类型的本国厂商，而是完全由一个外国厂商垄断。图中显示了该垄断厂商所面临的需求曲线 D、边际收益曲线 MR 和边际成本曲线 MC。为了简单起见，我们假设厂商的平均成本和边际成本相同，并且是一个常数。此时，追求利润最大化的外国出口商会选择在其边际收益与边际成本相等的 E 点生产，相应的产量为 Q，垄断价格为 P，获得的垄断利润为 $CEBP$。

如果进口国政府对该产品征收关税，那么外国厂商的边际成本将上升至 MC'，根据利润最大化原则，厂商将确定其最优产量为 Q'，垄断价格将上升至 P'。关税导致的价格上升和消费量减少使消费者福利遭受损失，消费者剩余减少为 $P'PBG$。但本国政府从征收关税中获得财政收入增加 $C'CAF$，所以，该国的净福利变化取决于两个面积大小的比较。由于边际收益曲线必定比需求曲线更陡峭，因此价格上升幅度要小于厂商边际成本上升幅度，即 $PP'<CC'$，从而 $P'PHG<C'CAF$。如果进口需求弹性比较大(需求曲线较平坦)，三角形 HBG 就会非常小，这时关税所造成的消费者剩余的损失就有可能小于本国税收收入的增加，即进口国的福利获得改善。

很显然，征收关税后，外国厂商的垄断利润减少了，这说明他凭借垄断力量从进口国消费者身上攫取的额外收益被进口国以关税的方式抽取了。

三、战略性贸易政策的限制条件

战略性贸易政策在理论上有诸多优势，但在实际应用中却存在一些限制条件。

(一)信息不完全性

1.产业信息要求精准

战略性贸易政策的成功实施在很大程度上依赖于政府对产业信息的精准把握。政府需要了解产业的成本结构、市场需求弹性、规模经济程度以及国内外竞争对手的情况等诸多信息。然而，在实际经济环境中，获取这些详细且准确的信息是非常困难的。

2.未来市场难以预测

市场情况是动态变化的，厂商很难预测未来的市场需求、技术创新方向以及竞争对手的战略调整。如果政府基于不准确的市场预测来制定战略性贸易政策，就可能会导致资源错配，如对即将被市场淘汰的技术或产品进行大量补贴，最终造成产业发展的困境。

(二)政府决策能力和寻租问题

1.复杂决策易失误

战略性贸易政策的决策过程涉及众多复杂的经济、技术和政治因素。政府需要权衡不同产业的利益、评估政策的长期和短期影响等,这对政府的经济分析能力和决策能力提出了很高的要求。在实际操作中,政府可能会由于各种原因做出错误的决策。

2.寻租行为干扰政策

当政府拥有实施战略性贸易政策的权力,如决定补贴对象和补贴额度时,就可能引发企业或利益集团的寻租行为。这些企业会通过游说、政治捐款等手段试图影响政府的决策,使政策向自己倾斜。这种寻租行为不仅会导致资源的浪费,还会扭曲政策的公平性和有效性。

(三)产业间相互关联和外部性复杂

1.产业关联增加不确定性

在现代经济中,产业之间存在着广泛的关联。一个产业的发展不仅取决于自身的因素,还受到上下游产业的影响。当政府实施战略性贸易政策扶持某一产业时,很难准确评估该产业与其他产业之间的相互作用和反馈效应。

2.外部性难以衡量和内部化

许多产业存在外部性,如技术溢出效应、环境影响等。战略性贸易政策在考虑产业发展时,很难将这些外部性完全纳入政策框架进行衡量和内部化。

(四)国际规则和贸易报复限制

1.违反国际规则风险

许多战略性贸易政策措施,如出口补贴、进口限制等,可能违反 WTO 等国际组织的规则。WTO 的宗旨是促进自由贸易,反对不公平的贸易补贴和贸易壁垒。如果一个国家过度使用战略性贸易政策,可能会受到其他国家的投诉和制裁。例如,欧盟和美国之间曾多次就农业补贴问题产生贸易争端,因为农业补贴被认为扭曲了农产品的国际贸易秩序。

2.贸易报复威胁

当一个国家实施战略性贸易政策损害了其他国家的利益时,很可能会引发贸易报复。贸易报复会使双方的贸易关系恶化,导致贸易量下降,两败俱伤。

(五)规模经济和市场容量限制

1.规模经济实现困难

战略性贸易政策的一个重要理论基础是规模经济。政府希望通过政策扶持使本国产业达到足够大的规模，从而降低成本，增强竞争力。然而，在实际操作中，实现规模经济并不容易。一方面，产业规模的扩大需要大量的资金投入用于生产设施建设、研发等；另一方面，市场需求可能有限，无法消化大规模生产的产品。

2.市场份额竞争激烈

即使本国产业通过政策扶持实现了一定的规模经济，在国际市场上获取市场份额也面临着激烈的竞争。在全球智能手机市场，各国品牌之间的竞争异常激烈，即使本国品牌通过补贴等方式降低价格，也很难保证能够在竞争中持续扩大市场份额，因为消费者在选择产品时还会考虑品牌形象、产品质量、售后服务等诸多因素。

日本战略性贸易政策与半导体产业崛起

扫码阅读

第五节 新贸易保护主义理论及政策实践

一、新贸易保护主义的主要理论

新贸易保护主义的理论除了前一节中介绍的战略性贸易保护理论外还包括如下理论，核心是通过非关税手段干预贸易。

(一)环境优先的新贸易保护理论

随着全球对环境问题关注度提升，一些国家制定远超国际通行标准的严苛环境法规与技术标准。不达标的产品将被限制进口，这虽在一定程度上推动环保，但也成为部分国家限制贸易的手段。

（二）贸易条件改善理论

一国可通过对进口商品征收关税或对出口商品实施补贴等方式，使进口商品价格相对下降，在出口商品价格不变或上升时，本国贸易条件改善，即同等数量出口能换回更多进口商品，增加本国福利。

（三）保障就业理论

当国外大量低价产品涌入，国内相关产业会受到冲击，导致企业减产、裁员。为避免这种情况，政府采取贸易保护措施，如设置关税壁垒或实施进口配额，减少国外产品竞争，维持国内产业生产规模，保障工人就业。

（四）要素收入稳定理论

国际贸易会改变国内生产要素的相对价格与收入分配。政府通过贸易保护政策，限制相关产品进口，维持产业生产规模，稳定产业所依赖生产要素的收入，确保国内经济与社会稳定。

（五）地区经济主义新贸易保护论

地区经济主义新贸易保护论聚焦地区经济利益，强调在经济全球化与区域一体化背景下，通过保护本地区产业来实现经济稳定发展。该理论认为，自由贸易易引发产业转移和失业，主张限制进口、鼓励出口以保护本地产业，同时关注环境与劳工标准，试图通过贸易保护促使他国提升相关标准。

二、新贸易保护主义政策实践的特点

（一）产业保护范围的扩大化

新贸易保护主义不仅关注传统产业如制造业、农业的保护，还涉及新兴产业和战略性产业。对于传统制造业，是为了防止外国低成本产品的冲击，维持本国产业的就业水平和经济贡献。对于新兴产业和战略性产业，如人工智能、半导体芯片等高科技产业，是为了确保本国在全球技术竞争中的领先地位。

（二）保护本国就业

通过限制进口来保护本国就业机会是新贸易保护主义的一个重要目标。在全球经济危机时期，这种就业保护的呼声尤其强烈。例如，2008 年全球金融危机后,欧美国家失业率上升,贸易保护主义势力抬头,新贸易保护主义试图通过减少进口来保障国内就业。

(三)强调经济安全的保护

新贸易保护主义强调国家经济安全,特别是在关键产业和资源领域。在涉及国家安全的通信、信息技术产业,政府会对外国企业的投资和市场准入进行严格审查,防止外国控制本国关键基础设施和敏感信息。

(四)重视环境保护和可持续发展目标

通过设置绿色贸易壁垒,促使进口产品符合本国的环保要求,同时也希望本国产业能够向绿色、可持续方向发展。例如,欧洲国家对进口汽车的二氧化碳排放的高要求标准推动了全球汽车产业向新能源汽车方向发展。

(五)贸易政策更具战略性和歧视性

新贸易保护主义国家会根据本国的经济发展战略和国际竞争态势有针对性地制定贸易政策,同时在国际贸易谈判中会将贸易政策与其他战略目标(如地缘政治、外交关系等)相结合,争取最大利益。

新贸易保护主义的政策往往会对不同国家和地区采取不同的标准,通常会对发展中国家的产品设置更高的壁垒,而对于本国或盟国的产品则相对宽松。例如,在农产品进口方面,一些发达国家对发展中国家的农产品设置严格的质量、包装和环保标准,但对本国或盟国的农产品则给予更多的便利和补贴。

中国产业面对新贸易保护主义大棒

扫码阅读

复习与思考

1.核心概念

贸易保护　　幼稚产业保护理论　　对外贸易乘数理论

战略性贸易保护理论　　国际规则　　贸易报复限制

新贸易保护主义理论

2.如何看待凯恩斯主义的贸易保护理论?

3.假设在某一产业中的本国厂商与外国厂商的收益矩阵如下图所示。

		外国厂商	
		生产	不生产
本国厂商	生产	−30,20	100,0
	不生产	0,140	0,0

那么,外国厂商会选择生产这种产品吗?本国厂商会生产这种产品吗?为什么?

现在,假设政府对本国厂商给予50美元的补贴。那么,这一补贴将会改变双方的生产决策吗?为什么?补贴能为本国带来利益吗?

4.假设美国通用电气公司向中国出口一种先进的汽车零部件。通用电气的出口成本为:$TC=0.05Q^2+1\,000Q+2\,000$;中国国内尚不能生产这种零部件,但对它有所需求,需求函数为$P=2\,000-0.2Q$。现在中国政府为了分享通用公司的垄断利润,向这种零部件征收每单位50美元的关税,求这时政府从通用公司分享到的垄断利润以及消费者损失。

第五章　贸易措施与经济效应

学习目标

知识目标

1.了解关税的定义及其类型。

2.掌握不同类型的关税征收方法。

3.了解中国关税改革的历程以及各阶段关税基本水平。

4.掌握关税的局部均衡分析:小国和大国情形。

能力目标

1.检索世界主要国家的关税率水平及其变化趋势。

2.应用经济理论分析贸易政策的经济效应。

3.整理和分析与贸易政策相关的经济数据和信息。

素养目标

1.培育对国际经济贸易环境的敏感性和洞察力,具备全球视野。

2.培养批判性思维能力,能够对贸易政策进行客观、全面的评价。

3.培养信息素养与信息技术能力,提升终身学习的能力。

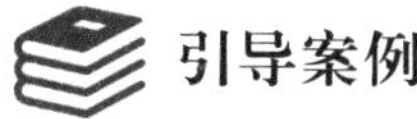

2023 年 12 月 25 日起我国给予安哥拉等 6 国 98%税目产品零关税待遇

国务院关税税则委员会发布公告决定，按照《国务院关税税则委员会关于给予最不发达国家 98%税目产品零关税待遇的公告》(税委会公告 2021 年第 8 号)，根据我国政府与有关国家政府的换文规定，自 2023 年 12 月 25 日起，对原产于安哥拉、冈比亚、刚果(金)、马达加斯加、马里、毛里塔尼亚等 6 个最不发达国家的 98%税目产品实施零关税。

我国给予安哥拉等 6 国 98%税目产品零关税待遇，有利于践行中非友好合作精神，共筑高水平中非命运共同体。

资料来源：2023 年 12 月 25 日起我国给予安哥拉等 6 国 98%税目产品零关税待遇[N/OL].(2023-12-06)[2025-02-20].https://www.gov.cn/zhengce/zhengceku/202312/con tent_6918781.htm.

问题与思考：关税的目的是什么？如何实施？为什么要强调"原产于"？

第一节　关税与经济效应

关税，作为最主要的国际贸易政策之一，有着悠久的历史。第二次世界大战之后，由于 GATT 和 WTO 的多轮针对降低关税的谈判，世界范围内的关税税率，不论是发达国家还是发展中国家，都有较大幅度的下降。也正因为如此，各国政府在使用关税以谋求对本国产业的保护过程中遇到越来越多的阻力，各国为了对本国产业开展保护，贸易保护政策纷纷从关税向其他更加隐蔽的非关税政策转变。

一、关税的概念

关税(tariff or customs duty)是指当进出口商品经过一国国境时，由各个国家设置的由海关征收的一种税收。

关税的征收主要有两种目的：实施保护以及增加政府收入。保护型关税(protective tariff)旨在通过征收关税减少进口商品的数量，并保护与进口相竞争的本国商品生产者免遭来自国外竞争的伤害。而收入型关税(revenue tariff)则是为了实现政府收入的增加。事实上，关税收入作为政府收入的一个构成部分，目前已经得到大幅度的下降。1900 年，关税收入占美国财政收入的比例高达 41%,而到了 20 世纪末,该比例基本稳定在 1%左右。

二、关税的种类

(一)按照流向划分

1.进口税(import duty)

进口税指进口国海关对从外国进入本国的货物和物品征收的一种关税,是关税中最主要的一种。进口税在外国货物输入关境或国境时征收,或者外国货物从自由港、自由贸易区或保税仓库中提出运往国内市场销售,办理通关手续时征收。进口税又可以分为最惠国税率和普通税率。最惠国税又被称为是正常关税,适用于原产于共同适用最惠国待遇条款的世界贸易组织成员的进口货物、原产于中国签订含有相互给予最惠国待遇条款的双边贸易协定的国家或地区的进口货物,以及原产于中国境内的进口货物。第二次世界大战之后,世界上大多数国家都加入了 GATT/WTO,或签订了双边的贸易条约或协定,相互提供最惠国待遇,享受最惠国关税。

2.出口税(export duty)

出口税指出口国海关在本国商品输往国外时对本国出口商所征收的关税。目前大多数国家对于一般性商品的出口都不征收出口税。美国在《中华人民共和国宪法》中明令:“联邦政府不得对各州输出商品征收出口关税”。但有时为了限制、调控某些商品的过度以及无序出口的情况,特别是防止本国一些重要自然资源和原材料的无序出口,一些国家也会征收出口税。

3.过境税(transit duty)

过境税是指一国对通过其关境的外国货物征收的关税。目前绝大多数国家都已经不再征收此类关税,而只是征收少量的与政府服务有关的费用,如印花费、登记费和统计费等。

(二)按照征税方式划分

根据征税方式不同,关税可以分为从量税、从价税、混合税。

1.从量税(specific tariffs)

从量税是对进口货物每单位征收一定数额的关税,适合于标准化和原材料产品。以中国宣纸进口为例,我国对于享有最惠国待遇的国家从 2023 年起征收 7.5%每千克的从量关税,而对于非最惠国的进口则征收 70%的从量关税。

2.从价税(ad valorem tariffs)

从价税是按照进口货物的价值征收一定百分比的关税,一般适用于工业制成品。征收从价税的关键是确定进口商品的完税价格。

进口商品定价方法有三种方法。第一种是按照船边交货价格（free alongside，FAS）。这种定价方式是指根据外国市场的商品在进行装载前（如装船）的价格确定进口商品的价格。第二种方法是离岸价格（free on board，FOB）。这种定价方式的商品价格只包含商品价格及其装载费用。第三种是到岸价（cost，insurance，and freight，CIF）。这种定价方式是将进口商品价格包含的商品本身价值，再加上货物的装载费、运费和保险费用构成的。目前大多数国家都是用这种方法来计算从价关税的。

3.混合税（compound tariffs）

混合税又称复合税，指的是对某种进口商品同时采用从量税和从价税两种方式计征的关税。在实际情况下，复合税有两种情况：一是以从量税为主，加征从价税；二是以从价税为主，加征从量关税。

由于混合税综合了从量税和从价税的优点，在进口商品价格发生变化时既可以保证财政收入的稳定，又可以起到一定程度的保护作用，因而可以更好地平衡税赋。其缺点在于容易造成关税结构的复杂化。

（三）按照差别待遇划分

按照对进口商品的差别待遇，关税可以分为优惠关税和普通关税两类。

优惠关税是指对受惠国以低于普通关税税率的标准征收关税。优惠关税一般是互惠的，通过国家间的贸易或关税协定，协定双方相互给予优惠关税待遇；但也有单方面的，即给惠国给予受惠国单向的优惠关税待遇，不要求反向优惠。优惠关税一般有三种：

1.特惠税（preferential duty）

特惠税即特定优惠关税，是指某一国家对另一国家或者某些国家对另外一些国家的某些商品予以特定优惠关税，他国不得享有的一种关税制度。特惠税产生于宗主国与其殖民地附属国之间的贸易。历史上，英国曾经对进入其国界的来自其所属殖民地（诸如澳大利亚、加拿大和印度）的商品征收较低的关税。目前，国际上最具有影响的特惠关税是洛美协定国家之间的特惠关税。欧盟对成员内部商品征收的零关税一定程度上也属于这种关税安排。类似地，由美国、加拿大和墨西哥三个国家组成的北美自由贸易区内部的贸易征收零关税，但是对于来自非成员国的同类商品就需要征收进口关税。根据 2023 年 12 月发布的《中国海关税则（2024）》，我国对原产于东帝汶、缅甸的部分进口货物适用 95% 税目零关税特惠税率，对于原产于科摩罗、利比里亚、南苏丹、塞拉利昂等 7 国的部分进口货物，适用 97% 税目零关税特惠税率，对于原产于阿富汗、埃塞俄比亚、安哥拉、柬埔寨、老挝、孟加拉国等 34 国的部分进口货物，适用 98% 税目零关税特惠税率。

2.普惠制(generalized system of preferences, GSP)关税

普惠制关税即普遍优惠关税是指发达工业国家承诺对来自发展中国家或地区的商品,特别是制成品和半制成品,给予普遍的、非歧视性的、非互惠的关税优惠待遇。它是发展中国家在联合国贸发会上进行长期斗争于1968年通过决议后建立的,主要目的是增加发展中国家或地区的外汇收入,加速发展中国家或地区的经济增长。

3.最惠国(most-favored-nation, MFN)关税

最惠国关税是指一个国家根据其与其他国家签订的最惠国待遇条款,对所有享有最惠国待遇的国家或地区的进口商品所适用的关税税率。"最惠国"一词略带歧视性待遇,而事实上这一术语的含义指的是对于关税政策的非歧视性待遇。很多国家已经将这一名称改正为正常贸易关系(normal trade relations, NTR)。

最惠国待遇是国际贸易中的一项重要原则,其核心是缔约一方现在和将来给予任何第三方的一切特权、优惠和豁免,也同样给予缔约对方。这意味着在关税方面,一个国家对所有最惠国待遇国家的同类进口商品应适用相同的、不歧视的关税税率,不得对不同的最惠国待遇国家采取差别待遇。

2024 年 1 月 1 日起更多"零关税"来了

扫码阅读

三、关税的经济效应

(一)小国关税的局部均衡分析

1.关税的价格效应

对进口商品征收关税会导致进口商品价格上升。在国内进口竞争部门的产品与进口商品完全同质的情况下,那么在征收关税之后,整个国内市场上该商品的价格都会上涨。在小国情形下,由于该国对进口商品的需求减少并不会影响国际市场价格,所以征收关税之后,国内价格上涨的部分就等于所征收的关税,也就是说，关税全部都由国内消费者来承担，此时国内市场价格等于征收关税前的世界市场价格与关税之和。图 5-1 中，国内价格由 P_0 上涨到 P_1 就是小国征收进口关税情况下的价格效应。

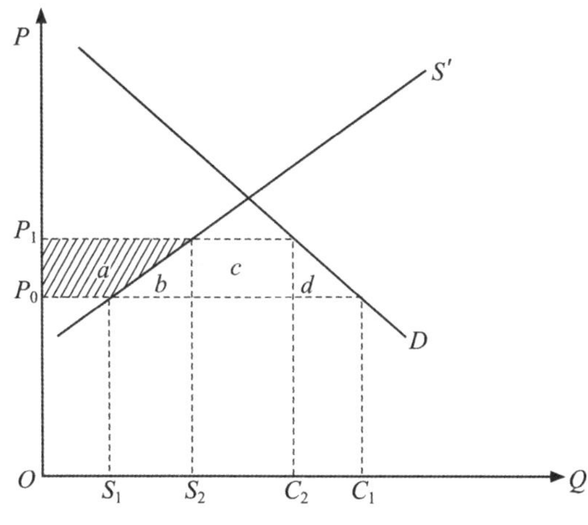

图 5-1　小国征收关税的局部均衡分析

2.关税的生产效应

征收关税之后，国内市场价格上升，国内进口相竞争部门的厂商将会面临更高的商品价格，而更高的国内市场价格会引起国内生产增加，这就是征收关税的生产效应。图 5-1 中，国内生产者的供给数量从 S_1 增加到 S_2 就是生产效应。

产出数量的变化意味着生产者剩余的变化。具体而言，生产者剩余的变化量为 a，该面积即征收关税之后生产者的福利增加额。由于征收关税，一些国内资源从生产更有效率的可出口商品转移到生产较缺乏效益的可进口商品，由此造成了该国资源配置效率的下降。

3.关税的消费效应

征收关税后，国内市场价格升高，消费者将减少对该商品的消费数量，这就是关税的消费效应。图 5-1 中，征收关税前国内需求量为 C_1，征收关税后引起价格上涨，需求量减少到 C_2。可见，由于征收关税，国内消费者消费数量减少，福利水平损失，其损失量为($a+b+c+d$)的面积。

4.关税的贸易效应

征收关税前，该国进口量为 S_1C_1，征收关税后，进口量减少到 S_2C_2。由于征收关税导致进口量的减少，这就是关税的贸易效应。从图 5-1 可以看出，征收关税之后进口数量的减少＝生产的增加量＋消费的减少量。

5.关税的收入效应

关税征收国由于征收关税获得的财政收入就是收入效应。征收关税的收入＝进口数量×关税税率。从图 5-1 中可知，关税收入就是矩形 c 的面积。

6.征收关税使消费者的收入再分配。

征收关税后，生产者福利增加了 a，这一部分的福利源自消费者福利的损失，也就是说，消费者的收入转移给了生产者。

7.关税的净福利效应

小国情形下，由图 5-1 可知，关税带来的各种福利效应的净值＝生产者福利增加－消费者福利损失＋政府关税收入＝$-(b+d)<0$。所以，对于小国而言，征收关税会降低征税国的社会总体福利水平，这种福利的损失也被称为无谓损失(deadweight loss)。其中，b 为生产损失，指的是由于征收关税，使得一些国内资源从更有效的出口商品的生产部门转向低效的进口商品的生产。d 为消费扭曲，表示征收后因为消费数量下降所导致的消费者满足程度的降低。鉴于关税的征收主要是出于满足对本国与进口相竞争部门的保护，因此上述净福利的损失$(b+d)$也被称为保护成本。

从小国关税的局部均衡分析可以得到，对一个无法影响世界商品价格的小国而言，要想使得本国经济总体福利最大化，其最优的关税选择是不对进口商品征收任何关税。

(二)大国关税的局部均衡分析

如果进口国是一个贸易大国，即该国某种商品的进口量占了世界进口量的较大份额，那么该国进口量的变化就会引起世界价格的变动。因此，大国征收关税虽然也有上述小国的种种关税经济效应，但由于大国能影响世界价格，因此从局部均衡分析所得的征收关税的代价和利益对比的净效果就不同于小国情况。贸易大国对某种进口商品征收关税以后，将产生的效应如图 5-2 所示。

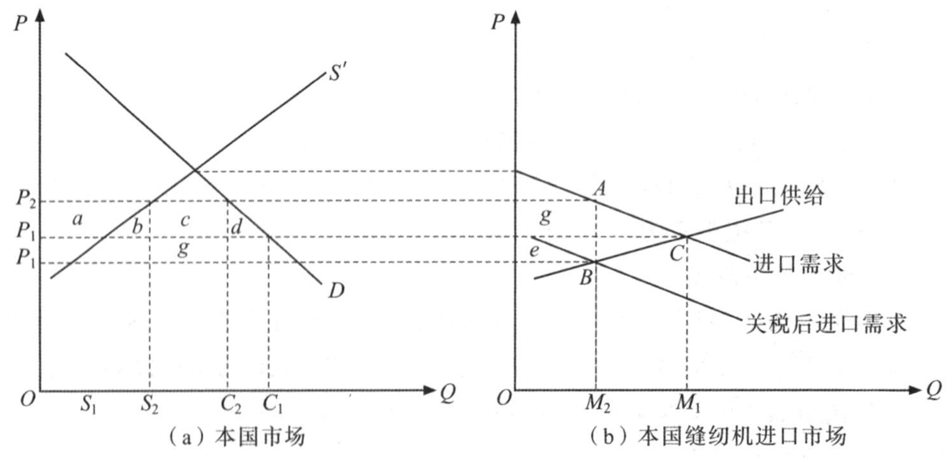

图 5-2 大国关税的局部均衡分析(以缝纫机进口为例)

图 5-2(a)中的 D 为国内需求曲线，S 为国内供给曲线；P_0 为自由贸易下的国际价格（也是国内价格），S_1C_1 为进口量。如果该国是贸易大国，那么该进口国征收进口关税将会导致国际市场上该商品国际需求的下降，而后者又会导致国际市场价格从 P_0 下降到 P_1。在 P_1 的国际价格条件下，征收关税后的国内价格（等于进口价格加关税额）为 P_2。征收关税之后，进口量下降为 S_2C_2。

与小国情形类似，大国征收关税后也将会产生如下福利效应。消费效应：$-(a+b+c+d)$的面积，只是此时的$(a+b+c+d)$的面积小于小国模型中的$(a+b+c+d)$的面积。生产效应：$+a$ 的面积。收入效应：$+(c+e)$的面积。净福利效应为：$e-(b+d)$。它意味着对贸易大国而言，关税是增加还是降低其社会福利水平是不确定的。$e>(b+d)$时，大国征收关税将增加其社会福利水平，$e<(b+d)$时将降低其社会福利水平。$-(b+d)$同样是无谓损失，e 相当于外国出口商承担的关税部分。

与小国模型相比，大国模型关税效应还有两点不同。

1.价格效应

进口大国因为进口量大而拥有的市场谈判力量，可能迫使该商品的进口价格下降。这就是说，大国进口商品价格上涨的幅度不是等于关税税率，而是低于关税税率。大国征收关税，进口商品国内价格从 P_0 上涨到 P_2；同时国际市场价格从 P_0 下跌到 P_1，价格上涨部分和下跌部分加在一起才等于进口关税税额。可见大国进口商在进口商品时支付的进口关税不是全部由进口国的消费者负担的，而是由进口国消费者和出口国的生产者（通过出口商）共同负担的，即大国向出口国转嫁了部分关税。

2.贸易条件效应

由于征收关税，大国进口商品的国际价格下降，如果该国出口价格不变，则该国贸易条件得到了改善，其利益为面积 e。但与小国相比，在其他条件不变的前提下，大国关税对本国生产者的保护作用相对较小。这是由于大国关税引起的价格上涨部分地被出口国下降的价格所抵消了，因此进口的数量下降不像小国模型那么多。

一般说来，小国从征收关税中遭受的净损失等于面积为$(b+d)$的保护成本，因为外国出口价格或世界价格不受其影响。而大国征收关税对该国净福利的影响则要把关税的保护成本$(b+d)$与贸易条件改善而获得的利益 e 相比较：如果该国贸易条件改善利益超过关税保护的代价$(e>b+d)$，则意味着从征收关税中获得了净利益；如果贸易条件改善利益与保护成本相等$(e=b+d)$，那么该国从关税中既未获得收益，也未遭受损失；最后，贸易条件改善的利益比保护成本小$(e<b+d)$，该国仍会从征收关税中遭受净损失。

应该指出，以上考察的只是关税的局部均衡效应，其分析带有短期、静态的特征。事实上，关税还会带来种种动态影响。

从关税的净福利效应分析中可知，关税使得一国收入被进行了再分配：从国内消费者转移到国内商品生产者，从国家充裕要素部门（出口商品生产部门）转移到稀缺要素部门（进口商品的生产部门），这就导致了效率的损失。用消费者剩余减少的量除以由于关税而得到保护的工作岗位的数量，可以计算得到国内每一个得到保护的工作岗位的成本。

（三）关税的间接影响

上述对关税的收益和成本分析是基于进口关税的直接效应，然而值得思考的是关税带来的额外负担。

首先，进口关税使得与进口相竞争的产业得以将商品价格制定在较高水平。那些需要购买进口投入品的出口商就需要支付更高的价格，这将会增加出口行业的生产成本。这样一来，较高的出口成本导致了出口商品高昂的价格，削弱了出口商品在国际市场上的竞争力并导致海外销售的下降。销量的减少间接影响出口部门的就业。换句话说，对国内进口竞争产业的保护是以牺牲其他经济部门的就业为代价的。保护主义的最终结果将会使得该经济体趋向于自给自足的状态。对出口部门的生产和就业的限制带来的福利损失有可能会抵消进口竞争部门所获得的利益。

其次，关税还会通过提高进口商品的价格而增加生活费用。由于关税导致与进口相竞争的国内生产部门产量增加，会使得企业高价聘用工人，导致货币工资上升。如果这种高工资扩散到整个经济体的话，出口产业最终将会面临高工资和高生产成本，从而削弱其在国际市场上的竞争力。

最后，进口关税还具有国际连锁反应。进口关税的征收使得国际市场上对他国出口商品的需求减少，进而减少它国的出口收入和进口能力。国外出口收入的下降又会间接影响对本国出口商品的需求，因此本国出口产业的产量和就业量也将趋于下降。

四、最优关税理论

最优关税亦称“最佳关税”“最适关税”，是指对应于使本国福利达到最大的关税水平。确定最佳关税的条件是进口国由征收关税所引起的额外损失（或边际损失）与额外收益（边际收益）相等。换句话说，一国因调整关税使得国民福利达到最大化时的关税水平，称为其税率的最优关税。

在上一节关税经济效应的分析中，我们得到的一个基本结论是：进口国对进口货品征收关税，会使进口国国内被保护产业的产品价格提高，诱导国内生产要素流向被保护产业。由于边际成本递增的缘故，进口国以高成本生产造成社会福利损失。这种损失随着关税税率的提高而以递增的速度增加。但若进口国是一个贸易大国，为避免因对其进口货品征收关税而使其进口数量减少，出口国不得不降低出口货品价格以维持出口规模。在其他条件不变的情况下，进口国可以用同等数量的出口货品换回较多的进口货品，从而改善进口国的贸易条件，进口国由此可以增加其社会福利。如果关税税率提高，贸易条件将继续改善，进口国得到的利益也会增加。贸易条件改善的速度呈递减趋势并受出口国供给弹性的影响。关税税率变化使进口国边际利益增加等于边际利益减少时的关税就是最佳关税，最佳关税与出口国供给弹性成反比。出口国供给弹性越小，最佳关税越大；反之，出口国供给弹性越大，最佳关税越小。而贸易小国的进口数量在国际市场上的比重很小，不能改变贸易条件，其所面临的供给弹性无穷大。故贸易小国没有最佳关税。最佳关税是一种基于出口国不征收报复关税的理论假设。实际上，进口国追求最佳关税的努力不可避免地会招致出口国的报复，最后形成关税战。

2018 年特朗普政府对进口钢铁和铝产品征收关税的经济效应

扫码阅读

第二节 非关税措施与经济效应

尽管关税是历史上最重要也最常用的贸易限制措施，但它绝不是唯一的贸易政策形式。事实上，多边贸易体制的多轮谈判已经将全球贸易商品的平均关税水平成功地降低到 10%以下。从 20 世纪 60 年代以来，各国政府越来越多地使用各种各样的非关税壁垒(nontariff trade barriers，NTB)。与关税相比，这类措施的使用更灵活，更有针对性，对贸易的限制性也更强，更隐蔽。联合国亚洲及太平洋经济社会委员会和联合国贸易和发展会议联合发布的《2019 年亚太贸易和投资报告》指出，目前在亚太地区、非关税措施下贸易成本是关税下，贸易成本的2倍多，尽管亚太地区实际关税在过去20年中减少了一半，但影响国际贸易的非关税壁垒数量却显著增加。①

一、进口配额

进口配额(import quota)是指一国政府在一定时期内(通常是1年)对某些产品的进口数量或金额直接加以限制。比如，政府可以规定某年小麦的进口不得超过2万吨，棉质上衣的进口不得超过2500万美元，等等。表5-1展示了主要工业国家的进口配额使用情况，从中可以看出，法国、日本使用进口配额相对比较多。

表5-1 主要工业国家的进口配额使用情况

国家	进口配额总量	农产品进口配额	非农产品进口配额
美国	7	1	6
加拿大	5	4	1
英国	3	1	2
法国	46	19	27
德国	4	3	1
意大利	8	3	5
比利时、荷兰、卢森堡三国	5	2	3
日本	27	22	5

资料来源：W CHARLES SAWYER，RICHARD L SPRINKLE. International Economics [M].3rd ed. Princeton，NJ：Pearson Prentice Hall，2008.

对大多数制成品来说，实施配额在WTO规则中是禁止的，这也是仍然有发展中国家不愿加入世界贸易组织的原因。然而，各国还是经常将配额应用在农产品、纺织品等领域。例如，美国对进口蔗糖、牛奶、奶酪、黄油、花生、棉花等农产品实施配额；加拿大、欧盟、日本在粮食、白糖、奶制品、蛋类和禽肉类上也都有配额。

对于纺织品，早在20世纪70年代，美国、加拿大和欧盟就通过谈判协定了一个配额系统，叫作《多种纤维协定》(multi-fibre arrangement，MFA)，其规定了每一个国家根据产品和出口国家的不同，施以不同程度的进口配额。根据乌拉圭回合的谈判结果，该协定在2005年被取缔，而之前的配额保护将逐步被关税或关税配

① 该报告还指出，非关税壁垒目前影响着亚太地区约58%的贸易。

额所取代。2005 年配额全面取消后，中国同纺织品和服装的主要进口国之间的贸易摩擦一直不断。尽管中国政府已于 2005 年 1 月 1 日对 148 种纺织品征收了出口税，但欧美面对从中国大量涌入的纺织品服装还是重新设置了配额。

二、进口配额的类别

进口配额主要分绝对配额和关税配额两种。

（一）绝对配额（absolute quota）

绝对配额是指在一定时期内，进口产品数量或金额达到进口额度后，便不允许继续进口。在实施中通常可以采用以下两种方式：

全球配额（global quota）只规定允许进口的商品的总数量，不指定进口的来源地和进口商。通常由主管当局按照进口商申请的先后顺序发放额度，直到进口数量达到限额。

全球配额在实践中比较少见，因为它会造成对出口商的歧视待遇。

国别配额（selective quota）是指将总配额分配给不同的国家或出口商。由进口国根据它与有关国家的政治经济关系分别给予不同的额度。为了区分不同国家的进口配额，出口商需要提交原产地证明书。

国别配额又可分为自主配额（autonomous quota），即进口国单方面自主地规定，不征得出口国同意的配额制度；以及协议配额（agreement quota），即由进口国和出口国协商确定的配额。

（二）关税配额（tariff quota）

关税配额是指对进口的绝对数量不加限制但规定配额以内的进口商品给予低税或免税，对超过配额的进口商品征收高税或罚款。关税配额仅适用于每个贸易年度，一年内没有用完的额度到下一年也就失效了。

关税配额又可分为优惠性和非优惠性，前者对配额内进口给予关税减让或免税，超额部分征收普通关税；后者在配额内征收普通关税，而对超额部分征收很高的附加税或罚款。

乌拉圭回合谈判达成的农产品协议规定废除对农产品进口实施的各种数量限制，但在过渡期内可将关税配额作为临时手段。中国从 1996 年开始对主要农产品使用关税配额措施进行管理。根据 2023 年 12 月发布的《中华人民共和国进出口税则（2024）》，我国自 2024 年 1 月 1 日起对小麦（包括其粉、粒）、玉米（包括其粉、粒）、大米（包括其粉、粒）、食糖、羊毛、毛条、化肥等商品实施年度关税配额管理。

三、进口配额的经济效应

进口配额是通过对进口数量的直接限制来影响国内市场的价格，进而对国内的消费、生产、收入分配以及社会福利都产生一定的影响。如果进口国是一个小国，那么配额只影响国内市场价格；如果进口国是一个大国，那么配额不仅影响国内市场价格，而且还会对世界市场价格产生影响。这一点与关税的价格效应一样。下面我们主要对小国进口配额的经济效应做一分析。

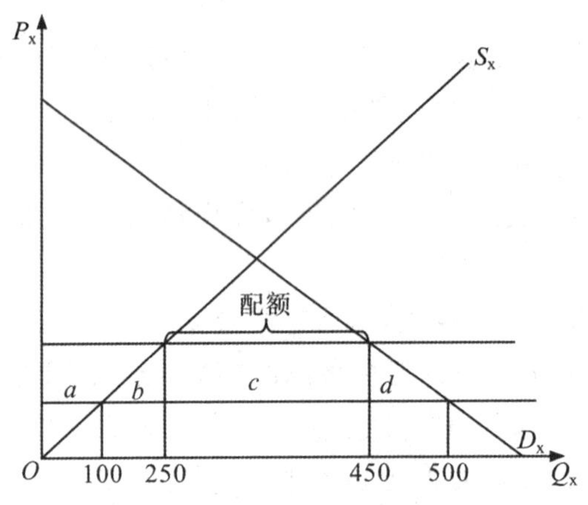

图 5-3　小国进口配额的经济效应

与关税的情形类似，图 5-3 中 D_X 和 S_X 分别表示某小国对商品 X 的国内需求曲线和供给曲线。在自由贸易的情况下，国内市场价格等于国际市场价格，为每单位 100 美元。在这个价格下，该国的需求量为 500 单位，国内生产量为 100 单位，进口量为 400 单位。

现假设该国政府对 X 的进口规定了 200 单位的配额限制。那么在原来 100 美元的价格水平下，国内供给(100)加上进口(200)不能够满足国内的需求(500)，因此商品 X 的国内市场价格将上升。价格的上升一方面会刺激本国企业增加生产，另一方面会使国内需求下降，短缺逐渐消失，直到价格上升至每单位 150 美元，国内产量(250)加上进口量(200)正好等于国内需求量(450)，市场重新达到均衡。

我们发现，此 200 单位的配额同 50%的进口关税所带来的效果是基本相同的：价格上升 50%，生产增加 150 单位，消费减少 50 单位，贸易量减少 200 单位。只不过关税是通过提高进口商品价格来减少进口从而促进国内生产，而配额是先减少进口来提高商品价格从而刺激国内生产的。

配额产生的社会福利效应与关税略有不同。关税的净福利损失为$(b+d)$

消费者福利仍然损失($a+b+c+d$)部分，生产者福利增加 a 部分。但配额租金(c)的归属取决于分配方式(如拍卖、行政分配等)，可能由出口商或进口商获取，与关税的政府收入效应不同。这部分实际上是由于配额提高了国内市场价格而形成的垄断利润，所以被称为“配额租金”(quota rents)。它的归属取决于出口企业与进口企业之间的竞争关系以及本国政府管理配额的方式。

第一种情况，外国出口企业是垄断卖者，而国内进口企业是竞争性买者，那么他们就会抬价竞争购买外国的产品，最终外国出口企业将会以 150 美元价格出售商品，所以攫取了全部的配额租金。此时，进口国的福利损失除了生产和消费方面的无谓损失以外，还包括这部分配额租金，即总福利损失为($b+c+d$)。

第二种情况，国内进口企业是垄断买者，而外国出口企业是竞争性卖者，那么本国进口企业就能以 100 美元价格买入商品，再以 150 美元价格在国内市场上卖出。如果政府不干预的话，国内进口企业就将获取全部的配额租金，因此这部分就不是本国的福利损失。本国的福利损失仅为($b+d$)。20 世纪 60 年代，美国政府就把石油进口的配额权全部给予了美国石油行业，石油进口商们获得的配额租金累计可达 6.2 亿美元。

第三种情况，国内进口企业能够获取配额租，但本国政府要以颁发进口许可证的方式向进口企业分配配额。如果政府在公开市场上拍卖许可证，进口企业愿出的最高价格不会超过进口所获得的利润，即(c 部分。拍卖中的竞争通常会把价格抬到最高水平，也就是进口商最终支付的价格等于 c，那么政府的财政收入也等于 c，这与关税的收入效应完全一样。如果进口商最终支付的低于 c)，那么政府将与进口企业共享配额租金。但无论如何，这部分都不是本国的福利损失。

最后一种情况，政府在进口企业申请的基础上审批颁发许可证。此时，审批权掌握在部分政府官员手中，为了得到配额，进口企业就会向官员行贿(即“寻租”)，最终配额租金由厂商和官员共同分享，政府的财政收入不会增加。与此同时且，申请过程中所耗费的额外成本会降低该国的社会福利。

我国 2024 年关税配额审批事项概述

扫码阅读

第三节　非关税措施的新发展

一、自愿出口限制

"自愿"出口限制（voluntary export restraints，VER）也称"自动"出口配额（voluntary export quotas），是指出口国"自愿"限制其在某一时期内某种商品对某一特定国家的出口，在限定的配额内自行安排出口，超过配额即禁止出口。

所谓"自愿"并非真的出于自愿，而是在进口国的要求和压力下，为避免更严厉的限制措施而不得不采取的行动，所以其具有很明显的强制性。从进口国角度来说，"自动"出口限制本质上是一种特殊形式的进口配额，也称"被动配额"。

因此，自愿出口限制对进口国国内价格、生产、消费的影响以及消费者、生产者的福利变动都与进口配额相同。但是自动出口限制是由出口国来控制限额的分配，因此配额租金由出口国的政府或企业获得，进口国的政府无法获得收入，其福利总损失为$(b+c+d)$。然而与绝对进口配额相比，自动出口限制表面看起来保护主义色彩淡一些，受到的舆论谴责少一些，能够绕开一些关贸总协定的法律原则和规定，同时出口国也可以获得一些好处。

自愿出口限制最早出现于20世纪80年代初的美日汽车贸易，后扩展到电视机、钢铁、机床、纺织品、轮船等众多行业。

戴维·塔曾对20世纪80年代美国三大自愿出口限制协议（汽车、钢铁、纺织品）做过分析，估计这些配额租金的67%都被外国出口商获取，因此自愿出口限制的成本高于关税和绝对配额。①

① DAVID TARR. A general equilibrium analysis of the welfare and employment effects of u.s. quotas in textiles, autos, and steel[M]. washington, D.C., Federal Trade Commission, 1989.

案例分析 5-1

日本汽车出口美国的自愿出口限制

扫码阅读

二、绿色贸易壁垒

(一)绿色贸易壁垒的内涵

绿色贸易壁垒是指在国际贸易中,进口国以保护生态环境、自然资源、人类健康和动植物生命安全为由,通过颁布、实施严格的环保法规和苛刻的环保技术标准,以限制国外产品进口的贸易保护措施。

减少污染、节约能源已成为国际社会关注的焦点,各国尤其是发达国家纷纷制定了一些相应的环境法规和贸易政策,希望通过政府的干预来保护和改善生态环境,这就给绿色贸易壁垒的实施找到了合理借口。自 20 世纪 90 年代以来,绿色壁垒被发达国家频繁使用,已成为当今国际贸易领域主要的非关税壁垒之一。目前国际上 150 多个多边环保协议中有近 20 个含有贸易条款。

(二)绿色壁垒的类型

目前国际上使用的绿色壁垒主要有以下几种形式。

1.绿色标志

绿色标本也称生态标志,是由政府管理部门按照严格的程序和环境标准颁发给厂商,以向消费者表明该产品从研究开发到生产直至回收利用的整个过程均符合生态和环保要求。绿色标志制度本身是非强制性的,但如果进口国政府把取得环境标志作为进口商品的必要条件,那么出口厂商为达到要求就需要改变原材料成分及生产工艺,极大增加了生产成本使绿色标志制度就成为一种变相的贸易壁垒。

2.绿色关税

绿色关税也称环境进口附加税,是进口国对可能造成环境威胁及破坏的进口产品除一般关税外额外征收的一种附加税。

3.绿色检疫

绿色检疫是进口国研究制定的一整套严密的检验制度和烦琐的检验程序，其通常利用先进的检验设备和条件对进口货物实施检验，使进口货物难以通过。例如：对食品中农药残留量、放射性残留和重金属含量等制定严格的要求。

4.绿色包装

绿色包装包括：以立法的形式规定禁止使用含有某些有毒有害成分的包装材料；强制包装物再循环利用；建立存储返还制度；根据包装是否符合要求给予税收优惠或处罚；等等。

绿色壁垒已成为继反倾销之后的又一重要措施，涉及纺织、成衣、化妆品、日用品、玩具、家具和家用电器等几千种商品。据统计，我国每年有超过100亿美元的出口商品因环保因素而受阻。

（三）发展特点及趋势

1.碳关税壁垒逐渐实施

2023年4月25日，欧盟理事会投票通过了包括设立碳关税等三项气候法案，2023年10月，欧盟碳关税正式进入试运行阶段。未来，若美国的《清洁竞争法案》通过碳关税涉及的行业越来越多，对进口产品的征税范围将不断扩大。

2.非关税碳壁垒影响扩大

类似碳标签、碳减排认证等非关税碳壁垒对国际贸易的影响更为紧迫，其目标行业和影响范围持续扩大。以中国为例，外贸“新三样”即新能源汽车、锂电池、太阳能电池等产业是非关税碳壁垒的重点行业。

3.制度刚性日益增强

随着相关法律法规和政策的不断完善，绿色贸易壁垒的制度刚性将进一步增强，对进口产品的限制和监管将更加严格。

4.实施主体集中在发达国家

目前，绿色贸易壁垒的实施主体主要是发达国家，他们凭借自身的经济和技术优势，制定更为苛刻的环保标准和技术要求，限制发展中国家产品的进口。而发展中国家由于技术和资金等方面的限制，在应对绿色贸易壁垒时往往处于劣势，反制措施有限。

欧盟碳边境调节机制(CBAM)

扫码阅读

三、技术贸易壁垒

(一)技术性贸易壁垒的内涵

技术性贸易壁垒(technical barriers to trade,TBT)是指一国或区域组织以维护国家或区域安全、保障人类健康和安全、保护动植物健康和安全、保护环境、防止欺诈行为、保证产品质量等为由而采取的一些强制性或自愿性的技术性措施。这些措施对其他国家或地区的商品、服务和投资进入该国或该区域市场产生影响,是一种非关税贸易壁垒。简单来说,就是进口国通过设置技术标准、法规、认证、检验检疫等要求,让外国产品进入本国市场变得更困难。“我国约40%的企业在‘走出去’的过程中遭遇技术性贸易壁垒,其中80%是因为信息不对称,不了解、不熟悉当地市场对于相关产品质量的技术要求。”①

(二)技术性贸易壁垒的类型

技术方面的贸易壁垒包括以下几种类型。

1.技术法规

为确保消费者使用产品时的安全,许多国家都对进口产品的规格、安全性能等作了严格的规定,尤其是汽车、玩具、电器设备等产品。欧盟的《化学品注册、评估、许可和限制法规》(REACH)要求所有在欧盟市场上生产或进口超过1吨/年的化学物质,其生产商或进口商需要向欧洲化学品管理局提交注册卷宗,进行化学品的安全性评估。这一法规涉及大量化学产品,外国化工企业如果想要出口产品到欧盟,必须遵守REACH法规,否则产品无法进入欧盟市场。

---

① 上海自贸区建“一带一路”服务平台助企业应对技术性贸易壁垒[N].新华社,2017-05-23.

2.卫生检疫规定

为保护本国人民、动植物免受外来疾病及污染的侵害,国家一般都对进口商品中含有的各种成分严格限制,对动植物产品进行严格检疫。例如:欧盟禁止进口美国生产的使用了催长激素的牛肉;为防止一种叫"矮腥黑穗病"的小麦病害传入,中国从1972年开始一直对美国七个州的小麦实行禁运;欧盟、日本都对茶叶的农药最高允许残留量设置标准。

3.包装和标签规定

进口国往往对进口商品的包装规格、材料有要求,还可能要求注明产地、内容等,如不符合则不准进口,如禁止使用含有铅、汞、镉等成分的包装材料或没有达到再循环比例的包装材料等。这些规定都具有贸易限制作用,出口国为了符合进口国的技术性要求,必须改进产品质量,提高技术水平,改变产品的包装,或者经过一定的合格评定程序,支付各种检验费用。这些无疑都会增加进口产品的成本,削弱其竞争力。

(三)发展特点与趋势

1.标准日益严格复杂

各国不断更新和完善技术标准,并且标准越来越细化和严格。例如,英国计划到2030年,所有进口的建筑材料必须符合严格的碳排放指标,这将对全球建筑材料的出口产生重大影响。

2.范围不断扩大

技术性贸易壁垒正从传统的制造业产品(如机械、电子、纺织等)向服务领域(如金融、电信、电子商务等)延伸。欧盟的《通用数据保护条例》(GDPR)不仅适用于欧盟内部的金融机构,也对在欧盟开展业务的外国金融机构产生了影响,要求它们在数据处理和保护方面达到严格的标准。

3.与知识产权紧密结合

技术标准往往涉及专利等知识产权。一些发达国家的企业通过将自己的专利技术纳入技术标准,形成技术垄断。例如,在5G通信技术领域,一些拥有核心专利的企业可以通过参与制定5G技术标准,对其他企业收取专利许可费,这对于其他国家的5G设备制造商和通信服务提供商构成了新的技术性贸易壁垒。

日本的技术性贸易壁垒

扫码阅读

四、反倾销

(一)倾销的内涵

倾销(dumping)是指一国企业以低于本国国内价格或低于成本的价格在国外市场上销售产品的行为。倾销是国际价格歧视的一种表现形式,是企业追求利润最大化的结果。成功地实施倾销必须保证两国市场能够分割;出口商在国内市场上具有垄断力量,能够决定商品价格;同时该商品的国外需求弹性大于国内需求弹性。

(二)倾销的类型

按照目的和持续时间的不同,倾销可分为三种类型:

1.偶然性倾销(sporadic dumping)

偶然性倾销是指由于销售旺季已过、公司改营其他业务或者未预见到的供需变化使得产品剩余,厂商为避免存货过量积压而短期内向海外市场大量低价销售该产品。尽管这种行为会影响到进口国同类产品生产者的利益,但由于持续时间较短,不至于扰乱市场秩序及对该产业造成较大打击,因此各国对这种倾销通常较少采取抵制行动。

2.掠夺性倾销(predatory dumping)

掠夺性倾销是指为了排除国外的竞争对手,出口商暂时以低价向国外市场销售商品,一旦将国外的同类生产商赶出市场,获取了垄断地位后,出口商又会提高价格,得到超额垄断利润。为了弥补较长时间的降价所蒙受的损失,垄断厂商通常会将价格提高到足够高的水平。这种倾销对进口国的市场和同类行业会构成严重的冲击,通常会受到各国的严厉抵制。

3.持续性倾销(persistent dumping)

持续性倾销是指持续地以低于正常价值的价格向海外市场销售产品。为了实现总利润最大化,国内垄断厂商通常实行国际价格歧视,对需求弹性较小的国内市场的定价要高于弹性较大的海外市场。由于这种行为符合利润最大化原则,因此厂商能够进行长期性的倾销。进口国消费者从长期的低价中得到的利益可能超过生产者的损失,因此这种方式可能也不会遭到抵制。

(三)反倾销与反倾销税

1.概念

反倾销是指对外国商品在本国市场上的倾销所采取的抵制措施。根据WTO《反倾销协议》的规定,倾销是指一个国家或地区的出口商以低于正常价值的价格向另一国市场销售产品,并且这种低价销售的行为对进口国的相关产业造成了实质性损害、实质性损害威胁或实质性阻碍产业的建立。

反倾销税是反倾销措施中最常用的一种手段,是进口国海关对倾销商品征收的一种进口附加税。其目的是通过提高进口产品的价格,抵消倾销产品所带来的不公平价格优势,保护本国产业免受损害。

在世界贸易组织框架下,倾销被视为“不公平竞争”,尤其是掠夺性倾销。一旦给进口方造成损害,进口国便可以对该进口品展开反倾销调查,调查结果一旦确认:存在倾销事实、进口国相关产业受到损害,以及倾销与损害之间有因果关系,那么进口方就可以对该产品征收反倾销税。反倾销税一般以倾销额度为上限,据统计,美国反倾销税税率平均为45%,通常会导致目标产品的进口量下降50%～70%。

2.反倾销税的类型

(1)临时性反倾销措施。临时性反倾销措施是指在初步裁定存在倾销和损害的情况下,为防止在调查期间造成进一步损害而采取的措施。通常是征收临时反倾销税或者要求提供现金保证金、保函或者其他形式的担保。

(2)价格承诺。价格承诺是指倾销进口产品的出口经营者在反倾销调查期间,可以向进口国主管部门作出改变价格或者停止以倾销价格出口的价格承诺。如果主管部门认为这种承诺能够消除倾销所造成的损害影响,就可以中止或终止反倾销调查。

(3)最终反倾销措施。最终反倾销措施是指在经过详细调查,确定倾销成立并且对进口国国内产业造成损害后,进口国可以对倾销产品征收最终反倾销税。这种反倾销税的税额通常根据倾销幅度来确定,且一般会持续一段时间,以确保本国产业能够在公平的市场环境下恢复和发展。

(四)反倾销措施发展的特点与趋势

1.反倾销措施使用频繁

在全球经济增长放缓、贸易保护主义有所抬头的背景下,各国为了保护本国经济和就业,仍然频繁使用反倾销措施。根据 WTO 的统计数据,近年来全球反倾销调查案件数量仍处于较高水平,而且涉及多个行业,包括化工、金属、机械等。

2.发展中国家成为反倾销主力

过去,发达国家是反倾销措施的主要发起者,但现在发展中国家也逐渐成为反倾销的重要力量。例如,印度、巴西等国家由于自身产业的发展和保护本国市场的需要,对进口产品发起反倾销调查的案件数量不断增加。

3.反倾销规则更加复杂和严格

随着国际贸易规则的不断完善和细化,反倾销的规则和程序也变得更加复杂。进口国在反倾销调查过程中,对倾销幅度的计算、损害的认定、因果关系的判断等方面都有更严格的标准。这要求出口企业必须更加熟悉和遵守反倾销规则,否则很容易受到反倾销措施的制裁。

4.与其他贸易救济措施结合使用

反倾销措施往往与反补贴、保障措施等其他贸易救济措施一起使用,形成更加综合的贸易保护体系。

市场经济国家与对华反倾销

扫码阅读

五、知识产权保护

世界主要发达国家都对知识产权实施严格的保护。其中,特别具有影响力的是美国的 337 调查。该名称源自美国 1930 年《关税法》第 337 条,根据该规定,不论以何种形式进口美国的外国产品,如以销售、出租、寄售等形式进入美国市场，若其侵犯了美国本土产业现有或正在建立中的合法有效的具有执行力的专利权、注册商标、著作权或外观设计、专有技术等，则判定有违反337条款的可能性，美国国际贸易委员会(ITC)可以进行调查。然而在事实运用中，ITC的调查大多与专利权有关，从诉讼实践上看，337条款主要被用来针对侵犯专利、商标等知识产权方面的不公平贸易行为。换言之，一旦美国厂商认为外国的进口产品侵犯了它们的专利、商标等知识产权，就可以向美国国际贸易委员会提起诉讼，如果起诉合格，美国国际贸易委员会就将启动对被诉产品的调查，若认为侵权行为成立，国际贸易委员会可以向海关发布命令，禁止该项产品进口，被诉产品则失去进入美国市场的可能。随着美国对外贸易政策趋于保守，337条款已经成为管制外国生产商向美国进入产品侵犯知识产权的法律规则和单边制裁措施。

美国法院宣布福建晋华无罪，结束长达六年的知识产权纠纷

扫码阅读

六、蓝色贸易壁垒

(一)蓝色贸易壁垒的内涵

蓝色贸易壁垒是指以劳动者劳动环境和生存权利为借口采取的贸易保护措施。它主要是通过制定和实施一系列劳工标准，如禁止使用童工、限制工作时间、保障最低工资和安全健康的工作环境等，来对不符合标准的进口产品进行贸易限制。蓝色贸易壁垒的核心是SA 8000标准(Social Accountability 8000)，这是全球第一个可用于第三方认证的社会责任国际标准。目前全球大的采购集团和跨国公司都将通过SA 8000认证的企业作为供应商或跨国采购的前提条件。

(二)蓝色贸易壁垒的特点

1.名义的合理性

它以保护劳工权益这一正当理由为幌子，容易获得社会公众的支持，毕竟保障劳工的基本权利，如健康安全、合理报酬等，是符合人道主义和社会公平原则的。

2.形式的合法性

蓝色贸易壁垒往往借助国际公约和国内法规来构建其合法性基础。目前许多国家都签署了国际劳工组织（ILO）的公约，这些公约为蓝色贸易壁垒提供了法律依据，使其看起来像是在依法行事。

3.操作的隐蔽性

蓝色贸易壁垒不像传统贸易壁垒那样直接针对产品的价格、数量或质量进行限制，而是聚焦于产品生产过程中的劳工问题。这种隐蔽性使得出口企业很难察觉其贸易限制的本质，直到面临产品被拒等情况。

4.范围的广泛性

蓝色贸易壁垒涉及的劳工标准内容广泛，包括工作时间、工资待遇、劳动环境、禁止强迫劳动和使用童工等多个方面，几乎涵盖了企业劳工管理的所有领域。

5.实施的歧视性

在实际操作中，发达国家往往以自身较高的劳工标准来要求发展中国家，而忽略了发展中国家的经济发展水平和实际国情，存在明显的双重标准和歧视性。

沃尔玛公司对供应商的SA 8000管理

扫码阅读

七、动物福利壁垒

动物福利（animal welfare）是1976年由美国人休斯（Hughes）提出的，它是指农场饲养中的动物与其环境协调一致的精神和生理完全健康的状态。欧盟是动物福利的倡导者，它规定动物从出生到屠宰都要本着人道主义，让动物享受应得的福利待遇。欧盟委员会食品安全署还专门为动物设立了福利部门。

当前，国际市场竞争激烈，传统关税和传统非关税壁垒的实施空间不断收窄。西方发达国家凭借文化教育、传统习俗等方面的优势，以本国动物福利法案为依据，要求进口的动物源性食品必须符合其福利标准，否则禁止入境。而且，动物福利法规标准完善、界定清晰、便于操作，因此动物福利壁垒呈现出合法性、合理性、隐蔽性、易操作性、实用性强且执法成本低等特征。

乌克兰活猪出口法国被拒案

扫码阅读

复习与思考

一、核心概念

关税	进口税	出口税
过境税	从量税	从价税
混合税	特惠税	普惠制关税
最惠国待遇	关税的经济效应	最优关税
进口配额	绝对配额	关税配额
自愿出口限制	蓝色贸易壁垒	动物福利壁垒

二、思考题

1.某国是一个生产并消费软糖的小国。软糖的世界价格是每袋 1 美元，该国国内软糖的供给和需求由如下方程式决定：

需求：$Q^D=8-P$；供给：$Q^S=P$。

(1)画出该国不开展国际贸易时的均衡图，并计算封闭状态下的均衡数量、消费者剩余、生产者剩余和总剩余。

(2)接着考虑该国开放贸易。计算此时的均衡价格、进口数量、消费者剩余和生产者剩余以及总剩余。

(3)如果该国政府对软糖生产者的抗议作出回应并决定对进口软糖征收每袋1美元的关税。用图形表示这种关税的影响。计算消费者剩余、生产者剩余、生产量、进口量、政府收入和总剩余。

(4)开放贸易的好处是什么?用关税限制贸易的无谓损失是多少?

2.配额和关税都可以达到等量的限制进口的目的。请用图形说明,在下列情况发生时,两种限制进口的方式对国内价格、消费量、生产量、进口量的不同影响。

(1)居民收入水平增加导致国内需求增加;

(2)原材料成本下降导致国内供给增加;

(3)由于外来冲击,进口商品的世界市场价格突然下跌。

第六章　贸易自由化与多边贸易体制

学习目标

知识目标

1.了解贸易自由化及战后全球多边贸易体制的发展。

2.理解 GATT 与 WTO。

3.掌握区域经济一体化概述。

4.了解区域经济一体化的理论。

5.掌握区域经济一体化的实践与发展趋势。

能力目标

1.了解贸易自由化及全球多边贸易体制的作用和功能。

2.把握 GATT 与 WTO 的发展趋势。

3.理解区域经济一体化的意义。

素养目标

1.深化对贸易自由化及战后多边贸易体制的认知,增强世界观和大局观。

2.关注贸易自由化及战后全球多边贸易体制变化,增强国家责任观和创新发展的使命感。

引导案例

中国加入 WTO 对中国和世界经济产生积极影响

中国于 2001 年加入 WTO，这是多边贸易体制发展历程中的一个重大事件。加入 WTO 对中国经济产生重要影响。中国制造业出口大幅增长，“中国制造”产品在全球市场的份额不断扩大。中国，成为全球最大的货物贸易国，对外贸易额从 2001 年的 5096.5 亿美元增长到 2023 年的超过 6 万亿美元。同时，中国吸引了大量外资，跨国公司在中国投资设厂，带来了先进的技术和管理经验。中国的产业结构也在开放过程中不断优化，服务业占 GDP 的比重从 2001 年的 40.5%提升到 2023 年的 54.6%。同时，中国庞大的市场也为世界各国提供了巨大的商机。中国进口大量的原材料、零部件和高端设备，拉动了资源出口国和发达国家高端制造业的发展。例如，中国对铁矿石等矿产资源的大量进口，促进了澳大利亚、巴西等国矿业经济的繁荣。同时，中国物美价廉的商品出口到全球市场，降低了全球消费者的生活成本，抑制了全球通货膨胀。

问题与思考：中国加入 WTO 为什么会产生这些积极影响？

第二次世界大战后，世界经济出现了两个重大发展趋势：一是在全球多边贸易体制的推动下，贸易自由化所涉及的范围和领域不断扩大与深化。越来越多的国家加入世界生产和贸易体系并从中获益。二是以优惠性的贸易协议或安排为宗旨的区域经济一体化发展势头迅猛。区域经济一体化组织不但促进了成员国间的分工协作，而且对世界经济的格局和发展产生了重大影响。

第一节　贸易自由化

一、贸易自由化的内涵

（一）定义

贸易自由化是指在国际贸易领域中减少或消除政府对贸易的限制和干预，使商品和服务能够在国际间更加自由地流动。这种限制和干预的减少涵盖了多个方面，包括降低关税壁垒、取消非关税壁垒（如配额、许可证制度、繁杂的海关手续等）以及减少对贸易的各种歧视性政策等。

(二)历史背景

1.自由贸易思想的觉醒

20世纪30年代的经济大萧条期间,各国纷纷采取贸易保护主义措施,导致国际贸易规模急剧萎缩。全球贸易总额从1929年的360亿美元下降到1932年的120亿美元左右,世界经济陷入更深的危机。这种以邻为壑的贸易保护主义政策使各国经济都遭受了严重损失,二战后的各国政府和经济学家深刻认识到贸易保护主义的危害,因此决心建立一个更加自由的贸易体制来避免重蹈覆辙。

2.经济发展的需要

二战给世界各国经济带来了巨大的破坏。欧洲和亚洲的许多国家的工业基础设施被摧毁,农业生产停滞,国际贸易渠道也被中断,经济陷入崩溃边缘。二战后,各国急须通过恢复和发展国际贸易来获取重建所需的物资和资金。在这样的大背景下,二战后,贸易自由化和多边贸易体制的发展成为国际贸易发展的重要趋势。

(三)典型特征

1.降低关税

关税是国际贸易中最常见的贸易壁垒之一。在关贸总协定和世界贸易组织(WTO)的推动下,发达国家的平均关税水平大幅下降,20世纪90年代中期,平均关税已降至4%左右,这使得各国之间的贸易成本降低,商品流通更加顺畅。

2.减少非关税壁垒

消除非关税壁垒能使贸易更加自由。欧盟在建立内部单一市场的过程中,致力于消除成员国之间的各种非关税壁垒,通过协调产品标准和认证制度,使原本因各国标准差异而受限的贸易得到释放。在电子产品领域,统一的欧盟标准使得各国电子产品能够自由流通,不再需要针对不同成员国重复进行认证,大大提高了贸易效率。

3.营造公平竞争的市场环境

贸易自由化要求营造公平竞争的国际市场环境,包括遵循最惠国待遇原则和国民待遇原则等。最惠国待遇确保各国在贸易中不会受到歧视,一国给予另一国的优惠待遇应无条件地给予其他所有贸易伙伴。国民待遇则保证进口产品在国内市场上与本国产品享有同等的待遇。

二、贸易自由化的历史发展

(一)早期贸易自由化的萌芽(19 世纪—20 世纪初)

1.工业革命的影响

19 世纪的工业革命使英国等西方国家的生产力大幅提高,产品过剩问题凸显,这促使这些国家寻求海外市场。英国率先推行自由贸易政策,降低关税并取消贸易限制。例如,1846 年英国废除了《谷物法》,这一标志性事件推动了英国国内的自由贸易发展,并对其他国家产生了影响。在这一时期,国际贸易规模迅速扩大,各国之间的经济联系开始变得更加紧密。

2.双边与区域贸易协定的出现

除了英国的单边自由贸易行动外,一些国家之间开始签订双边和区域贸易协定。例如,欧洲部分国家之间形成了一些简单的关税同盟和贸易协定,这些协定在一定程度上降低了成员国之间的关税壁垒,促进了区域内的贸易自由化。然而,这一时期的贸易协定范围有限,且缺乏统一的多边贸易规则,国际贸易仍面临着许多不确定性和贸易保护主义的干扰。

英国东印度公司的成立与早期发展

扫码阅读

(二)关税及贸易总协定(GATT)时期(1947—1994 年)

二战后,世界经济遭受重创,各国迫切需要重建国际经济秩序,避免重蹈 20 世纪 30 年代贸易保护主义导致全球经济危机恶化的覆辙。1947 年,23 个国家在日内瓦签署《关税及贸易总协定》,标志着多边贸易体制的重要开端。

GATT 在其存在期间共主持了八轮多边贸易谈判。在早期的日内瓦回合(1947 年)和安纳西回合(1949 年)谈判中,各国就开始了关税减让的初步尝试。随着谈判的推进,关税削减幅度不断加大。乌拉圭回合谈判(1986—1994 年)是 GATT 历史上最全面、最复杂的一轮谈判。这次谈判不仅在货物贸易领域进一步降低关税，还将谈判范围扩展到服务贸易、知识产权保护和与贸易有关的投资措施等新领域。经过乌拉圭回合谈判，发达国家的平均关税水平从谈判前的约6.3%下降到3.8%，发展中国家的关税水平也有了大幅下降。乌拉圭回合谈判还促成了世界贸易组织(WTO)的成立。

尽管GATT在推动贸易自由化方面取得了显著成就，但它也存在一些局限性，影响了贸易自由化的推动。

(三)世界贸易组织(WTO)时期(1995年至今)

1995年，世界贸易组织正式成立，它在GATT的基础上进行了扩展和完善，成为一个具有完整法人资格的国际组织。WTO涵盖了货物贸易、服务贸易和知识产权三大领域，建立了一套更加完善的争端解决机制，制定了更加全面的贸易规则。

尽管WTO在推动贸易自由化方面发挥了重要作用，但近年来也面临着一些挑战，尤其是多哈回合谈判长期陷入僵局，影响了成员国和非成员国对该组织的认可度和依赖度。

三、贸易自由化的意义与影响

(一)对全球经济的影响

1.扩大贸易规模

贸易自由化使得各国之间的贸易壁垒降低，促进了国际贸易规模的显著扩大。根据世界银行的数据，在过去几十年间，全球货物贸易额呈现持续增长的态势。以WTO成立后的时期为例，1995—2023年，全球货物贸易额从约5.1万亿美元增长到超过25万亿美元。这种贸易规模的扩张为全球经济增长提供了强大的动力。

2.提升全球资源配置效率

贸易自由化促使各国根据自身的比较优势进行生产和贸易。由于不同国家和地区在资源禀赋、劳动力成本、技术水平等方面存在差异，贸易自由化，能使资源流向最有效率的生产领域。这种全球范围内的资源优化配置提高了整个世界经济的生产效率，进而促进了经济增长。

(二)对贸易国的经济的影响

1.推动出口导向型国家的经济发展

许多国家通过贸易自由化实施出口导向型经济战略实现了经济的快速增

长。以亚洲"四小龙"(韩国、中国台湾地区、中国香港地区和新加坡)为例,20世纪60年代至90年代,他们抓住贸易自由化的机遇,大力发展出口产业。韩国在汽车、电子等领域,中国台湾地区在半导体、电子零部件等领域,中国香港地区在金融、贸易和航运服务等领域,新加坡在电子、化工和金融服务等领域积极开拓国际市场。它们通过降低关税、吸引外资、提升产品质量等措施,融入全球产业链,使得出口成为经济增长的主要动力。

2.促进产业结构升级

贸易自由化促使国内产业结构不断升级。国内企业在面临国际竞争时,为了在市场中生存和发展,会加大技术研发投入,提高生产效率,提升产品质量。以中国为例,自加入WTO后,中国的制造业在贸易自由化的压力和动力下不断升级。传统的劳动密集型产业如纺织服装业通过引进先进技术和设备,提高了产品的附加值。同时,中国在高端装备制造、新能源、新材料等战略性新兴产业领域也取得了长足的发展。

(三)对消费者福利的影响

1.产品和服务种类更多,丰富了消费选择

贸易自由化使消费者能够接触到来自世界各地的商品和服务,大大丰富了消费选择。在零售市场上,消费者可以购买到不同国家特色的食品、服装、电子产品等。在电商平台上,消费者更是能够轻松选购全球各地的商品,满足了不同消费者的个性化需求。

2.提升服务质量

随着金融、电信、旅游等服务市场的开放,国外先进的服务理念和技术被引入国内。以金融服务为例,外资银行和金融机构进入国内市场后,带来了新的金融产品和服务模式,如更加个性化的理财服务、先进的电子银行技术等。同时,竞争的加剧也促使国内服务提供商不断提高服务质量。在旅游服务方面,国际旅游公司的进入使得旅游线路设计更加多样化、旅游服务更加专业化,使消费者能够享受到更高质量的旅游体验。

3.降低商品价格

贸易自由化降低了进口商品的关税和非关税壁垒,使得进口商品价格下降。在一些国家,进口汽车价格因贸易自由化措施下降了10%～30%不等,这使得更多消费者能够负担得起进口汽车。对于一些发展中国家来说,贸易自由化还使得进口的生产资料价格下降,降低了企业的生产成本,进而降低了最终产品的价格。

国内产品在面临进口产品竞争的情况下,也会通过提高生产效率、降低成本等方式来保持价格竞争力,这使得国内市场的整体价格水平保持稳定或者下降。

(四)对企业发展的意义与影响

1.增加国际市场准入机会

贸易自由化降低了企业进入国际市场的门槛。各国之间的关税削减和非关税壁垒的消除使得企业更容易将产品和服务销售到国外市场。在一些发展中国家,原本局限于国内市场的企业在贸易自由化后有机会参与国际分工,进入全球产业链。

2.实现规模经济

企业通过进入国际市场扩大了销售规模,从而有可能实现规模经济。当企业的生产规模扩大时,单位生产成本会降低。

3.刺激技术创新

在贸易自由化的环境下,企业面临着来自全球的竞争。为了在竞争中脱颖而出,企业必须不断进行技术创新。贸易自由化使得技术和知识在全球范围内的传播更加便捷,企业可以更容易地获取国际先进技术和理念,同时也促使企业将自身的创新成果推向全球市场。

5.推进管理与服务创新

面对国际竞争,企业需要学习国际先进的管理经验,提高运营效率。例如,在企业质量管理方面,引入国际标准如 ISO 9000 系列标准,以提升产品质量。在服务创新方面,企业需要根据不同国家和地区消费者的需求提供个性化的服务。

中国推动贸易自由化的重要举措

扫码阅读

第二节　国际贸易体制的演进与发展

国际贸易体制从早期的贸易管制和单边自由贸易,发展到以 GATT 和

WTO为核心的多边贸易体制，同时区域贸易协定也在不断发展。这一演进过程反映了各国在经济全球化进程中的利益诉求和合作博弈，未来国际贸易体制仍将在不断的调整和完善中继续发展。

一、早期国际贸易体制(19世纪—20世纪初)

(一)重商主义时期的贸易管制

19世纪以前，重商主义思想在欧洲国家盛行。重商主义强调国家要通过贸易管制来积累金银等贵金属，实现国家财富的增长。当时的英国、法国等国家通过高关税和贸易特许权等方式限制进口，鼓励出口。同时，各国还积极开拓殖民地，将殖民地作为原材料的供应地和产品倾销市场，这种贸易体制是基于殖民主义和贸易保护主义的，贸易主要在宗主国和殖民地之间进行，具有明显的不平等性。

(二)自由贸易理念的初步兴起

19世纪中叶，随着工业革命在英国的深入发展，英国的工业生产能力大幅提升，产品需要广阔的海外市场。英国古典经济学家亚当·斯密和大卫·李嘉图的自由贸易理论开始产生影响。英国率先推行自由贸易政策，降低关税并取消贸易限制。1846年，英国废除《谷物法》，这一标志性事件推动了英国国内的自由贸易发展，并对其他国家产生了示范效应。在这一时期，国际贸易规模迅速扩大，各国之间的经济联系开始变得更加紧密。但这种自由贸易主要是英国等少数工业强国所倡导的单边自由贸易，其他国家由于工业发展水平较低，还存在一定程度的贸易保护主义。

二、关税及贸易总协定(GATT)

(一)GATT的起源与背景

关税及贸易总协定(GATT)诞生于二战后的特殊时期。当时，世界经济在战争的蹂躏下千疮百孔，各国迫切需要重建经济秩序。20世纪30年代的贸易保护主义导致全球经济大萧条的惨痛教训仍历历在目，各国政府深刻认识到开放贸易对于经济复苏的重要性。在这种背景下，1947年，23个国家在日内瓦签署了《关税及贸易总协定》，旨在通过削减关税和其他贸易壁垒，促进国际贸易自由化。

(二)GATT的主要内容与规则

1.关税削减机制

GATT通过多轮多边贸易谈判来实现关税削减。例如,在肯尼迪回合(1964—1967年)谈判中,主要工业国家之间达成了大规模的关税削减协议,涉及数千种工业制成品,平均关税降幅达到了35%左右。这些关税削减措施有效地降低了贸易成本,促进了国际贸易的增长。据统计,在GATT的推动下,发达国家的平均关税水平从1947年的约40%下降到1994年的4%左右。

2.核心贸易原则

最惠国待遇原则是GATT的基石之一。这一原则确保了成员国之间在贸易方面不会受到歧视,即任何一个成员国给予其他成员国的优惠待遇,都应立即无条件地给予所有其他成员国,这就为国际贸易创造了公平竞争的环境。

国民待遇原则要求成员国在国内税收和法律法规等方面给予进口产品和本国产品相同的待遇。这一原则保障了外国企业在本国市场能够在公平的环境下与本国企业竞争。

(三)GATT的成就与贡献

1.促进贸易增长

GATT通过一系列的关税削减和贸易规则的制定,极大地促进了国际贸易的增长。从1947年到1994年,世界贸易额增长了近10倍。

2.初步建立了国际贸易秩序

GATT确立的贸易原则和规则为国际贸易秩序的建立提供了基础。在GATT之前,国际贸易秩序比较混乱,各国贸易政策随意性较大。GATT的出现使得各国在贸易政策制定和实施过程中有了遵循的规则,减少了贸易摩擦和冲突。

(四)GATT的局限性

1.法律地位不足

GATT从本质上来说只是一个临时的多边协定,而不是一个正式的国际组织。这在一定程度上影响了其权威性和对贸易规则执行的有效性。20世纪70—80年代,部分贸易争端因为GATT的法律缺陷而陷入长期的扯皮状态。

2.管辖范围有限

GATT主要侧重于货物贸易中的关税削减,对于非关税壁垒、服务贸易、知识产权等新兴领域的涉及较少。随着全球经济的发展,这些新兴领域在国际贸易中的比重日益增加,GATT的这种局限性就越发凸显出来。

三、世界贸易组织(WTO)

(一)WTO的成立背景

为了克服GATT的局限性,进一步推动全球贸易自由化,1995年,世界贸易组织正式成立。它在GATT的基础上进行了扩展和完善,成为一个具有完整法人资格的国际组织,这使得它在国际贸易规则的制定和执行方面具有更强的权威性。

(二)WTO的主要内容与规则

1.继承了GATT关于货物贸易的规则,并进一步加强和完善。在农产品贸易方面,WTO通过谈判促使各国降低农产品关税和减少农业补贴。

2.制定了《服务贸易总协定》(GATS),对服务贸易的四种模式(跨境交付、境外消费、商业存在和自然人流动)进行了规范。以金融服务领域为例,各国需要根据GATS的规则逐步开放本国金融市场,允许外资银行、保险公司等金融机构在一定条件下进入本国市场。

3.《与贸易有关的知识产权协定》(TRIPS)加强了对知识产权的保护力度,规定了知识产权保护的最低标准,包括专利、商标、版权等方面,这使得各国在创新和技术发展方面有了更有力的法律保障。

4.WTO建立了一套更加完善的争端解决机制。该机制具有强制性,如果成员国之间发生贸易争端,首先通过协商解决,如果协商不成,则可以通过专家组裁决、上诉机构复审等程序来解决。

(三)WTO的成就与贡献

1.深化贸易自由化

WTO通过涵盖更广泛领域的规则和更有效的执行机制,进一步推动了贸易自由化。其成立后,全球贸易自由化程度不断提高,不仅货物贸易持续增长,服务贸易和知识产权贸易也蓬勃发展。全球服务贸易出口额从1995年(GATS生效后)的约1.2万亿美元增长到2023年的超过7万亿美元。

2.促进全球经济融合

WTO吸引了众多国家和地区的加入,截至2024年,成员已达164个。成员的不断增加使得WTO的代表性和影响力进一步扩大,促进了全球经济的融合。

(四)WTO 面临的挑战

1.多哈回合谈判困境

多哈回合谈判于 2001 年启动，旨在促进发展中国家的发展和全球贸易的进一步自由化。然而，由于发达国家和发展中国家在农产品补贴、市场准入等关键问题上存在严重分歧，导致谈判长期陷入僵局。美国和欧盟等发达国家对农业的高额补贴使得发展中国家的农产品在国际市场上缺乏竞争力，而在工业制成品市场准入方面，双方也难以达成共识，这严重影响了多哈回合谈判的进程，也对 WTO 的发展产生了一定的阻碍。

2.区域贸易协定的冲击

近年来，区域贸易协定(RTA)大量涌现，如欧盟、美墨加协定(USMCA，前身为 NAFTA)等。这些区域贸易协定在一定程度上促进了区域内的贸易自由化，但也对 WTO 多边贸易体制产生了冲击。区域贸易协定往往具有更高的贸易自由化程度和更优惠的贸易条件，这可能导致贸易转移效应，即原本在全球多边贸易体制下的贸易流向被改变，更多地集中在区域内，而且区域贸易协定的快速发展也可能会降低 WTO 在推进贸易自由化进程中的影响力和吸引力。

GATT 为国际贸易自由化奠定了基础，而 WTO 在继承和发展 GATT 的基础上，成为当今全球贸易体制的核心。尽管 WTO 面临诸多挑战，但它仍然在推动全球贸易自由化和经济融合方面发挥着不可替代的重要作用。

欧美香蕉贸易争端的解决

扫码阅读

第三节 区域经济一体化概述

一、区域经济一体化的含义

1954 年，荷兰经济学家 J.Tinbergen 最早提出区域经济一体化的概念，他认为，区域经济一体化就是削弱和消除阻碍经济最有效运行的因素，通过相互协调与统一，创造出最合适的经济结构。他还将经济一体化划分为积极一体化和消极一体化，认为积极一体化是通过强制措施改变现状并建立新的自由政策和体系，而消极一体化是通过消除歧视和监管制度并实行经济交易自由化。

本书认为，区域经济一体化是指两个或两个以上的国家或地区，通过达成经济合作的某种承诺或者组建一定形式的经济合作组织，在经济上结合起来形成一个区域性经济联合体的过程。这种联合可以涵盖贸易、投资、金融、生产等多个经济领域，目的是消除区域内的贸易壁垒、协调经济政策，以实现资源在区域内的优化配置和共同的经济利益。

二、区域经济一体化的特点

(一)区域内部贸易自由化程度高

在区域经济一体化组织内，成员方之间的贸易壁垒不断降低甚至消除。如东盟自由贸易区，其成员国之间的大部分商品关税大幅降低，促进了区域内贸易的快速增长。2023 年，东盟内部贸易额相比协定实施初期有了数倍的增长，贸易自由化使得区域内各国企业能够更容易地进入其他成员国市场，拓展业务范围。

(二)经济政策协调加强

一体化组织往往需要协调成员方的宏观经济政策、产业政策等。在货币政策方面，欧盟 1999 年开始实行统一的货币——欧元，这需要各成员国在财政政策、利率政策等方面进行协调。这种协调对于稳定区域内经济环境、促进贸易和投资有着重要意义。

(三)生产要素趋向自由流动

劳动力、资本等生产要素在一体化组织内的流动限制逐渐减少。在欧盟内部,欧盟公民享有在其他成员国自由就业、居住和学习的权利。东欧国家加入欧盟后,大量劳动力流向西欧国家,缓解了西欧部分国家劳动力短缺的问题,同时也为东欧国家带来了侨汇收入。资本方面,企业可以在区域内更自由地投资设厂,实现资源的优化配置。

(四)具有一定的排他性

区域经济一体化组织在促进内部经济合作的同时,对非成员方可能存在一定程度的歧视。例如,欧洲的一些贸易优惠政策只适用于欧盟成员国之间,对于非欧盟国家的同类产品进入欧盟市场可能面临更高的关税或更严格的贸易壁垒。这种排他性在一定时期内可能会影响全球多边贸易体制的平衡发展,但从区域自身利益角度看,有助于保障成员方在经济合作中的利益优先。

三、区域经济一体化的组织形式

(一)优惠贸易安排

这是区域经济一体化最低级和最松散的形式。在优惠贸易安排中,成员方之间通过协定或其他形式,对全部或部分商品规定特别的关税优惠。东南亚国家联盟在早期阶段,部分国家之间对某些农产品实行了优惠税率,这种优惠贸易安排在一定程度上促进了这些商品的贸易,但在贸易政策协调等方面的深度有限。

(二)自由贸易区

自由贸易区是指两个或两个以上的国家或地区通过达成自由贸易协定,相互取消绝大部分货物的关税和非关税壁垒,取消绝大多数服务部门的市场准入限制,开放投资,但每个成员方仍保留自己对非成员方的贸易壁垒。北美自由贸易区就是典型的自由贸易区。美国、加拿大和墨西哥三国之间实现了货物和服务贸易的自由化,但三国对外仍各自有独立的贸易政策。

(三)关税同盟

关税同盟是在自由贸易区的基础上,成员方之间完全取消关税或其他贸易壁垒,同时建立起对非成员方的统一关税政策。欧洲共同体在发展过程中的一个重要阶段就是建立关税同盟。这使得成员国之间的贸易更加顺畅，同时对外统一的关税政策增强了成员国在国际贸易谈判中的地位。

（四）共同市场

共同市场在关税同盟的基础上，实现了生产要素（劳动力、资本等）在成员方之间的自由流动。南方共同市场（由阿根廷、巴西、巴拉圭和乌拉圭等国组成）在朝着共同市场发展的过程中，逐步放宽对成员国之间劳动力流动的限制，同时资本在区域内的投资环境更加优化。企业可以在共同市场内更自由地选择生产地点，根据不同国家的资源优势和市场需求进行布局，促进了区域内产业的协同发展。

（五）经济联盟

经济联盟是区域经济一体化的高级形式，在共同市场的基础上，成员方之间进一步协调甚至统一经济政策，包括货币政策、财政政策、产业政策等。欧盟是经济联盟的典型代表。欧盟除了实现商品、服务、资本和人员的自由流动外，还在货币政策上实行统一的欧元，在财政政策方面有一定的协调机制，如对成员国财政赤字的规定等。这种高度的经济一体化使得欧盟在国际经济舞台上具有重要影响力，但也面临着政策协调难度大等挑战，如在应对债务危机时不同成员国利益诉求的差异。

（六）完全经济一体化

这是区域经济一体化的最高形式，成员方在经济、金融、财政等政策上完全统一，在国家经济决策中采取同一立场，区域内商品、资本、人员等完全自由流动，几乎等同于一个统一的国家经济体。目前，世界上还没有完全达到这种形式的区域经济一体化组织，但欧盟在不断朝着这个方向发展，例如在一些跨国基础设施建设、科研合作等项目上体现出高度的一体化特征。

四、区域经济一体化的形成与发展

（一）形成原因

1.经济全球化的推动

随着经济全球化的发展，各国经济联系日益紧密，但在全球多边贸易谈判进展缓慢的情况下，一些地理位置相近、经济联系较多的国家或地区选择通过区域经济一体化的方式来加快贸易和投资自由化进程。

2.地缘经济因素

地理位置相邻的国家或地区往往具有相似的文化、历史和经济结构，交通成本较低，贸易往来频繁。这些国家之间通过建立自由贸易区等形式，可以更好地整合区域内资源，促进经济发展。

3.提高国际竞争力的需求

单个国家在国际市场上面临着激烈的竞争，通过区域经济一体化，各国可以整合资源，扩大市场规模，实现规模经济。以欧盟为例，成员国通过一体化可以在航空航天、汽车制造等领域形成更强大的产业竞争力。欧洲的空客公司在欧盟各国政府的支持下，整合了成员国的航空技术和产业资源，与美国波音公司在国际航空市场上形成了有力竞争。

4.政治因素

政治上的合作意愿和战略考虑也对区域经济一体化起到重要作用。一些国家希望通过经济一体化来加强政治互信，稳定周边环境。例如，欧洲国家在二战后希望通过建立欧洲共同体来避免战争再次爆发，通过经济合作促进政治和解和稳定。

（二）发展历程

1.早期探索阶段（20 世纪初—20 世纪中叶）

这一时期，部分地区开始涌现经济合作的初步探索。早在 1910 年，中美洲一些国家就围绕区域内贸易与经济合作展开讨论，这些交流为日后中美洲共同市场的成立埋下伏笔。然而，受当时动荡的国际政治经济局势影响，战争频仍致使各国疲于应对，难以将合作构想转化为具体行动。因此，这些早期的经济合作尝试仅停留在探讨阶段，未能发展成稳定且成熟的一体化组织。

2.初步发展阶段（20 世纪中叶—20 世纪末）

二战后，世界经济开始复苏，区域经济一体化迎来了初步发展。1957 年欧洲经济共同体的成立具有标志性意义，欧洲六国（法国、联邦德国、意大利、荷兰、比利时、卢森堡）通过《罗马条约》建立了关税同盟等一系列经济合作机制，开启了欧洲经济一体化的进程。此后，欧洲共同体不断发展壮大，成为世界上最具影响力的区域经济一体化组织之一。同时，其他地区也开始积极探索，如 1960 年成立的拉丁美洲自由贸易协会等，这些组织在一定程度上促进了区域内贸易和经济的发展，但在发展过程中也面临着经济发展水平差异、政策协调困难等问题。

3.快速发展阶段（20 世纪末—21 世纪初）

20 世纪 90 年代以来，随着冷战结束和经济全球化加速，区域经济一体化进入快速发展时期。1992 年北美自由贸易协定签署，1994 年协定正式生效，美国、加拿大和墨西哥三国组成的北美自由贸易区成为世界上最大的自由贸易区之一。在亚洲，东盟自由贸易区的建设步伐加快，东盟国家之间的贸易自由化程度不断提高。此外，这一时期跨区域的经济合作也开始出现，如亚太经合组织(APEC)虽然是一种较为松散的区域经济合作形式，但它涵盖了环太平洋地区的众多国家和地区，推动了贸易和投资自由化、便利化的进程。

4.深化与调整阶段(21世纪初至今)

进入21世纪，已有的区域经济一体化组织不断深化发展。欧盟进一步推进经济和货币联盟建设，尽管经历了债务危机等挑战，但在财政政策协调、金融监管等方面持续改革。同时，一些新的区域经济一体化趋势也在显现，如"区域全面经济伙伴关系协定"(RCEP)于2020年签署，2022年正式生效，这是亚太地区规模最大、最重要的自由贸易协定之一，包括东盟10国和中国、日本、韩国、澳大利亚、新西兰等国家和地区，对于促进区域内产业链、供应链的稳定和发展具有重要意义。此外，在全球经济形势变化和贸易保护主义抬头的背景下，一些区域经济一体化组织也在调整自身的战略和政策，以应对新的挑战。

东盟自由贸易区(ASEAN Free Trade Area，AFTA)的经济效应

扫码阅读

第四节　区域经济一体化的理论

一、传统区域一体化理论

(一)关税同盟理论

关税同盟是区域经济一体化的一种重要形式。关税同盟理论主要研究关税同盟形成后，关税措施的变更对国际贸易带来的静态和动态效应。

1.关税同盟的静态效应

关税同盟的重要特征是“对内自由、对外保护”。关税同盟在扩大区域内贸易的同时，也减少了区域内成员与区域外国家和地区之间的贸易往来，因此对国际贸易有很大的影响。这种贸易上的影响可进一步区分为贸易创造(trade creation)效应和贸易转移(trade diversion)效应。

贸易创造是指关税同盟建立后，成员之间相互减免关税和非关税壁垒而带来的同盟内贸易规模的扩大和生产要素重新优化配置所形成的经济福利水平提高的效果。

贸易转移则是指关税同盟建立后，成员之间的相互贸易代替了原来成员与非成员之间的贸易，从而造成贸易方向的转移。

假设世界上有A、B、C三个国家，都生产某一相同产品，但三国的生产成本各不相同。现以A国(小国)为讨论对象。如图6-1所示，S表示A国的供给曲线，D表示A国的需求曲线。假设B、C两国的生产成本是固定的，$P_B>P_C$分别表示B、C两国的价格，且$P_A>P_B>P_C$在组成关税同盟前，A国对来自B、C两国的商品征收相同的关税t。因为A国是一个小国，征收关税之后，B、C两国的相同产品若在A国销售，价格分别为P_B+t、P_C+t。很显然，B国的产品价格要高于C国，故A国只会从C国进口，而不会从B国进口。此时，A国国内价格为P_C+t，国内生产为Q_1，国内消费为Q_2，从C国进口为Q_1Q_2。

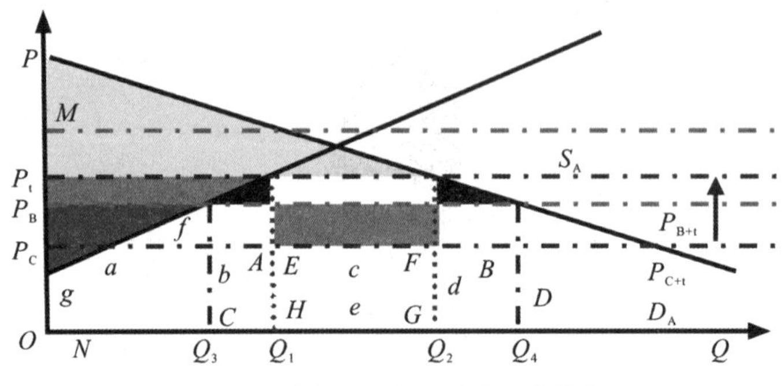

图6-1 关税同盟建立后的经济效应

假设A国与B国结成关税同盟。组成关税同盟后的共同对外关税仍为t，A国对来自B国的进口产品不再征收关税，但对来自C国的进口产品仍征收关税，如图6-1所示，B国产品在A国的销售价格为P_B，低于P_c+t，所以B国取代C国成为A国的供给者。由于价格下降，A国生产缩减至Q_3。Q_3Q_1是A国生产被B国生产替代的部分，此为生产效应。另外，价格的下降引起A国消费的增加，消费由原来的Q_2升至Q_4，消费的净增部分Q_2Q_4，为关税同盟的消费效应。由此，A国的进口由原来的Q_1Q_2扩大到Q_3Q_4，新增部分即贸易创造效应。

如图 6-1 所示，贸易创造效应＝生产效应＋消费效应＝$Q_3Q_1+Q_2Q_4$。除去贸易创造部分，剩下的(Q_2-Q_1)部分原来是从关税同盟外(C 国)进口的，但组成关税同盟后，则改由同盟内成员(B 国)进口，即贸易方向发生了转移，故贸易转移效应＝Q_2-Q_1。

如图 6-1 所示，与结成关税同盟之前相比，A 国消费者剩余增加了($a+b+c+d$)，生产者剩余减少了 a，($c+e$)为政府税收的流失。A 国因贸易创造带来的净福利增加为($c+d$)，征收歧视性的进口关税后，A 国的进口由生产效率较高的非成员国(C 国)转向了生产水平较低的成员国(B 国)，e 代表 B 国生产者以高于世界市场价格进行生产所造成的资源浪费，是一种福利损失。因此，A 国与 B 国结成关税同盟的净福利变动要通过因贸易创造带来的福利增加($b+d$)与因贸易转移造成的福利损失(e)的比较来确定，即关税同盟对 A 国是否有利，取决于贸易创造的福利效应是否能抵消贸易转移的福利效应。

表 6-1 更清晰地反映了同盟前后的福利变化。综合来看，关税对 A 国的净福利效应＝$(b+d)-e$，$(b+d)$为贸易创造的福利效应，e 为贸易转移效应。

表 6-1　关税同盟建立前后的福利效应

	同盟前	同盟后	变动
消费者剩余	f	$a+b+c+d+f$	$+(a+b+c+d)$
生产者剩余	$a+g$	g	$-a$
政府收入	$c+e$	0	$-(c+e)$
总剩余	$a+c+e+f+g$	$a+b+c+d+f+g$	$(b+d)-e$

2.关税同盟的其他静态效应

首先，由于各成员的海关人员、边界巡逻人员的减少节省了行政费用，这个好处在贸易创造和贸易转移中都会出现。

其次，关税同盟通过减少对成员以外的世界其他国家和地区的进口需求和出口供给，有可能使成员共同的贸易条件得到改善。当然，对于一个贸易创造型关税同盟来说，也可能发生相反的情况，因为一部分源于关税同盟建立而导致的真实收入的增加可能引发从世界上其他国家和地区进口的需求，某个成员的贸易条件到底是改善、不变还是恶化，取决于其所处的环境。

最后，任何一个关税同盟，在贸易谈判中以一个整体来行动，较之任何一个独立行动的国家和地区来说，都可能具有更强大的讨价还价的能力，这是毫无疑问的。欧盟就是其中一例。

3.关税同盟的动态效应

如上所述，关税同盟并不一定能够增进福利。既然这样，为什么有些国家和地区希望结成关税同盟呢？事实上，关税同盟不仅会给成员带来静态效应，还会给它们带来某些动态效应，尽管这些动态效应较难像静态效应那样被准确度量，但比静态效应更有效益且更为重要，对成员的经济增长有重要影响。

第一，关税同盟加剧市场竞争。关税同盟形成后，成员之间消除了一切贸易壁垒，保护屏障的丧失迫使它们改进技术、改善管理、增加研发投入以降低成本，从而增强在同盟内部的竞争力。并且，更大范围、水平更高的竞争通过优胜劣汰的机制能够促使资源向更具效率的厂商集中，可以提高资源的配置效率，推动产业结构的调整，同时降低贸易转移的可能性。

第二，关税同盟会产生规模经济效应。关税同盟建立之后，由各成员单个市场构建的统一大市场使各成员生产者突破内部市场的限制，通过提高专业化分工程度，组织大规模生产，从而获得规模经济效应。尽管任何一个国家和地区都可以通过发展对外贸易来实现规模经济，但是相对于同盟内的自由贸易条件，外部世界高筑的贸易壁垒会削弱出口方产品的竞争力，降低其规模经济的收益水平。

第三，关税同盟产生强大的投资效应。一方面，市场扩大和竞争加剧促使同盟内成员企业为了生存和发展而不断增加投资；另一方面，关税同盟还会刺激非成员到同盟内部进行直接投资，在当地直接生产并销售，从而避开歧视性的贸易壁垒。

当然，关税同盟的建立还会产生某些负面影响。首先，它促成了新的垄断的形成，如果关税同盟的对外排他性很大，那么这种保护所形成的垄断又会成为技术进步的严重障碍。除非关税同盟不断有新的成员加入，从而不断有新的刺激，否则由此产生的技术进步缓慢现象就不容忽视。其次，关税同盟的建立可能会拉大同盟内不同地区之间经济发展水平的差距。关税同盟建立后，资本会逐步向投资环境比较好的地区流动，如果没有促进地区平衡发展的政策，一些落后地区与先进地区的差距将逐步拉大。

4.对关税同盟理论的评价

(1)积极意义

关税同盟理论为分析区域经济一体化的经济效应提供了基本的分析框架，有助于理解贸易政策变化对贸易流量和福利的影响，在实践中，对于评估关税同盟等一体化形式的可行性有一定指导作用。

(2)局限性

该理论假设过于简单，只考虑了完全竞争市场和贸易商品的情况，忽视了规模经济、不完全竞争、要素流动等因素，在实际中，很难准确衡量贸易创造和贸易转移的程度。

(二)大市场理论

大市场理论主要代表人物是西托夫斯基(Scitovsky)和德纽(Deniiau)，其核心观点是：通过区域经济一体化建立大市场，可以实现规模经济和激化竞争。

在区域一体化形成大市场之前，各国市场相对狭小，企业难以实现规模经济。例如，欧洲一些国家由于国内市场有限，在汽车制造等行业生产成本较高；当建立区域一体化组织后，市场规模扩大，企业便可以扩大生产规模，降低单位成本。同时，大市场加剧了竞争，促使企业提高效率，创新产品，降低价格。

大市场理论强调了规模经济和竞争对区域经济一体化的重要性，为理解一体化如何促进产业发展和提高经济效率提供了新的视角。在欧洲经济共同体的发展过程中，我们可以看到，汽车、电子等行业在市场扩大后实现了规模经济和产业升级。

二、新区域一体化理论

(一)协议性国际分工理论

1.理论的核心内容

协议性分工原理由日本学者小岛清提出。该理论认为，在经济一体化组织内部，如果仅仅依靠比较优势原理进行分工，可能无法实现规模经济和成本的进一步降低，因此，可以通过协议在区域内实行分工，使各国获得规模经济利益。

2.实行协议性分工的条件

小岛清认为，在如下条件下适合采用协议性分工。

(1)必须是两个(或多数)国家的资本、劳动禀赋没有多大差别，工业化水平和经济发展阶段大致相等，协议性分工的对象商品在哪个国家都能进行生产。在这种状态之下，在互相竞争的各国之间扩大分工和贸易，既是关税同盟理论所说的贸易创造效果的目标，也是协议性国际分工理论目标。而在要素禀赋和发展阶段差距较大的国家之间，由于某个国家只能陷入单方面的完全专业化或比较成本差距很大，还是听任价格竞争原理(比较优势原理)为宜，并不需要建立协议性的国际分工。

(2)作为协议分工对象的商品，必须是能够获得规模经济的商品。因此产生出如下的差别，即规模经济的获得在重化工业中最大，在轻工业中较小，而在第一产业几乎难以得利。

(3)不论对哪个国家，生产协议性分工的商品的利益都应该没有很大差别。也就是说，自己实行专业化的产业和让给对方的产业之间没有优劣之分，否则就不容易达成协议。这种利益或产业优劣主要决定于规模扩大后的成本降低率、随着分工而增加的需求量及其增长率。

从第三个条件(没有优劣之分的产业容易达成协议)可以得出结论：协议性分工是同一范畴商品内更细的分工。

3.评价

协议性国际分工理论突破了传统比较优势理论的局限，为区域经济一体化中的产业分工提供了新的思路。在实践中，对于区域内产业规划和协调有一定的指导意义，有助于实现区域内产业的优化升级。

但该理论的实施需要各国之间高度的协调和合作，在现实中很难达成这样的理想状态。原因是各国都有自身的利益诉求，而且对于产业发展的预测也存在不确定性。

(二)综合发展战略理论

二战后，发展中国家在国际经济秩序中处于相对弱势地位，单纯的贸易自由化和传统的区域经济一体化模式对发展中国家的利益保障不足。发展中国家面临着经济结构单一、技术水平落后、贸易条件恶化等诸多问题。鲍里斯·塞泽尔基在《南南合作的挑战》一书中系统提出综合发展战略理论，强调从发展中国家的实际情况出发，而不是简单地复制发达国家的经济发展模式或一体化路径。具体而言：

1.一体化模式应具有多元性和灵活性

经济一体化作为发展中国家发展战略，其形式和程度应依据各国国情与发展阶段灵活确定。该理论认为，发展中国家的区域经济一体化不应局限于传统的关税同盟、共同市场等模式。除了贸易自由化方面，还应包括产业合作、基础设施共建、技术交流等多种合作方式。

2.一体化过程应是渐进性的

首先，可以从贸易便利化入手，如简化海关手续、统一贸易单证格式等，降低贸易成本。其次，逐步向更深层次的合作发展，如开展贸易自由化、降低关税和非关税壁垒。最后，随着合作的深入，再拓展到投资合作、金融合作等领域。例如：亚洲的东盟(东南亚国家联盟)从最初的贸易领域的合作逐步发展到现在的投资自由化、服务贸易自由化以及区域互联互通等广泛的合作领域。

3.一体化推动要坚持政府主导性

在宏观经济政策方面，各国需要协调财政政策和货币政策。在产业政策上，区域内各国可以共同制定产业发展规划，引导产业在区域内合理布局。例如在汽车产业方面，通过政策协调，不同国家可以分别承担汽车零部件生产、整车组装等环节，形成完整的产业链。

4.推动地区经济一体化要考虑诸多因素

(1)经济因素

发展中国家在考虑区域经济一体化时，需要分析各国的经济结构和经济发展水平的差异、经济相互依赖程度、经济发展潜力等因素。如果国家之间的产业结构差异较大，且具有互补性，那么在贸易和产业合作方面就有更大的潜力。同时要考虑到市场规模也是重要因素。区域内市场规模越大，越有利于企业实现规模经济。通过整合区域市场，企业可以扩大生产规模，降低单位成本，提高产品在国际市场上的竞争力。

(2)政治因素

政治意愿和政治稳定性是区域经济一体化成功的关键。各国政府需要有积极推动区域合作的意愿，并且在合作过程中保持政策的连贯性。同时应注意到，历史遗留问题和领土争端等负面因素会对区域经济一体化产生阻碍作用。

(3)社会文化因素

在区域经济合作中，了解和尊重各国的社会文化差异有助于避免文化冲突，促进人员交流和合作。

综合发展战略理论为发展中国家参与区域经济一体化提供了全面的指导，对于发展中国家制定符合自身国情的一体化战略具有重要价值。但该理论涉及的因素众多，实施起来较为复杂，在实际操作中，很难同时兼顾所有因素，而且不同国家对各因素的权重理解也可能不同，导致协调困难。

11年“一带一路”倡议成效显著

扫码阅读

第五节　区域经济一体化的实践与发展趋势

一、世界区域经济一体化的发展趋势

(一)范围不断扩大与深化

越来越多的国家和地区参与到区域经济一体化进程中，一体化的内容也从传统的贸易自由化向投资自由化、服务贸易自由化、知识产权保护、环境与劳工标准协调等多领域拓展。例如:RCEP 涵盖了货物贸易、服务贸易、投资等广泛领域,其成员包括东亚、东南亚、大洋洲等多个国家和地区,是目前世界上最大的自由贸易协定之一。

(二)跨区域合作增多

区域经济一体化不再局限于地理相邻的国家之间,不同地区的国家基于经济互补性、战略利益等因素开展跨区域合作。例如:欧盟与日本签署的经济伙伴关系协定跨越了欧亚大陆,双方通过合作在数字贸易、汽车等领域实现优势互补,拓展市场空间。

(三)新兴经济体的推动作用增强

新兴经济体如中国、印度等在区域经济一体化进程中的影响力不断提升。中国通过"一带一路"倡议积极与共建国家开展广泛的经济合作,建设了众多基础设施项目,促进了区域互联互通,带动了共建地区的经济一体化发展。例如:印度在南亚地区也积极推动区域合作,与周边国家在贸易、能源等领域的合作逐渐加强。

(四)与全球经济治理融合

区域经济一体化组织在全球经济治理中的角色日益重要,其规则和标准对全球贸易、投资规则的制定产生影响。例如:欧盟在环境标准、数据保护等方面的规定较为严格,在全球相关领域规则制定的讨论中具有一定的话语权,并且区域经济一体化组织也在积极与世界贸易组织等全球经济治理机构进行协调与合作,以实现区域与全球经济治理的良性互动。

(五)应对全球性挑战的合作加强

在气候变化、公共卫生危机等全球性挑战面前,区域经济一体化组织内部以及不同组织之间的合作更加紧密。在新冠疫情期间,东盟国家相互协调防疫物资供应、边境管控措施等,欧盟也通过联合采购疫苗、财政援助等方式帮助成员国应对疫情冲击,同时区域间也有信息共享、经验交流等,以共同应对全球性挑战对区域经济的影响。

二、主要区域经济一体化组织的发展历程、特点及走势

(一)欧盟(European Union)

1.发展历程

欧盟的前身是欧洲煤钢共同体,1951 年,法、德、意、荷、比、卢六国签署《巴黎条约》成立该共同体,目的是通过控制煤炭和钢铁的生产与销售,避免战争重演并促进经济恢复与发展。1957 年,这六国又签署《罗马条约》,成立欧洲经济共同体和欧洲原子能共同体。1967 年,三个共同体合并为欧洲共同体。此后,英国、丹麦、爱尔兰等国相继加入。1993 年,《马斯特里赫特条约》正式生效,欧洲联盟成立,标志着欧盟从经济实体向经济政治实体过渡。欧元于 1999 年正式启动,进一步推动了欧盟经济一体化进程,目前欧盟已有 27 个成员国。

2.特点

(1)高度的一体化程度。经济方面,实现了商品、服务、资本和人员的自由流动,建立了统一的内部市场,有统一的货币欧元(部分成员国)。政治方面,有共同的外交和安全政策,在国际事务中以一个声音说话,还建立了欧洲议会等超国家机构,对欧盟的政策制定和决策有重要影响力。

(2)完善的法律体系。欧盟通过一系列条约和指令构建了庞大而细致的法律框架,规范成员国在各个领域的行为,确保一体化进程有序推进。例如:欧盟成员国在反垄断、环境保护、消费者权益保护等方面都有统一的法规。

(3)发达的区域合作模式。注重区域内的均衡发展,通过结构基金等对相对落后的地区如希腊、葡萄牙等进行援助,促进其经济发展和基础设施建设,缩小区域内经济差距。

3.走势

面临内部挑战,如英国脱欧事件后,欧盟内部对于进一步一体化的方向和速度存在分歧。一些国家担心主权进一步丧失,对新的一体化举措如财政联盟等持谨慎态度。同时,经济发展不平衡问题依然存在,东欧一些新成员国与西欧老成员国在经济结构、发展水平上有较大差距,如何协调这种差异是未来的重点。在外部,全球贸易保护主义抬头和新兴经济体崛起等因素促使欧盟调整其贸易和经济政策,一方面加强内部团结应对外部压力,另一方面积极拓展与其他国家和地区的贸易合作关系,如与日本签署经济伙伴关系协定等。

(二)北美自由贸易区(North American Free Trade Agreement,NAFTA)

1.发展历程

20 世纪 80 年代末,美国、加拿大开始就建立自由贸易区进行谈判。1992

年，两国签署《北美自由贸易协定》；1994 年，该协定正式生效，同时墨西哥加入，形成了北美自由贸易区。其成立的初衷是利用三国各自的优势资源，促进区域内贸易和投资自由化，提升北美地区在全球经济中的竞争力。

2.特点

(1)发达国家与发展中国家合作模式。美国和加拿大是发达国家，拥有先进的技术和雄厚的资金，墨西哥是发展中国家，拥有丰富的劳动力资源。这种组合使区域内形成了产业梯度转移，美国和加拿大将一些劳动密集型产业转移到墨西哥，同时墨西哥的农产品等也进入美加市场。

(2)贸易自由化为主导。主要致力于消除三国之间的关税和非关税贸易壁垒，在货物贸易方面取得显著成效，区域内贸易额大幅增长，特别是汽车产业，通过产业链的跨境整合，实现了规模经济。

3.走势

特朗普执政时期曾对北美自由贸易区提出诸多不满并推动重新谈判。2020 年，美国、墨西哥和加拿大三国签署了新的《美墨加协定》(USMCA)，该协定在原有基础上更新和强化了规则，更加注重知识产权保护、数字贸易、环境保护和劳工标准等领域。未来，三国将在新协定框架下进一步调整经济关系，美国仍将在其中占据主导地位，但墨西哥和加拿大也会不断争取自身利益，在全球经济格局变化下，如何应对来自亚洲等地区的竞争压力，维持北美地区的产业优势和贸易地位是关键问题。

(三)东盟(Association of Southeast Asian Nations)

1.发展历程

1967 年，印度尼西亚、马来西亚、菲律宾、新加坡和泰国五国在曼谷成立东盟，旨在促进地区和平与稳定，加强区域经济合作。之后，文莱、越南、老挝、缅甸、柬埔寨相继加入。20 世纪 90 年代起，东盟加快了经济一体化进程，1992 年签署《东盟自由贸易区协定》，逐步降低区域内关税水平，推进贸易自由化。近年来，东盟积极开展对外经济合作，与多个国家和地区签署自由贸易协定，如与中国签署的《中国-东盟全面经济合作框架协议》，启动了中国——东盟自由贸易区建设。

2.特点

(1)渐进式发展。东盟各国经济发展水平差异较大，从新加坡这样的发达国家到柬埔寨等相对落后的国家都有。因此其一体化进程采取渐进式，即先易后难，在贸易自由化方面逐步推进，即先从降低部分商品关税开始，逐步扩大范围和深度。

(2)开放性与灵活性。东盟在推进自身一体化的同时，积极开展对外合作，与周边大国和其他地区建立广泛的经济联系，形成了以东盟为中心的一系列区域合作机制，如“10＋1”（东盟与中日韩）、“10＋3”（东盟与中日韩三国）、区域全面经济伙伴关系协定（RCEP）等。在合作方式上也较为灵活，允许不同国家根据自身情况在一定范围内选择参与合作的程度和领域。

3.走势

随着 RCEP 的生效实施，东盟在区域经济合作中的核心地位将进一步加强。东盟各国将在 RCEP 框架下进一步整合区域内资源，提升区域产业链的完整性和竞争力。在数字经济、绿色经济等新兴领域，东盟也将积极探索与其他国家合作的机会，推动区域内相关产业的发展。同时，内部经济发展不平衡问题仍须解决，如何提升老挝、柬埔寨等相对落后国家的经济发展水平，实现整个区域的均衡发展，是东盟面临的长期任务。

RCEP 的发展历程

扫码阅读

复习与思考

一、核心概念

贸易自由化	关税及贸易总协定	世界贸易组织
贸易创造	贸易转移	关税同盟理论
欧盟	RCEP	

二、思考题

1.简述贸易自由化及战后全球多边贸易体制的发展历程。

2.分析 GATT 在推动贸易自由化过程中的主要贡献和局限性。

3.阐述 WTO 的主要职能和特点，并说明其对全球贸易的重要意义。

4.什么是区域经济一体化？其主要形式有哪些？简要说明各形式的特点。

5.从理论角度分析区域经济一体化对成员国和非成员国经济的影响。

6.分析欧盟的区域经济一体化对其成员国在经济增长、贸易发展、就业等方面可能产生的影响，并举例说明。

7.探讨欧盟的区域经济一体化对非成员国的贸易和投资可能带来哪些挑战与机遇？例如，对于中国与欧盟的贸易关系，欧盟的一体化进程产生了哪些影响？中国企业应如何应对？

第七章　国际收支

学习目标

知识目标

1.了解国际收支、国际收支平衡与失衡的概念。

2.理解国际收支平衡表的概念和构成。

3.掌握国际收支失衡的原因和政策措施。

4.了解国际收支理论。

能力目标

1.熟悉获取一国国际收支平衡表和判断其特征和走势的方法。

2.掌握并能够灵活运用国际收支相关理论。

3.能够根据具体数据判断国际收支失衡的原因并提出政策建议。

素养目标

1.深化对我国国际收支状况的认知,增强民族自信与文化自信。

2.关注我国在国际收支方面的改革,增强创新发展的使命感。

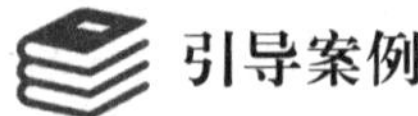

引导案例

在"恢复"和"渐变"中中国国际收支稳健运行

2023 年,面对国内外环境复杂多变、多重困难挑战交织叠加的局面,我国国际收支总体保持了稳健运行、基本平衡的态势,经常账户和非储备性质金融账户差额"一顺一逆",储备资产余额稳中有升,有力支持了经济回升向好和主要发展目标任务圆满完成。分项看,国际收支主要项目差额"三正(货物贸易、二次收入和其他投资)、四负(服务贸易、初次收入、直接投资和证券投资)"。可以说,"恢复"和"渐变"是概括 2023 年中国国际收支特点的两大关键词。2024 年,我国发展面临的环境仍是战略机遇与风险挑战并存,国际收支稳健运行具备较好的基础。

问题与思考:国际收支是国民经济综合平衡必不可少的一个环节。那么,什么是国际收支?什么是国际收支平衡表?导致国际收支失衡的原因有哪些?

第一节　国际收支与平衡

一、国际收支的定义与内涵

国际收支是由一个国家对外经济、政治、文化等各方面往来活动而引起的。生产社会化与国际分工的发展使得各国之间的贸易日益增多,国际交往日益密切,从而在国家间产生了货币债权债务关系,这种关系必须在一定日期内进行清算与结算,从而产生了国际货币收支。国际货币收支及其他以货币记录的经济交易共同构成了国际收支的主要内容。

国际收支的概念是随着国际经济交易的发展变化而变化的。在资本原始积累时期,主要的国际经济交易是对外贸易,因而早期的国际收支概念是指一国一定时期的对外贸易差额。金本位货币制度崩溃后,国际收支演化为狭义的概念。二战后,国际经济交易的内容和范围进一步增加与扩大,就发展为被各国普遍接受的广义的国际收支。

(一)国际收支的含义

1.狭义的国际收支

狭义的国际收支是指一个国家在一定时期内(通常为一年、一个季度或一个月)由于各种对外交往而发生的、必须立即结清的各种外汇收支的总情况。

2.广义的国际收支

广义的国际收支是指一定时期内一经济体(通常指一国或地区)与世界其他经济体之间的各项经济交易。

(二)基本内涵

1.国际收支是一个流量概念

国际收支是一个流量指标,记录的是在一段时期内的交易情况,而非某一时点的静态数据。

2.国际收支是货币形式的记录

国际收支反映的内容是以货币记录的交易,这些交易可能涉及货币支付,也可能不涉及货币支付(如实物援助、易货贸易等),但都需要折算成货币进行记录。

3.国际收支是居民与非居民之间的经济交易

国际收支记录的交易必须在一个国家居民与非居民之间进行。这里的居民是指在一个国家的经济领土内居住一年或一年以上,具有一经济利益中心的机构单位,包括个人、政府、企业和非营利机构。非居民是指外国政府、外国在本国的代表机构、不在本国的个人和企业,如美国驻中国的外交人员,驻华军事人员、留学生等。

其中,经济交易可以分为如下类型:

(1)交换。包括金融资产与商品和服务之间的交换、金融资产与金融资产之间的交换以及易货贸易。

(2)转移。包括商品和服务转移、金融资产转移等。

(3)移居。

4.国际收支是一国在一定时期内对外经济交易的全部内容

这些内容包括贸易、非贸易、资本往来等多个方面。

5.国际收支是一个事后概念

国际收支是一国对外经济关系的真实写照,也是国内经济状况的直接反映。通过国际收支差额,可以判断一国的经济实力、偿债能力等。国际收支状况还能为政府制定经济政策提供重要依据。

二、国际收支平衡表的内涵及编制原则

在现代经济中,一国居民在一定时期内从事的国际经济交易是大量的、多种多样的。为了对本国国际收支状况及其变化有一个系统的了解,必须对这些交

易信息进行收集、整理，并编制国际收支平衡表(balance of payments account)。

(一)基本概念

国际收支平衡表是反映一定时期一国同外国的全部经济往来的收支流量表。它是对一个国家与其他国家进行经济技术交流过程中所发生的贸易、非贸易、资本往来以及储备资产的实际动态所做的系统记录。

依据国际货币基金组织2008年12月发布的《国际收支和国际投资头寸手册》(第六版)的规定，在国际收支平衡表中，国际收支项目主要分为经常项目、资本项目、金融项目和净误差与遗漏项目。

(二)国际收支平衡表的编制原则

1.复式记账的原则

国际收支平衡表是按照复式记账的原则进行编制的，任何一笔国际经济交易都应该在借贷双方同时得到反映。由于复式记账原则要求同时在借方和贷方记入相同金额，所以国际收支平衡表的借方总额和贷方总额在理论上应当始终是相等的，即我们经常说的“有借必有贷，借贷必相等”。国际收支平衡表中的所有项目都归为两类：借方科目(即资金占用类)，主要记录资金对外支付情况，是对该国资产的增加、负债减少的反映。在会计记录时以“－”表示。贷方科目(即资金来源类)，主要记录接受付款情况，是对该国资产的减少、负债增加的反映。在会计记录时以“＋”表示。

复式记账的示例

扫码阅读

2.单一记账货币的原则

国际收支平衡表在记账单位上遵循单一记账货币原则，即国际收支平衡表里涉及的所有记账单位都要折合为同一种货币。记账货币可以是本国货币，也可以是外国货币。当前很多国家的国际收支平衡表都使用美元作为记账货币，即以外国货币作为记账货币。我国分别以美元和人民币为标准公布两套国际收支平衡表。

3.权责发生制的原则

国际收支平衡表在交易的记录时间上遵循权责发生制原则。权责发生制原则是会计学的基本原则,是国际公认的标准,指交易的记录时间应以所有权转移为标准。

4.市场价格的原则

市场价格原则指按照交易时的市场价格记录。

国际收支平衡表示例

扫码阅读

三、国际收支平衡表的内容

(一)经常项目

经常项目是指经常发生的交易,它是国际收支平衡表最基本、最重要的项目。凡是涉及经济价值以及居民与非居民之间所有交易(不包括金融项目的交易)都包括在经常项目内。此外,还包括未得到任何回报而提供或得到的经常性经济价值的抵消项目。具体来说,经常项目下包括三个子项目:商品进出口、劳务收支和单方面转移支付。

1.商品进出口

商品进出口也称有形贸易收支。如果进口余额大于出口余额,该国就出现国际贸易逆差(也称贸易赤字);如果出口余额大于进口余额,该国就出现贸易顺差(也称贸易盈余)。在国际收支平衡表中,商品出口记入贷方,进口记入借方。贸易差额对一国国际收支平衡有很大的影响,一般来说,大多数国家都希望保持国际贸易平衡或略有顺差。

2.劳务收支

劳务收支也称无形贸易收支。它是指一国对外提供劳务或接受劳务而产生的劳务收入或支出,主要包括:伴随商品和人员的国际移动而发生的劳务收支

（如运输费、保险费、出国旅游费用等）；资本的国际转移而产生的利息、股息、利润等收入和支出；政府有关交往及其他劳务收支，如外交费用、广告费、专利费等。近十几年来，国际无形贸易发展迅速，它在一些国家的国际收支中占据着重要地位，并对这些国家的国际收支平衡起着重要的作用。

3.单方面转移支付

单方面转移支付是指物资或资金在国际上转移后，并不形成债权债务关系的单方面的支付。它包括私人单方面转移和官方单方面转移。前者主要包括侨汇、个人赠予和财产继承等，后者主要包括政府间无偿的经济援助、军事援助、战争赔款等。

（二）资本项目

资本项目（capital account）记录居民和非居民之间非生产性和非金融性资产的转移以及资本转移，具体包括：

1.非生产性、非金融性资产的获取或放弃

非生产性、非金融性是指自然资源（土地、矿权、林权、水等）、无形资产（作为经济资产的契约、租约、许可协议等）以及营销资产（商标、品牌、标志、名等）的交易。

2.资本转移

资本转移包括债务豁免、（数额特别大的）非寿险索赔、固定资产投资的补贴、一次性无偿担保以及资本转移税等。

（三）金融项目

金融项目包括直接投资、间接投资（证券投资）、其他投资（包括国际信贷、预付款等）和储备资产。

1.直接投资

直接投资是指直接投资者对直接投资企业施加一定程度控制、影响和管理的投资。直接投资交易可细分为直接投资者对直接投资企业的投资、直接投资企业对其直接或间接投资者的反向投资以及居民与非居民关联企业之间的投资等。

2.间接投资

间接投资是指企业或个人通过购买股票、债券等有价证券获得收益的行为。由于其投资形式主要是购买各种各样的有价证券，因此也被称为证券投资。间接投资对象主要是政府债券、企业债券和股票。

3.其他投资

其他投资是指不包含在其他金融项目中的股票、货币和存款、贷款（包括使用国际货币基金组织信用、从国际货币基金组织贷款）、贸易信贷、特别提款权的分配(特别提款权的持有归人储备资产)以及其他可收支项目。

4.储备资产

储备资产是指一国货币当局所拥有的可用于平衡国际收支、干预外汇市场或其他用途(如维护人们对货币和经济的信心)的资产,包括货币黄金、特别提款权、在国际货币基金组织中的储备头寸以及其他外汇资产(如现金、存款、证券、金融衍生品和债权等)。

储备资产的多少往往反映一个国家对外贸易和支付能力的大小。储备资产不仅是解决国际收支不平衡的唯一手段,而且是承担和清偿债务,作为向外贷款的基础。

(四)误差和遗漏项目

国际收支平衡表是按照会计学的复式簿记原理编制的,借方总额与贷方总额相抵之后的总的净值为零的报表。但在实际中,一国国际收支平衡表总会不可避免地出现净的借方余额或净的贷方余额,这是由于多种原因造成的。第一,编制国际收支平衡表的原始资料来自各个方面各个单位,由于统计方法和统计数据的计算方法不同,再加上一些人为因素(例如瞒报虚报、伪造或者压低数据等),从而导致资料失实或资料不全;第二,某些跨年度交易项目统计口径不一致;第三,短期资本的快速流动。由于短期资本的流动速度极快,频率极高,且为了逃避外汇管制和一些官方控制,隐蔽性极强,从而造成统计工作中不可避免地出现误差;第四,在现实中还经常存在一些非正常的资本流动,例如资金以现金方式流动,不通过交易程序。

鉴于此,为使国际收支平衡表的借方总额和贷方总额相等,编表人员就人为地在平衡表中设立了"净差错与遗漏"这个单独的项目,来抵销净的借方余额或净的贷方余额:当贷方出现余额,就在该项目的借方列出与余额相等的数字;当借方出现余额,就在该项目贷方列出与余额相等的数字。

第二节 国际收支理论

一、早期的国际收支学说

关于国际收支学说的记载,最早可以追溯到15世纪末到17世纪末的重商主义。

(一)重商主义的国际收支理论

重商主义者把货币视为财富的唯一形式，将货币的多少作为衡量国家富裕程度的标准。货币数量说是由奥雷斯姆和博丹最早提出的。他们认为物价的上涨是由于不足值货币和遭毁损货币的出现造成的。货币数量增加，价格便上升；反之，货币数量减少，价格必然下降。

早期重商主义者货币差额论的代表人物约翰·海尔斯认为，在对外贸易中为了保持贸易顺差，应注意不要向外国购买超过他们自己国家向外国卖出的东西，要设法将货币保留在国内，不使货币流向国外；而在晚期重商主义者中，贸易差额论的代表人物托马斯·孟所坚持的原则是扩大商品输出，限制商品输入，即货币产生贸易，贸易增加货币，货币只有在不断的运动中才能不断地增多。于是，奖出限入成为晚期重商主义的重要任务。同时，托马斯·孟指出，影响一国对外贸易的不仅仅是贸易收入，还有非贸易收支和转移支付，并对资本项目略有触及。因此，晚期重商主义者便开始尝试编制对外贸易平衡表，该平衡表的结构和记账方法与现代国际收支平衡表几乎一致。

(二)大卫·休谟和亚当·斯密的争执

18 世纪中期，英国经济学家大卫·休谟把货币数量论应用到国际收支分析中，提出著名的“价格—现金流动机制”。他认为，当国际收入顺差时，货币供应量增大，从而物价上扬，导致贸易差额恶化，最终顺差终止。

这是一种国际收入的静态均衡分析。与此同时，亚当·斯密在《国富论》中虽然没有像休谟那样论述对外贸易自动平衡机制，但他相信，一国的出口量取决于该国国内的总生产能力，价格在其中起着自动调节作用。

(三)马歇尔的国际收支理论思想

到了 19 世纪，由于金本位制的实行，并且当时各国的国际收支差额不大，资金运动的主要形式不是银行之间划拨的现代信用形式，而是以黄金作为资金的借贷和支付的最后清算手段，所以各国在黄金输出点的制约下，能够自动地调节国际收支。英国经济学家马歇尔在分析国际收支问题时，以一系列国际收支差额为零作为前提，即以有形贸易平衡、经常项目平衡及基本项目平衡为隐含假设。他所推导出的国际收支平衡等式实际上意味着外汇供给等于外汇需求。另外，他是最早在微观经济分析和局部均衡分析基础上，把弹性分析方法引入进出口贸易的经济学家。

(四)哈罗德的国际收支动态均衡理论

英国经济学家哈罗德在其1933年出版的《国际经济学》一书中最早表述了国际收支动态均衡理论。他认为,国际收支调节的途径,从国内因素分析,无非是调节生产要素报酬或调节生产要素使用率。这两种调节途径都将影响国内的就业水平和收入水平,继而影响国内的消费与投资。这样,哈罗德就把国际收支均衡问题同国内收入均衡问题结合在一起,他的分析方法和所得出的结论与后来发展起来的国际收支调节的吸收理论是一致的。

上述早期国际收支学说包括了从重商主义到古典经济学的主要内容。虽然这些学说还不能称之为国际收支理论,但他们在国际金融学说史上的地位也是不容忽视的,因为这些学说对以后的国际收支调节理论具有重大的影响。

二、现代国际收支调节理论

(一)国际收支理论的乘数分析

1936年,英国经济学家凯恩斯在其著作《就业、利息和货币通论》中体现了宏观经济学乘数分析的思想。其后,奥地利经济学家弗里茨·马柯洛普在《国际贸易与国民收入乘数》一书中将这种方法应用于国际收支方面的研究,产生了国际收支理论的乘数分析。乘数分析主要是研究在价格水平不变的条件下,一国的收入变化对其国际收支的影响。这一理论建立了开放经济条件下国际收支经常账户的均衡模型,探讨了国际收支的收入效应。然而,乘数分析理论受制于其产生建立的历史背景,由于当时的国际经济活动主要集中于国际贸易方面,国际资本流动方面很少,一国的国际收支也主要表现为经常账户,因此国际收支的乘数分析实质上是狭义的国际收支分析,即对经常项目的分析方法。

(二)国际收支的弹性理论

弹性论(elasticity approach)主要是由英国经济学家琼·罗宾逊(J. Robinson)和勒纳(A. P. Lerner)在马歇尔(A. Marshall)微观经济学和局部均衡分析方法的基础上发展起来的。它主要研究在收入不变的条件下,汇率变动对一国国际收支由失衡状态调整到均衡状态的作用。其主要观点为:国际收支调节不是自动调节过程,政府可以通过货币贬值来改善贸易收支和贸易条件。通常,货币贬值发挥增加出口、减少进口的作用需要满足一定的条件,即马歇尔—勒纳条件。

1.前提条件

(1)充分就业和收入不变,只考虑汇率变动对进出口的影响;

(2)进出口供给弹性无穷大,即进出口的数量变化取决于进出口的需求价格弹性;

(3)国内外商品的价格都保持不变,只是相对价格发生变化;

(4)贸易收支等同于国际收支,不考虑劳务进出口和国际资本流动,只考虑汇率变动对进出口商品的影响;

(5)初始国际收支处于均衡状态。

2.马歇尔—勒纳条件(Marshall-Lerner condition)

假设 ε_x 为出口商品需求弹性;ε_m 为进口商品需求弹性;e 为一单位外币折合本币的金额,即外币汇率;p_x 为以本币表示的出口商品价格;p_m 为以外币表示的进口商品价格;Q_x 为出口商品数量;Q_m 为进口商品数量。则:

$$\varepsilon_x = -\frac{dQ_x}{Q_x} / \frac{dP_x}{p_x} \tag{7-1}$$

$$\varepsilon_m = -\frac{dQ_m}{Q_m} / \frac{d(eP_m)}{ep_m} \tag{7-2}$$

本币贬值会引起出口商品外币价格下降和进口商品本币价格上升,从而引起出口商品和进口商品需求量的变动,最终引起贸易收支变动。贸易收支额的变化最终取决于两个因素:一是由贬值引起的进出口商品的单位价格变化;二是由进出口单价变动引起的进出口数量的变动。那么,在什么样的情况下,贬值才能改善贸易收支呢?马歇尔和勒纳基于弹性论的几个前提假设(尤其是进出口商品的供给弹性无限大的假设)指出,本币贬值后,只有出口商品的需求弹性的绝对值和进口商品的需求弹性的绝对值之和大于 1,贸易收支才能改善,即贬值取得成功的必要条件是:

$$|\varepsilon_x| + |\varepsilon_m| > 1 \tag{7-3}$$

该条件被称为马歇尔—勒纳条件。

弹性分析法为汇率政策对贸易收支的影响提供了理论依据,它使各国在考虑通过汇率变动来调节贸易收支时更加关注进出口商品的需求弹性。然而,弹性理论忽视了贬值过程中供给条件和成本的变化,以及汇率所引起的收入效应和支出效应,具有一定的局限性。

马歇尔—勒纳的推导

扫码阅读

3.J 曲线效应

对国际贸易价格弹性的经验估计表明，根据马歇尔一勒纳条件，货币贬值有可能改善一国的贸易平衡。然而，衡量世界价格弹性存在一个基本问题，即从汇率变动到它们对实际贸易最终产生影响存在一个时间上的滞后。描述贸易变动时间路径的一种常见方法为J曲线效应（J-curve effect），如图 7-1 所示，*CA* 代表国际收支中经常账户中的余额。该理论认为，一国货币贬值后，最初只会使贸易平衡进一步恶化，而随着时间的推移，贸易平衡才有可能慢慢改善。这是因为，有关贬值的价格效应的最新信息在经济中传播需要时间，经济个体据此相应调整他们的行为也需要时间。

货币贬值通过对出口收入和进口支出的净作用影响着一国的贸易平衡。出口收入和进口支出用商品单价乘以需求数量来计算。图 7-2 说明了货币贬值影响出口收入和进口支出的过程。

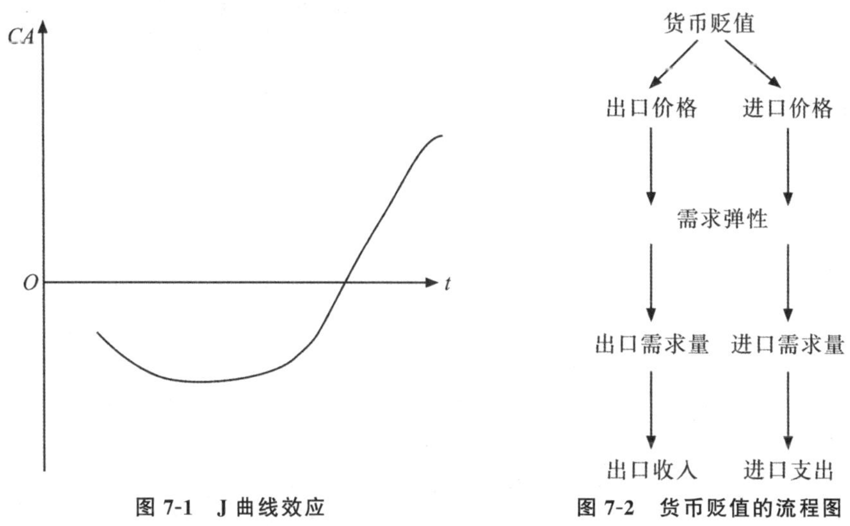

图 7-1 J 曲线效应　　图 7-2 货币贬值的流程图

贸易流动对货币贬值作出反应的时间路径可以用J曲线效应来描述。之所以将其称为J曲线效应，是因为在货币贬值后的一段时间内，贸易平衡将继续恶化（沿着J的尾部向下倾斜），然后逐渐好转（沿着J的头部向上移动）。为什么会有这种效应呢？因为货币贬值的最初效应是进口支出增加，即虽然进口的本币价格提高，但由于以前的商业承诺，进口数量并不会马上发生变化。随着时间的推移，数量调整效应开始发挥作用，即进口数量减少，出口商品对国外购买者也更具有吸引力。

货币贬值时滞效应的实证研究

扫码阅读

（三）国际收支的吸收理论

1952年，美国经济学家西德尼·亚历山大采用凯恩斯的国民收入决定论中的收入——支出法，建立了国际收支的吸收法（又称支出分析法）。亚历山大认为，在货币贬值改善国际收支赤字方面，弹性分析方法过于简单，促使国际收支逆差的国家不断通过贬值来改善。国际收支的吸收理论推进了弹性理论对货币贬值的国际收支效应的研究，从宏观经济的角度将国际收支与国民收入和国内吸收联系起来。

1.基本表达式和经济含义

根据凯恩斯宏观经济理论中的国民收入方程式

$$Y=C+I+G+X-M \tag{7-16}$$

可得：

$$X-M=Y-(C+I+G) \tag{7-17}$$

其中，贸易差额（$X-M$）用 B 来表示，将（$C+I+G$）称为吸收，反映本国居民的支出，用A表示，则有：

$$B=Y-A \tag{7-18}$$

该式是吸收分析法的基本表达式。其经济含义有两点：

第一，国际收支状况是一国的国民收入(Y)与吸收(A)比较的结果。如果一国的国民收入(Y)大于国内总吸收(A)，则国际收支出现顺差；如果一国国民收入(Y)小于国内总吸收(A)，则国际收支出现逆差。

第二，国际收支失衡最终要通过改变国民收入或吸收来调节。当国际收支出现逆差时，可采取增加国民收入或者减少吸收的政策；当国际收支出现顺差时，可采取减少国民收入或者增加吸收的政策，即国际收支差额等于国民收入与国内吸收(包括消费、投资和政府支出)的差额。

2.本币贬值对国际收支的影响

将吸收分为诱发性吸收和自主性吸收：

$$A=D+aY \tag{7-19}$$

其中，a 为边际吸收倾向，则本币贬值对国际收支的影响就取决于本币贬值后 ΔB 是否大于 0：

$$\Delta B=\Delta Y-\Delta A=(1-a)\Delta Y-\Delta D \tag{7-20}$$

ΔY 表示贬值对收入的直接影响，a 表示贬值通过收入变化对吸收的间接影响，ΔD 为贬值对吸收的直接影响。

吸收分析理论认为货币贬值对国际收支的影响取决于三个因素：

第一，贬值对总收入的影响；第二，贬值对总支出的影响；第三，总收入变化对总支出的影响。货币贬值通过收入效应与支出效应共同影响国际收支的平衡。其中，货币贬值通过产生闲置资源效应、贸易条件效应和资源配置效应影响收入；贬值通过产生现金余额效应、收入再分配效应和货币幻觉效应影响吸收。

应对外部经济危机调整国内吸收和国民收入关系

扫码阅读

(四)国际收支的货币分析理论

与上述理论相比，20 世纪 60 年代美国经济学家哈里·约翰逊等以一般均衡原理为基础建立的国际收支的货币分析法有了进一步的发展，该方法从国际收支的货币方面进行了探讨，认为国际收支不平衡实质上是货币现象，其根本原因在于现存货币数量偏离了最优货币数量。货币分析法是货币主义在国际收支领域中的应用，而乘数分析与吸收理论是凯恩斯经济理论在国际收支领域的延伸。

1.基本假设

(1)在充分就业的状态下，一国的实际货币需求是收入和利率等变量的稳定函数；

(2)从长期来看，货币需求是稳定的，货币供给的变动不影响实物产量，即货币中性；

(3)贸易商品的价格是由世界市场决定的，从长期来看，一国的价格水平和利率水平接近世界市场水平。

(4)汇率是固定的，国际收支的失衡主要依靠储备的变化来调节。

2.货币论的主要内容

在一价定律发挥作用的前提下，对于一个小国经济，价格和利率由世界市场决定；而货币论者假定货币供给不影响国民收入。因此，货币需求函数是稳定的。货币市场均衡是通过货币供给的增减来实现的。假设：

$$M_S = M_d \tag{7-21}$$

其中，M_S 为一国发行的货币供给量，M_d 为一国的货币需求量。我们再假定货币需求量是关于收入与利率的函数，即：

$$M_d = pf(y, i) \tag{7-22}$$

其中，y 代表国民收入，i 为该国利率水平，p 为系数。货币供给函数为：

$$M_s = m(D+R) \tag{7-23}$$

其中，R 代表国际储备，D 代表货币当局持有的国内金融资产，即国内信贷，m 为系数。从式中可以看出，一国的货币供给分为两部分：国内创造部分 D 和来自国外的部分 R。为方便起见，令 $m=1$

因此，

$$M_s = M_d = D + R \tag{7-24}$$

对上式稍加变化，则有：

$$R = M_d - D \tag{7-25}$$

由此可以得出如下结论：

第一，国际收支是一种货币现象，国际收支的不平衡是由货币市场的不平衡引起的。具体来说，如果人们对货币的需求量(M_d)大于中央银行的货币供给量

(D),则对货币的超额需求将由货币从国外的流入来弥补,此时会形成国际收支顺差;如果人们的货币需求量(M_d)小于中央银行的货币供给量(D),则过剩的货币供给会通过流向国外而消失,从而形成国际收支逆差。

第二,国际收支问题实际上反映的是实际货币余额(货币存量)对名义货币供应量的调整过程。当国内名义货币供应量与实际经济变量(国民收入、产量等)所决定的实际货币余额需求相一致时,国际收支便处于平衡状态。

3.关于本币贬值效应

货币理论者认为,本币贬值会带来如下效应:第一,在实现充分就业时,贬值意味着商品价格的变动,贬值国的国内价格上涨,升值国的国内价格下跌;第二,物价的变化意味着实际现金余额的变化,贬值国的余额减少,因而会压缩支出,升值国的余额会增加,因而会扩大投资与消费;第三,实际现金余额的变化通过贸易差额而逐渐消失,即由贬值国的贸易盈余补充其短缺的现金余额,由升值国的赤字抵消其过多的现金余额,从而使国际收支恢复均衡。

4.政策主张

根据货币论的理论内容,可知其主要政策主张为:第一,所有的国际收支不平衡,在本质上都是货币性的,因此,国际收支的不平衡问题都可以由国内货币政策来解决。第二,一国国际收支逆差的根源在于国内信贷扩张过大,故对它的对策是实行紧缩性的货币政策,使货币增长与经济增长保持一致的速度。第三,为平衡国际收支而采取的贬值、进口限额、关税、外汇管制等贸易和金融干预措施,只有当它们的作用是提高货币需求时,才能改善国际收支;如果在施加限制的同时,国内信贷也在膨胀,则国际收支不一定得到改善,甚至还会恶化。

与国际收支弹性理论和吸收理论仅仅局限于经常账户的分析相比,货币分析法在国际资本流动日益加强的经济环境下更加具有现实性。但是,它论述的是长期均衡因素,但在分析中短期动态时会受到限制;另外,货币分析法在强调货币对国际货币调节的作用上过于极端。

三大国际收支理论的差异

扫码阅读

(五)内部均衡和外部均衡理论

1977年,诺贝尔经济学奖得主、英国经济学家詹姆士·米德在20世纪50年代初期撰写的《国际收支》一书中突破了上述理论仅仅局限于国际收支的单一项目的片面性,提出内部均衡和外部均衡理论。内部均衡是指充分就业和价格水平稳定,外部均衡是指国际收支平衡。米德认为,只有当这两个市场都达到均衡状态时,一国才能达到总体平衡。他还相应提出两种政策,即支出调整政策和支出转换政策。支出调整政策主要以凯恩斯经济理论的需求管理政策为基础,由货币政策和财政政策所构成。支出转换政策是指能够影响一国国际竞争力的政策,其中重要的组成部分是汇率政策。内部均衡是通过支出调整政策来实现的,而外部均衡是通过支出转换政策实现的。一国政府通过这两种政策的融合,就能够实现内部均衡和外部均衡的双重均衡。这一理论涵盖的内容非常广泛,综合了凯恩斯经济理论、新古典经济理论、一般均衡理论等,被视为正统的国际收支理论。

墨西哥金融危机

扫码阅读

第三节　国际收支调节

一、国际收支平衡

国际收支平衡是指一国国际收支净额即净出口与净资本流出相等或者说差额为零。如果其货币的流入大于流出,国际收支是正值。此类交易产生于经常项目、金融账户或者资本项目。国际收支平衡被视作一国相关价值的另一个经济指标，包括贸易余额、境外投资和外方投资。

二、国际收支失衡

维持国际收支的基本平衡是一国实施宏观经济政策和实行宏观经济调控所要实现的目标之一。然而，在现实的经济运行过程中，时常会遇到国际收支失衡的困难。

（一）国际收支失衡的内涵

国际收支失衡是指一国经常账户、金融与资本账户的余额出现不平衡的问题，即对外经济出现了需要调整的情况。国际收支失衡包括国际收支赤字和国际收支盈余两种情况。一般来说，通常意义上使用的国际收支失衡是指国际收支赤字这种状态。

（二）国际收支失衡的类型

一国国际收支失衡的产生有不同的原因，根据这些不同的原因，国际收支不平衡可分为四种不同的类型。

1.周期性不平衡

经济周期对一国国际收支有着重要影响。在经济衰退阶段，收入减少，有效需求下降，从而导致进口下降，因此可能引起贸易收支顺差；但经济的衰退也可能造成资本外逃，从而可能引起资本项目逆差。相反，在经济景气阶段，由于收入迅速上升，有效需求增加，从而导致进口需求扩张，同时部分出口产品转向内销，由此可能引起贸易收支逆差；但经济景气也可能吸引国外投资，从而引起资本项目顺差。在各国经济联系日益密切的今天，国际收支周期性不平衡会使各国的经济周期波动相互传递、相互影响。

2.结构性不平衡

结构性不平衡是因国内生产结构变动不能适应国际市场的变化而引起的国际收支不平衡。例如，一些发展中国家出口以初级产品为主，进口以制成品为主，由于初级产品通常需求缺乏弹性，因而随着世界经济发展和各国收入水平的提高，这些发展中国家的贸易条件可能趋于恶化，从而导致国际收支上的困难。

3.价格性不平衡

在汇率一定的情况下，一国物价普遍上升，通货膨胀高于其他国家，则会导致该国产品竞争力下降，出口减少，进口增加，国际收支发生逆差；反之，如果一国物价普遍低于其他国家，则会发生相反的情形，从而导致国际收支顺差。价格性不平衡表明，在货币对外比价一定的情况下，通货膨胀和通货紧缩会导致国际收支不平衡。

4.收入性不平衡

收入性不平衡是指由于国民收入的变动引起国际收支失衡的情形。国民收入变化包括周期变化和长期增长。周期变化引起的国际收支失衡实际上就是周期性不平衡,而收入长期增长则可能会导致持久性的不平衡,即如果一国收入增长速度长期高于其他国家,则可能会导致进口需求的增长超过出口需求的增长,从而使该国的国际收支出现逆差,造成国际收支收入性不平衡。

三、国际收支失衡的指标

我们可以通过不同的国际收支差额指标来了解一国不同交易项目的收支平衡状况。较常使用的国际收支差额指标包括以下五种。

1.商品贸易差额

商品贸易差额是一定时期内一国商品出口总额与进口总额之差。如果出口大于进口,则称商品贸易顺差;如果进口大于出口,则称商品贸易逆差;如果进口等于出口,则称商品贸易平衡。

2.货物和服务贸易差额

货物和服务贸易差额是一定时期内一国商品和服务出口总额与进口总额之差,也可分为顺差、逆差和平衡三种情况。

3.经常项目差额

经常项目贸易差额是一定时期内一国商品、服务、收入和经常转移项目上借方总值和同期商品、服务、收入和经常转移项目上贷方总值之差。当贷方总值大于借方总值时,经常项目顺差;反之,则为经常项目逆差。经常项目差额是国际收支平衡表中最重要的收支差额。如果出现经常项目顺差,则意味着由于有商品、服务、收入和经常转移的贷方净额,该国的国外资产净额增加,即经常项目顺差表示该国对外净投资增加。

4.基本收支差额

基本收支差额是一定时期内经常项目与长期资本金融项目借方总额与贷方总额之差。由于经常项目差额和长期资本流动主要受该国生产率长期变化、生产要素有效配置、消费者偏好以及预期资本利润率等基本经济因素的影响,因此基本收支差额般表示的是一国国际收支的长期趋势,也有顺差、逆差和平衡三种情况。

5.总差额

总差额是指在基本差额的基础上,再加上私人和官方短期资本项目差额以及错误和遗漏项目净额所形成的差额,这个差额最终由官方储备的增减来平衡,因而也称为官方结算差额如果官方结算差额为顺差，则官方储备增加或官方对外国的流动负债减少；如果官方结算差额为逆差，则官方储备减少或官方对外国的流动负债增加。

四、国际收支失衡的负面影响

国际收支持续失衡主要有持续逆差和持续顺差两个层面上的影响。

(一)持续的、大规模的国际收支逆差有负面影响

1.不利于对外经济交往

存在国际收支持续逆差的国家会增加对外汇的需求，而外汇供给不足，会促使外汇汇率上升，本币贬值。本币的国际地位降低，可能导致短期资本外逃，从而对本国的对外经济交往造成不利影响。

2.影响本国的经济和金融实力，影响国际信誉

如果一国长期处于逆差状态，不仅会严重消耗一国的储备资产，影响其金融实力，而且还会使该国的偿债能力降低，如果陷入债务困境不能自拔，又会进一步影响本国的经济和金融实力，并失去其在国际层面的信誉。

(二)持续的、大规模的国际收支顺差也具有负面影响

1.不利于本国经济增长

持续性顺差会使一国所持有的外国货币资金增加，或在国际金融市场上发生抢购本国货币的情况，这就必然导致对本国货币需求量的增加，从而导致本国货币对外国货币的汇价上涨，不利于本国商品的出口，对本国经济的增长产生不良影响。

2.带来通货膨胀压力

持续性顺差会导致一国通货膨胀压力加大。因为如果国际贸易出现顺差，那么就意味着国内大量商品被用于出口，可能导致国内市场商品供应短缺，带来通货膨胀的压力。另外，出口公司将会出售大量外汇兑换本币收购出口产品从而增加了国内市场货币投放量，带来通货膨胀压力。如果资本项目出现顺差，大量资本流入，该国政府就必须投放本国货币来购买这些外汇，从而也会增加该国的货币流通量，带来通货膨胀压力。

3.不利于国际经济关系的发展

一国国际收支持续顺差容易引起国际摩擦，有可能出现“贸易战”，不利于国际经济关系的发展。因为一国国际收支出现顺差也就意味着世界其他一些相关国家因其顺差而导致国际收支出现逆差，从而影响这些国家的经济发展，它们必

然要求顺差国调整国内政策，以调节过大的顺差，这就必然导致国际摩擦。

五、国际收支失衡的政策措施

针对国际收支的失衡，各国应根据本国的实际情况和需要选择不同的调节方式来影响和调节国际收支，使国际收支趋于平衡。一般来说，可供选择的调节方式有：

（一）财政政策

1.支出调整政策

（1）削减政府支出。当一国出现国际收支逆差时，政府可以减少公共部门的开支。这样做可以降低国内总需求，进而减少进口需求。因为进口与国内的消费、投资等需求密切相关，当国内需求下降时，用于购买外国商品和服务的支出也会相应减少，从而改善国际收支状况。

（2）增加税收。政府通过增加税收可以减少居民和企业的可支配收入。这有助于减少进口，改善贸易收支，进而调节国际收支。

2.支出转换政策

（1）税收补贴政策。政府可以对出口产业提供税收优惠或补贴，同时对进口替代产业给予税收优惠，鼓励国内企业生产原本需要进口的产品，减少进口，实现国际收支平衡。

（2）进出口关税调整政策。政府通过调整关税引导支出方向。国际收支逆差时，提高进口关税可增加进口商品成本，促使消费者转向国产商品；同时降低或减免出口关税能降低出口企业成本，提升其国际竞争力，以此减少进口、增加出口，改善国际收支。

（3）国内税收差异化政策。政府通过差异化税收引导支出在国内外商品间转换。对消费进口商品征特别消费税，对消费国产商品给予税收减免；生产环节中，对使用进口原材料的企业征较高增值税附加，对使用国产原材料的企业给予税收抵扣，从而减少对进口商品和原材料的依赖，调节国际收支。

（4）政府购买倾斜政策。政府利用财政购买支出引导社会支出方向。在采购中优先选择国产商品和服务，如公共项目优先采购国产设备、公务消费倾向国产产品等，直接减少对进口商品的购买，同时带动社会对国产商品的需求，助力国际收支改善。

（二）货币政策

1.汇率政策

（1）本币贬值。当国际收支出现逆差时，货币当局可以采取措施促使本币贬值。本币贬值后，本国出口商品在国际市场上以外币计价会变得更便宜，从而刺激外国消费者购买本国商品，增加出口收入。同时，进口商品以本币计价会变得更昂贵，会抑制国内消费者对进口商品的购买，减少进口支出，有利于改善国际收支逆差。

（2）本币升值。相反，在国际收支出现顺差且顺差规模过大时，会促使本币升值。本币升值使进口商品价格相对下降，有利于进口；出口商品价格相对上升，会抑制出口，从而减少贸易顺差，平衡国际收支。

2.利率政策

（1）提高利率。提高国内利率水平可以吸引外国资本流入。这些资本流入会增加资本和金融账户的顺差，在一定程度上弥补经常账户的逆差，调节国际收支。

（2）降低利率。在经济衰退导致国际收支顺差但国内经济活力不足的情况下，降低利率可以刺激国内投资和消费。

3.汇率政策（外汇缓冲政策）

各国中央银行可以持有一定数量的外汇储备。当国际收支出现逆差时，动用外汇储备可以弥补逆差，如用外汇储备支付进口商品的费用或偿还外债等。当国际收支出现顺差时，可以增加外汇储备的积累。不过，这种方法只是一种短期的调节手段，因为外汇储备的数量是有限的，如果长期存在国际收支失衡，外汇储备终会耗尽，且积累过多也会带来其他问题。

（三）直接管制政策

1.贸易管制

（1）进口配额。政府可以对某些商品的进口实行配额限制。这种措施直接限制了进口规模，能够在短期内对国际收支产生明显的调节作用，但也有可能会引起贸易伙伴的不满，引发贸易摩擦。

（2）进口许可证制度。这一制度要求企业在进口某些商品时必须获得政府颁发的许可证。政府可以根据国际收支状况和国内产业发展需要控制许可证的发放数量和范围，从而限制进口，调节国际收支。

2.外汇管制

（1）限制外汇交易。政府可以规定居民和企业购买外汇的额度和用途，这样可以减少外汇支出，调节国际收支。

（2）汇率管制。政府直接规定汇率水平或者汇率波动的范围。不过，这种严格的汇率管制在市场经济环境下可能会影响外汇市场的正常运行，并且可能与国际经济规则相冲突。

(四)供给政策

1.产业政策。政府可以通过产业政策来提高国内产业的竞争力,增加出口,优化产业结构,从长期来看可以改善国际收支状况。

2.减税政策。为企业减税可以降低企业的生产成本,提高产品在国际市场上的竞争力,促进出口,调节国际收支。

(五)加强国际经济合作与协调

世界经济是一个相互依赖相互影响的经济整体,一国国际收支的逆差必然是另一国的国际收支的顺差,反之亦然。因此,采用国际经济合作与协作的调节方式来解决国际收支失衡问题既是必要的,也是切实可行的。当然,国际收支的调节同国际货币体系也存在着密切的关系,在不同的汇率制度下,其调节方式和手段也不尽相同。

1990 年代日本经常性账户顺差的调节与效果

扫码阅读

复习与思考

一、核心概念

国际收支	国际收支平衡表	经常项目
资本项目	金融项目	误差和遗漏项目
国际收支顺差	国际收支逆差	国际收支失衡
马歇尔—勒纳条件	J 曲线效应	国际收支的吸收理论

二、思考题

1.简述国际收支平衡与失衡的概念，并举例说明国际收支失衡的表现形式。

2.详细阐述国际收支平衡表的构成，以及各项目之间的关系。

3.分析国际收支失衡的主要原因有哪些？（至少列举三种）

4.试比较国际收支吸收理论与货币理论的主要观点和差异。

5.案例分析

近年来，某新兴经济体国家A面临着国际收支失衡的问题。该国经济增长迅速，出口产品主要集中在劳动密集型制造业，如纺织品和简单电子产品等。随着全球贸易环境的变化，该国的出口面临着越来越激烈的竞争，同时，由于国内基础设施建设的需求，该国大量进口了国外的先进设备和技术。此外，该国的汇率政策相对稳定，但资本项目逐渐放开后，短期资本流动较为频繁。

问题：根据案例，分析该国国际收支失衡的类型，并说明原因；针对该国国际收支失衡的状况，从财政政策、货币政策和汇率政策等方面提出具体的调节措施，并分析这些措施可能产生的影响。

第八章　外汇与汇率理论

学习目标

知识目标

1.掌握外汇与汇率的基本概念,了解汇率的种类。

2.了解外汇市场的起源、功能及其结构。

3.掌握浮动汇率制下外汇市场均衡汇率的确定。

4.掌握外汇市场的交易方式。

能力目标

1.准确解读汇率和外汇市场相关信息。

2.领会汇率变动对国际收支平衡的影响。

3.对外汇风险和国家宏观政策走向具有一定预判能力。

4.对汇率变动的经济影响具有一定的分析能力。

素养目标

1.认识汇率变动产生的影响,增强国家经济安全意识。

2.理解外汇与汇率涉及不同国家货币体系,树立开放包容的经济理念和世界观。

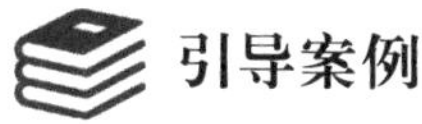

引导案例

外汇交易与企业国际化经营

伴随着经济全球化进程的加速，越来越多的中国企业将目光投向国际市场，积极参与国际贸易和跨境投资，在全球范围内配置资源，拓展业务。然而，企业在开展国际化经营的过程中不可避免地会面临汇率风险的挑战。例如，中国出口企业与新加坡进口商签订了一份价值 100 万美元的合同，约定 3 个月后交货并收款。如果在这 3 个月内美元兑人民币汇率发生变动，如美元贬值，那么这家中国企业最终收到的货款折算成人民币后就会减少，造成企业的汇兑损失，影响企业的盈利水平。再比如，中国企业计划在“一带一路”共建国家投资建设一个工厂，需要将人民币兑换成目标国家的货币。如果在投资期间人民币贬值，那么这家中国企业就需要付出更多的人民币才能兑换到等额的目标国家货币，增加投资成本。

问题与思考：汇率风险体现在哪些方面？如何规避汇率风险？

第一节　外汇与汇率

一、外汇

（一）外汇的内涵

外汇（foreign exchange）是国际汇兑的简称，有动态和静态两种含义。

动态的外汇是指把一个国家的货币兑换成另一个国家的货币，借以清偿国家间债权、债务关系的行为，是国际汇兑的简称。在这一过程中，外汇作为一种交易手段，实现了不同国家货币在国际经济往来中的转换和流通，使得跨国交易和资金流动得以顺利进行。静态的外汇又分广义和狭义两种。

广义的外汇概念是根据中国《外汇管理条例》规定，以外币表示的可以用作国际清偿的支付手段和资产，包括：外国货币，如纸币、铸币；外币支付凭证，包括票据、银行存款凭证、邮政储蓄凭证等；外币有价证券，包括政府债券、公司债券、股票等；特别提款权以及其他外汇资产。狭义的外汇是指以外币表示的可直接用于国际结算的支付手段，主要是指在国外银行的外币存款和外币票据。这一定义强调了外汇作为支付工具的直接可用性和流动性，突出了其在国际结算中能够迅速、便捷地实现资金转移和债务清偿的特点。

在日常生活和经济活动中，人们通常更关注外汇的静态含义，尤其是狭义的外汇概念，因为它直接涉及实际的国际支付和资金运作。

（二）外汇的特点

1.可支付性，即必须以外国货币表示的资产。这一特点确保了外汇可以在国际交易中被接受和使用。可支付性使得外汇成为国际贸易和投资的重要媒介。这一特性也使得外汇成为各国央行重要的储备资产，用于维护本国经济金融稳定。

2.可获得性，即必须是在国外能够得到补偿的债权。这意味着持有外汇的个人或机构能够在相应的国家或地区获得等值的商品、服务或其他形式的补偿。可获得性确保了外汇的实际价值和使用价值。

3.可兑换性，即必须是可以自由兑换为其他支付手段的外币资产。这一特性使得不同国家和地区的货币之间可以相互转换，促进了国际贸易和金融交易的便利性。可兑换性也是衡量一种货币国际化程度的重要指标。

（三）外汇的种类

按照不同的标准，外汇可以分成不同的种类。

1.根据是否可以自由兑换，外汇可分成自由外汇和记账外汇

自由外汇是指不需要经过货币发行国允许就能在市场上自由买卖、自由兑换或自由用于对第三方支付的外汇。自由外汇具有高度的流动性和灵活性，是国际贸易和投资中最受欢迎的外汇类型。

记账外汇是指不经货币发行国批准，不能自由兑换成其他货币或对第三方支付的外汇，这种外汇只能在一定条件下作为两国经济交往中的清算工具。记账外汇的使用范围较为有限，主要存在于一些特殊的双边贸易协议中。记账外汇的存在通常反映了某些国家对外汇管制的需求，或者是为了促进特定双边贸易关系而设立的机制。

2.根据外汇的来源和用途，外汇可分为贸易外汇和非贸易外汇

贸易外汇是指通过出口有形商品取得的外汇，如出口机电产品、农产品等获得的美元、欧元等外币收入。

非贸易外汇是指通过出口无形商品而取得的外汇，具体来说，非贸易外汇主要包括：(1)通过提供国际服务取得的外汇；(2)对外投资获得的利润、股息、利息等收入；(3)接受的国际援助、侨汇等单方面转移外汇；(4)外国直接投资、证券投资、贷款等流入的资本项目外汇。需要注意的是，贸易外汇和非贸易外汇的划分并非绝对，有时会出现交叉重叠的情况。

3.根据外汇管理的对象，外汇可分为居民外汇和非居民外汇

这种分类主要基于外汇持有者的身份和所在地，对于国家制定外汇政策和管理外汇流动具有重要意义。

居民外汇是指本国居民（包括个人和机构）持有的外汇，包括企业通过国际贸易获得的外汇收入、个人通过工作或投资获得的外币等。

非居民外汇则是指外国居民在本国持有的外汇，如外国投资者在本国的外币存款、外国公司在本国的外币资产等。

二、汇率

外汇既然是一种资产，就可以和其他商品一样进行买卖，外汇的买卖使外汇像普通商品一样有了价值，但商品买卖是以货币购买商品，而货币买卖却是以货币购买货币。

（一）汇率的定义

汇率，又称汇价或外汇行市，是指两种货币之间兑换的比率，亦可视为一种货币对另一种货币的价值。由于世界各国（各地区）货币的名称不同，币值不一，所以一种货币对其他国家（或地区）的货币要规定一个兑换率，即汇率。例如，1 美元＝6.2355 人民币，就表示 1 美元的价格值 6.2355 人民币，或者说，1 人民币的价格等于 0.6467 美元。

（二）汇率的标价方法

1.直接标价法

直接标价法是外汇市场上的一种重要标价方法。它以一定单位的外国货币为标准，折合若干单位的本国货币，即计算购买一定单位外币所应付多少本币。包括中国在内的世界上绝大多数国家都采用直接标价法。

在直接标价法下，若一定单位的外币折合的本币数额多于前期，则说明外币币值上升或本币币值下跌，叫作外汇汇率上升；反之，则说明外币币值下跌或本币币值上升，叫作外汇汇率下跌，即外币的价值与汇率的涨跌成正比。

2.间接标价法

间接标价法是外汇市场上另一种重要的标价方法。与直接标价法不同，间接标价法是以一定单位的本国货币为标准，折合若干单位的外国货币。

间接标价法主要在少数发达国家使用，如英国和美国。这些国家在国际金融市场上具有重要地位，其货币汇率的变动对全球经济有着重要影响。

3.美元标价法

在国际全部市场中，为了便于交易、计价和结算，通常采用一定单位的美元为标准，折算成定数额的其他货币。我们称这种标价法为美元标价法，或“美元中心制”。

美元标价法主要应用于以下几个方面：(1)汇率报价：大多数国际外汇市场上的汇率都是以美元为基准货币进行报价的，如欧元/美元、日元/美元等。(2)国际贸易结算：许多国际贸易合同都使用美元作为结算货币，即使交易双方都不是美国企业。(3)国际金融市场交易：国际金融市场上的许多金融产品，如债券、股票等，都以美元计价。(4)外汇储备：许多国家都将美元作为主要的外汇储备货币。

(三)汇率的种类

同外汇一样，汇率也可依据不同的标准划分为不同的类型。

1.按银行买卖外汇的价格划分

(1)买入汇率

买入汇率又称买入价，即银行从客户(企业和居民)处买入外汇时使用的汇率。采用直接标价法时，一定量外币折合成本币数量较少的那个汇率是买入价；采用间接标价法时，一定量本币折合成外币数较多的那个汇率是买入价。

(2)卖出汇率

卖出汇率又称卖出价，是银行向客户卖出外汇时所使用的汇率。采用直接标价法时，一定量外币折合成本币数较多的那个汇率是卖出价，表示银行卖出外币时应向客户收取的本币数；采用间接标价法时，一定量本币折合成外币较少的那个汇率是卖出价，表示银行卖出外币时应付给客户的外币数。

(3)中间汇率

中间汇率又称中间价，是买入汇率与卖出汇率的算术平均数，即：(买入价＋卖出价)÷2＝中间汇率。它不是在外汇买卖业务中使用的实际成交价，而是为了方便计算或使报道更加简洁。联合国、国际货币基金组织所公布的各国汇率表均采用中间汇率，西方报刊公布汇率时也常采用中间汇率，可见中间汇率一般只供比较分析之用。

2.按当前国际货币体系中通行的汇率制度来划分

(1)固定汇率

固定汇率是由政府当局决定的汇率，一般只能在一个很小的幅度内变动，如汇率跌至下限或涨至上限，某种自动的调节机制或人为的干预措施就会起作用，以维持既定汇率。

(2)浮动汇率

浮动汇率是由市场所决定的汇率,即各国货币当局不再宣布本国货币和标准货币的黄金平价,不再规定汇率波动的上下限,不再承担维持汇率波动界限的义务。在一般情况下,汇率随外汇市场供求力量的变化而自由波动,中央银行不进行干预。

3.按外汇买卖的交割时间划分

(1)即期汇率

即期汇率是指即期外汇交易的交割,即现款的实际交付或银行存款账户的实际转化在契约成立的当天或在两个营业日内实行的汇率。一般来说,居民和旅游者的外币现钞、旅行支票及其他小额外汇交易多半是在成交时收付,但银行同业间的外汇买卖,按国际商业惯例,通常是在交易后的次日或两日内收付,如遇到节假日就顺延至下一个营业日。即期汇率是由即期外汇市场上交易的货币供求状况决定的。

(2)远期汇率

远期汇率是指外汇交易在两个营业日以上的约定日期交割所适用的汇率,它以即期汇率为基础,反映汇率变化趋势。远期外汇交易是预约性交易,买卖双方事先就外汇金额、交割日达成协议并签合同,按约定条件收付,交割期常见为1个月至1年,少数西方国家货币可达1年以上。与单一即期汇率不同,远期交易有多种交割期限,特定时点会同时存在如30天、90天等不同期限的远期汇率,其受预期交割时货币供求状况影响。因决定即期、远期汇率的经济因素相近,二者通常同向变动,幅度或有差异。

即期汇率和远期汇率的差额是“远期差价”。在直接标价法下,当货币坚挺时,远期汇率高于即期汇率称为“升水”;货币疲软时,远期汇率低于即期汇率称为“贴水”。间接标价法与之相反,远期汇率高于即期汇率为“贴水”,低于即期汇率为“升水”,二者相等则为“平价”。远期升水和贴水常用年百分比表示,方便与两国货币利率差异进行比较。

4.按确定汇率的不同方式来划分

(1)基本汇率

基本汇率是指一国货币对基准货币(关键货币)的汇率,基准货币(关键货币)应具备的条件是:在本国的国际收支中使用最多,在外汇储备中占比重最大,能自由兑换,在国际上能普通接受,其是指本国货币与本国的关键货币之间的汇率。所谓关键货币是指本国在国际收支中使用最多、外汇储备中所占比例最大,同时又是可自由兑换、被国际社会普遍接受的货币。

(2)套算汇率

套算汇率指本国货币与本国的非关键货币之间通过基本汇率套算出来的汇率。

两角套汇和三角套汇是国际金融中常见的套汇方式，指利用两个或三个不同地点的外汇市场间的汇率差异进行套利。

日本“失落的三十年”与日元汇率波动

扫码阅读

第二节　外汇市场与风险

一、外汇市场的定义与内涵

（一）外汇市场的定义

外汇市场指进行外汇买卖的交易场所或网络，是外汇供给者、外汇需求者以及买卖外汇的中介机构所构成的外汇买卖的交易系统。交易时间几乎覆盖全天24小时。

（二）外汇市场的分类

1.按组织形式可分为抽象市场和具体市场

抽象市场又称无形市场，它没有具体的交易场所，没有统一的交易时间，买卖双方也不是面对面交易，所有交易都是通过电话、电报、电传及其他通信工具进行的。英国、美国、加拿大、瑞士等国家的外汇市场均采取这种方式，因此这种方式被称为英美体制。它是外汇市场的主要组织形式。

具体市场又称有形市场，外汇交易者于每个营业日规定的营业时间集中在交易所进行交易。德国、法国、荷兰、意大利等国遵循传统的国际汇兑方式。由于这种方式只流行于欧洲大陆，因而被称为大陆体系。这种方式的外汇市场的交易目的非常有限，主要用于调整即期的外汇头寸，决定对顾客交易的公平汇率，所以不是外汇市场的主要组织形式。

2.按经营范围不同，可分为国内市场和国际市场

国内市场的外汇交易仅限于国内银行彼此之间或国内银行与国内居民之间，不允许国外银行或其他机构参与，通常当地中央银行的管制较严，在市场上使用的货币亦仅限于本币与少数几种外币。而国际市场的特点是各国银行或企业按规定均可参与外汇交易，且交易的货币种类较多，交易规模较大，市场网络的辐射面较广。其中，纽约、伦敦、东京、法兰克福、新加坡、中国香港等外汇市场就属于国际外汇市场。

3.按外汇买卖双方性质的不同，可以划分为外汇批发市场和外汇零售市场

外汇批发市场特指银行同业间的外汇交易市场，包括同一市场上各银行之间的外汇交易、不同市场上各银行之间的外汇交易、中央银行同商业银行之间的外汇交易、各国中央银行之间的外汇交易。外汇零售市场是指银行同一般客户之间的外汇交易市场。

二、外汇市场的功能

外汇市场作为全球金融市场的重要组成部分，承担着多种关键功能，这些功能不仅促进了国际贸易和投资的顺利进行，还为全球经济的稳定和发展提供了重要支撑。

（一）货币兑换与支付结算

外汇市场最基本的功能是为国际贸易和投资者提供货币兑换服务。企业和个人在进行跨境交易时，需要将本国货币兑换成外国货币，或反之。外汇市场提供了这种即时、高效的货币转换机制，确保了国际交易的顺利进行。同时，外汇市场还承担着国际支付结算的功能，为跨境贸易和资本流动提供便捷的支付渠道。

（二）风险管理

外汇市场为参与者提供了丰富的风险管理工具，如远期合约、期货合约、期权合约和互换协议等。这些工具允许企业和投资者锁定未来的汇率，从而规避因汇率波动带来的潜在风险。例如，一家出口企业可以通过签订远期合约，确保在未来收到外汇时能以预定的汇率兑换成本国货币，从而避免汇率变动带来的损失。

（三）价格发现

外汇市场是一个高度竞争和透明的市场，众多参与者的供给和需求交互作用，形成了反映国际经济动态的汇率价格。这些价格不仅为交易者提供了重要的市场信息，还能帮助政策制定者了解国际经济的变化趋势，从而制定更加合理的经济政策。

（四）资源配置

外汇市场通过汇率的波动，引导国际资本的流动，实现全球资源的优化配置。当一国经济表现强劲、投资回报率高时，该国货币往往会升值，吸引外国资本流入。反之，当一国经济表现不佳时，该国货币很可能会贬值，导致资本流出。这种资本的流动有助于促进全球经济的均衡发展。

（五）促进国际贸易

外汇市场的存在和发展极大地促进了国际贸易的繁荣。通过提供货币兑换和支付结算服务，外汇市场降低了国际贸易的门槛和成本，使得更多的企业和个人能够参与到国际贸易中来。同时，外汇市场的风险管理功能也为国际贸易提供了更加稳定的环境，降低了因汇率波动带来的不确定性。

三、外汇市场的交易

（一）即期交易

即期交易指买卖双方在成交的当天或第二个交易日办理交割的外汇交易。主要业务行为有：

(1)银行同业拆放。银行为避免经营外汇业务的风险，每天都要轧平头寸，卖出某种外汇的多余头寸，买进某种外汇的短缺头寸。由于这种业务一般在银行间进行，所以称为银行同业拆放。

(2)国际贸易结算。银行和进出口商客户之间因国际贸易支付而发生的即期外汇买卖称为国际贸易结算。

(3)套汇。套汇是指利用不同外汇市场的外汇差价，在某一外汇市场上买进某种货币，同时在另一外汇市场上卖出该种货币，以赚取利润的行为。在实际套汇操作中由于涉及的外汇市场多少不同，又分为两角套汇、三角套汇和多角套汇。

（二）远期交易

远期交易指涉及国际交易的经济行为人能够避免因即期汇率未来的可能变化而引起的汇率风险，即买卖双方成交后并不立即办理交割，而是按照所签订的远期合同规定，在未来的约定日期办理交割的外汇交易。

(三)掉期交易

掉期交易指交易者在外汇市场上买进一种货币的同时卖出交割期不同的等额的同一货币的交易。例如：在某一日期即期卖出甲货币、买进乙货币时，反方向地买进远期甲货币、卖出远期乙货币的交易，即将手中原来持有的甲货币做一个掉期。

(四)外汇期货

外汇期货是一种标准的远期合约。在期货交易所内，交易双方通过公开叫价，以某种非本国货币买进或卖出另一种非本国货币，并签订一个在未来的某一日期根据协议价格交割标准数量外汇的合约。广义的外汇期货交易包括外汇期货合约交易和外汇期权合约交易两种方式，而狭义的外汇期货则专指外汇期货合约。

(五)外汇期权

外汇期权指交易双方按协定价格就将来是否购买某种货币或是否出售某种货币的选择权达成的合约，规定期权的卖方给期权的买方一种可以在合约规定的条件下购买或出售某种货币的权利。

(六)套利

套利指在两种货币资金短期利率出现差异的情况下，将资金从低利率货币兑换成高利率货币赚取利率差的外汇交易行为。

四、世界主要的外汇市场

目前世界上大约有30多个国际性的外汇市场，其中比较重要的有伦敦外汇市场、纽约外汇市场、苏黎世外汇市场、巴黎外汇市场、东京外汇市场、新加坡外汇市场和中国香港外汇市场等。这些外汇市场各具特色，联系紧密，在营业时间上又相互衔接，构成了一个庞大、统一的世界外汇市场体系。伦敦等西欧的外汇市场每日营业时间是和中国香港、新加坡等远东市场的尾市衔接，其开盘价格都参考中国香港和新加坡外汇市场的价格来确定。几个小时以后，纽约市场便开业了。伦敦市场和纽约市场同时营业的几个小时是一天中外汇交易的最高峰。东京市场又在美国最后一个外汇市场——旧金山外汇市场闭市前一个小时开始营业。这样就出现了全球性的、24小时不间断的外汇交易。

(一)伦敦外汇市场

伦敦外汇市场是世界上出现最早、也是目前最大的外汇市场。从地理位置上看,伦敦居于世界时区适中位置,外汇市场在一天的营业时间里和世界其他重要外汇市场都能衔接上,由此确定了伦敦外汇市场的重要地位。

伦敦外汇市场由经营外汇业务的银行及美国、日本等国银行的分行、外汇经纪人和一般金融商号构成。伦敦外汇市场有250多家外汇银行,在伦敦外汇市场上,大多数外汇买卖都是通过外汇经纪人进行的。伦敦外汇市场上的外汇经纪商在第二次世界大战前多达40家。1951年外汇市场重新开放时由于英格兰银行的坚持将外汇经纪商减少到9家,因而这9家外汇经纪商构成了今日伦敦外汇市场的主要角色,由它们组成的外汇经纪人协会支配了伦敦外汇市场。

伦敦外汇市场上的外汇交易主要是现汇交易和远期交易,1982年起经营外汇期货交易,外汇标价采用间接标价法。

(二)纽约外汇市场

纽约外汇市场是第二次世界大战后随着美国经济实力的增强,美元取代英镑成为世界最主要的货币而发展起来的,它是目前世界上最重要的外汇市场之一,是仅次于伦敦外汇市场的世界第二大外汇市场。由于美国对经营外汇业务没有限制,政府也不指定专门的外汇银行,所以几乎所有的美国银行和金融机构都可以经营外币业务。

在纽约外汇市场上,外汇交易分为三个层次:银行和客户之间的交易、本国银行之间的交易以及本国银行与外国银行之间的交易。其中,银行之间的交易有相当一部分是通过经纪人进行的。纽约外汇市场有8家经纪商,其业务不受任何监督,对其安排的交易不承担任何经济责任。

纽约外汇市场上的交易量很大,但和进出口贸易相关的外汇交易量却很小,这是因为,在美国的进出口中大多用美元来计价结算,出口商得到的是美元,进口商支付的也是美元。不仅美国如此,世界商品贸易的70%都是以美元计价支付的。

世界各国的美元买卖最终都必须在美国,主要是在美国纽约的商业银行账户上办理收付、划拨和清算。这是因为,第二次世界大战后,美元成为国际支付中使用最为广泛的货币,各国银行都持有美元并用于国际结算,因此他们大多数在美国开立账户。这样外国银行将买人的美元存入在美国银行的账户,出售美元等于将美元存款从他的美国银行账户上划拨到买主的账上。

(三)东京外汇市场

东京外汇市场是在20世纪50年代末发展起来的。历史上,日本是一个外汇管制严厉的国家，1950年代以后才逐渐放松。1964年，日本加入国际货币基金组织，日元成为可兑换货币，东京外汇市场原则上不再实行外汇管制，外汇交易也逐步走向自由化。1970年代下半期以来，日元国际化取得了极大进展。1980年，日本政府废除了旧的外汇法颁布执行新的外汇法，放宽了银行经营外汇业务的限制，因而东京外汇市场迅速发展起来，成为仅次于伦敦和纽约外汇市场的世界第三大外汇市场。但限于日元在国际经济中的地位，东京外汇市场的规模远不如伦敦和纽约外汇市场。

东京外汇市场受地理位置所限制，与其他主要的外汇市场基本隔绝，同纽约市场根本不交叉，同欧洲市场也只有在每个交易日的最后一两个小时有交叉。由于同其他外汇市场不能同时交易，东京外汇市场上的交易规模难以有大的扩展。

在东京外汇市场上，外汇币种较为单一，绝大多数是美元的交易，其他货币交易较少。据统计，东京外汇市场的外汇交易量90%以上是美元与日元之间的交易。此外，日本是一个典型的出口加工国，东京外汇市场受进出口贸易收支的影响较大，这使得东京外汇市场的外汇交易带有明显的季节性。

(四)中国香港外汇市场

中国香港外汇市场是20世纪70年代以后发展起来的国际性外汇市场。1973年以前，香港实际上有两个外汇市场：一个是法定的外汇市场，参加者是外汇指定银行，汇率以法定平价为基础，波动幅度有限；另一个是自由外汇市场，由非指定银行和一些证券商组成，汇率完全由外汇的供求决定，和法定市场的差异很大。1972年底，香港取消了外汇管制，两个市场合而为一。1974年11月，港元开始实行浮动汇率。之后，香港外汇市场以较快的速度发展起来。进入1980年代，香港对美元汇率曾一度下跌，为了稳定经济金融秩序，香港当局于1983年10月开始实施港元联系汇率制度，港元与美元挂钩，1美元=7.8港元。这种汇率制度有力地推动了香港外汇市场的发展。

同伦敦、纽约的外汇市场一样，香港外汇市场是无形市场，它没有固定的交易所和正式的组织，而是由从事外汇交易的银行、其他金融机构和外汇经纪人组成，通过电话、传真、电脑联网等通信工具联系起来的交易网络。主要从事外汇交易的银行有100多家，分别属于汇丰银行集团、美资银行、日资银行、中银集团等。1970年代以前，香港外汇市场的业务以港币和英镑的兑换为主，以后，随着香港市场的国际化以及港币与英镑脱钩与美元挂钩，美元逐渐取代英镑成为市场上交易的主要外币。

香港外汇市场上的交易主要分为两类：一类是港币同外币的兑换，其中以同美元的兑换为主，因为香港的对外贸易多以美元计价结算；另一类是美元对其他外币的交易。

由于香港没有中央银行，因此，控制货币汇率的手段除主要由汇丰银行利用外汇基金直接干预市场外，还依靠利率杠杆调节。其方法是：香港银行利率随同美国各大银行优惠利率升降，从而保证联系汇率的稳定。这种干预方法使得香港外汇市场上的汇率风险转为利率风险。

五、外汇风险

（一）外汇风险的定义

外汇风险是指参与外汇交易的个体或机构因汇率波动等不可预测因素影响，导致外汇资产价值损失或预期收益无法实现的可能性，其具有普遍性、客观性、可变性和可控性等特点，主要来源于汇率波动、利率变动、政治经济因素、市场流动性、交易对手风险和操作风险等。之所以称之为风险，是因为这种损失只是一种可能性，并非必然，他可能产生两种结果，要么获利，要么遭受损失。

（二）外汇风险的类型

1.交易风险

交易风险也称交易结算风险，是指在外币计价的交易中，由于外汇汇率变动而导致经济主体（如企业、个人投资者等）遭受损失的可能性。这种风险主要产生于进出口交易、国际信贷、远期外汇合同等涉及外币结算的经济活动中。

2.折算风险

折算风险，也称会计风险或转换风险，主要指经济主体在对其资产负债表进行会计处理时，由于汇率的变动而引起海外资产和负债价值变化的风险。这种风险虽然不会直接影响企业的实际现金流，但会改变企业的财务状况和报告结果，进而影响投资者、债权人等利益相关者的决策。

3.经济风险

经济风险是指由于汇率变动导致企业未来经济收益发生不确定变化的可能性。它主要影响企业的成本结构、产品价格、市场竞争力以及整体盈利能力。当本国货币贬值时，虽然可能提高出口产品的竞争力，但也会增加进口原材料和设备的成本；反之，本国货币升值虽然降低了进口成本，但也可能削弱出口产品的竞争力。

（三）外汇风险管理手段

1.交易风险管理

交易风险管理目标在于锁定未来外汇现金流，避免汇率变动带来的损失。

企业可以通过多种手段管理交易风险，在合同签订阶段选择有利的合同货币或使用国际硬通货结算，以降低汇率风险暴露。

德国大众汽车公司外汇风险管理案例

扫码阅读

2.折算风险管理

折算风险管理目标在于减少汇率波动对企业财务报表的影响，保持企业财务状况的稳定性。企业可以通过构建匹配的资产负债表进行保值，使外币资产和负债的金额及其到期日尽量匹配，降低汇率波动对净资产的影响。此外，企业还可以利用货币互换等金融工具将外币资产或负债转换成本币资产或负债，锁定汇率，避免汇率风险。

折算风险管理的典型做法

扫码阅读

3.经济风险管理

经济风险管理目标在于增强企业抵御外部风险的能力，保持企业长期稳定发展。企业可以通过多元化经营战略，拓展不同市场和产品，降低对单一市场或产品的依赖，分散经营风险。还可以通过多元化融资渠道，降低对单一融资方式的依赖，增强财务韧性。此外，企业需要持续关注宏观经济形势变化，加强市场研究和预测，如密切关注国际组织和各国政府发布的经济数据和政策报告，以及行业研究机构的分析预测，及时调整经营策略，积极应对外部环境带来的挑战。

第三节 外汇制度与外汇管制

一、国际上主要的外汇制度

外汇制度是一国货币当局对本国货币汇率变动的基本方式所作出的规定。国际上主要的外汇制度有如下几种类型。

(一)自由浮动汇率制度

自由浮动汇率制度指货币的汇率完全由外汇市场的供求关系决定,政府不进行任何干预。汇率随着市场上外汇的供需变化而自由波动,就像商品价格在自由市场中根据供求自行调整一样。

这种汇率的波动较为频繁且幅度可能较大。在一些国际经济数据发布、地缘政治事件或市场情绪变化时,货币汇率会快速反应。

美国、日本等主要发达国家大多采用这种制度。美国的经济规模庞大,金融市场高度发达,美元在国际货币体系中占据主导地位,其汇率主要由市场力量决定,美联储一般不会直接干预外汇市场来设定美元汇率。

(二)有管理的浮动汇率制度

货币当局会根据外汇市场的情况和宏观经济目标,在一定程度上对汇率进行干预和管理。这种干预不像固定汇率那样严格控制,而是通过各种政策工具来引导汇率在合理的范围内波动。

该制度既利用了市场机制来发现汇率的合理水平,又通过政府干预来防止汇率过度波动。汇率管理会考虑国内经济状况,如通货膨胀、就业和经济增长等目标。中国实行有管理的浮动汇率制度,中国人民银行会根据国内外经济金融形势和外汇市场供求变化,运用货币政策工具和外汇储备等来维持人民币汇率的基本稳定。

(三)固定汇率制度

固定汇率制度指将本国货币与另一种货币(通常是主要的国际货币)或者一篮子货币的汇率固定在一个特定的水平上,并且波动幅度被限制在很小的范围内。

该制度为国际贸易和投资提供了相对稳定的汇率环境。一些小型开放经济体，如部分加勒比海国家和中东石油国家会将本国货币与美元等主要货币挂钩，采用固定汇率制度。这些国家的经济结构相对单一，主要依赖于少数几种商品的出口（如石油），固定汇率有助于稳定其经济和金融秩序。

（四）货币局制度

这是一种特殊的固定汇率制度。货币当局规定本国货币与某一外国货币保持固定汇率，且货币发行必须以一定比例的外汇储备为基础。也就是说，货币发行量完全取决于外汇储备的多少。

货币局制度下，货币当局的货币政策自主性受到很大限制。因为货币发行量取决于外汇储备，所以在应对国内经济衰退或通货膨胀等问题时不能像其他国家那样灵活地运用货币政策进行调节。香港地区是货币局制度的典型代表。香港金融管理局通过严格的货币发行局安排，确保港元与美元汇率的稳定。

（五）爬行钉住汇率制度

爬行钉住汇率制度指本国货币与另一国货币或一篮子货币保持固定的中心汇率，但这个中心汇率会根据预先设定的公式或指标（如通货膨胀率差异、主要贸易伙伴国的汇率变化等）进行定期或不定期的小幅度调整。

这种制度结合了固定汇率的稳定性和浮动汇率的灵活性，通过小幅度、渐进式的汇率调整，适应经济基本面的变化。一些新兴市场国家曾采用这种制度。智利曾为了适应经济结构调整和国际收支平衡的需要，根据国内经济和外部环境的变化，定期微调比索与美元等货币的汇率。

二、外汇管制

（一）外汇管制的含义

外汇管制是指国家通过法律、法令、条例等形式，对外汇资金的收入和支出、汇入和汇出、本国货币与外国货币的兑换方式及兑换比价所进行的限制。

（二）外汇管制的目的

外汇管制作为一国政府为平衡国际收支和维持本国货币汇率而对外汇进出实行的限制性措施，具有多方面的重要目的。

1.维持国际收支平衡

国际收支平衡是一个国家经济稳定的重要标志之一。外汇管制在维持国际收支平衡方面发挥着关键作用。通过限制外汇流出，能防止因国际收支失衡导致本币大幅贬值，确保国家有足够的外汇储备来支付进口商品和服务以及偿还外债。

2.稳定本国货币汇率

汇率的稳定对于一国的经济发展至关重要。政府通过外汇管制，能避免汇率大幅波动对国内经济造成不利影响，为国内企业创造稳定的国际贸易和投资环境，促进经济的稳定发展。

3.保护本国经济

限制某些商品的进口用汇，引导资源向本国优先发展的产业倾斜，保护本国幼稚产业免受国外竞争的冲击，推动产业结构调整和升级。

4.增加财政收入

政府可通过对外汇交易进行控制和征税，增加财政收入来源，同时也能更好地管理国家的外汇资源，提高资源配置效率。

(三)外汇管制的主要内容

1.贸易外汇管制

贸易外汇管制主要是对进出口贸易中外汇的收支进行管制。这是外汇管制的重要组成部分，对国家的国际收支平衡和经济稳定起着关键作用。

(1)进口付汇审批

政府通过对进口企业的付汇申请进行审批，可以有效控制外汇的流出。

(2)限制进口商品种类和数量

政府通常会根据国家的产业政策和经济发展战略，确定需要限制进口的商品目录。政府可以采用关税调节、配额制度、许可证制度等方式进行进口商品数量限制。

(3)出口收汇强制结汇

出口收汇强制结汇是贸易外汇管制的重要措施之一。强制结汇要求出口企业将其获得的外汇收入按照规定的汇率卖给国家指定的银行。这一措施的主要目的是确保国家能够集中外汇资源，用于关键领域的支出和投资，同时也可以防止企业囤积外汇或进行非法外汇交易，有效增加国家的外汇储备，提高国家的国际支付能力。

2.非贸易外汇管制

非贸易外汇管制主要是对非贸易性的外汇收支进行管制，包括旅游、留学、劳务输出等方面的外汇收支。这些领域的外汇收支虽然在总量上相对较小，但对于国家的国际收支平衡和经济稳定也具有重要影响。

3.资本项目外汇管制

资本项目外汇管制主要是对资本的流入和流出进行管制。这是外汇管制的重要领域之一。

(1)限制外国直接投资的领域和规模

为了确保外国直接投资的质量和效益,同时也为了保护国内产业和国家安全,政府通常会对外国直接投资的领域和规模进行限制。

(2)对证券投资进行严格审批

证券投资是国际资本流动的另一个重要形式。为了防止国际投机资本的冲击和维护国内金融市场的稳定,政府通常会对证券投资进行严格审批。

(3)对外债进行严格审批

外债是国家利用国际金融市场筹集资金的一种方式。为了确保外债的合理使用和安全偿还,政府通常会对外债进行严格审批。

(四)外汇管制的方式

外汇管制主要有以下两种方式:

1.数量管制

数量管制是对外汇收支的数量进行直接限制,在外汇管制中发挥着重要作用,如规定进出口企业的外汇结算额度、个人外汇兑换限额等。

2.价格管制

价格管制是通过调整汇率、利率等价格手段来间接影响外汇收支的一种外汇管制方式。

(五)外汇管制的影响

外汇管制作为一国政府调节外汇收支、稳定汇率和保护本国经济的重要手段,具有多方面的影响。

1.有助于稳定本国经济和货币汇率

当一国面临国际收支严重失衡、货币面临大幅贬值压力时,通过外汇管制措施可以限制外汇的过度流出,增加外汇的供给,从而缓解货币贬值的压力。同时,外汇管制还可以防止国际投机资本的恶意攻击,维护金融市场的稳定。

2.可以集中外汇资源用于国家重点建设项目和关键产业发展

对于一些发展中国家来说,外汇资源相对稀缺,通过外汇管制可以确保有限的外汇资源流向对国家经济发展具有战略意义的领域。

3.保护国内产业免受外部冲击

通过限制进口商品的种类和数量,以及对进口付汇进行审批,可以减少国外产品对国内市场的冲击,为国内产业提供一定的发展空间。此外,外汇管制还可以防止国外企业通过大规模的并购等方式控制国内关键产业,保护国家的经济安全。

4.对国际贸易和投资产生一定的限制作用

在贸易方面,进口付汇审批、限制进口商品种类和数量等措施可能会导致进口成本上升,降低进口效率,影响国内企业对国外原材料和先进技术设备的获取。同时,出口收汇强制结汇等措施也可能使出口企业面临一定的汇率风险和资金使用限制,降低其出口积极性。在投资方面,对外资的限制和对本国资本外流的管制会阻碍国际资本的自由流动,减少外国直接投资和国内企业对外投资的机会,降低经济的开放度和活力。

5.可能导致黑市外汇交易滋生,扰乱金融秩序

当官方外汇市场受到严格管制,外汇供求不能通过正常渠道得到满足时,一些人可能会转向黑市进行外汇交易。黑市外汇交易不仅会导致汇率的扭曲,使官方汇率失去真实性和指导性,还可能引发一系列非法活动,如洗钱、走私等,严重扰乱金融秩序。此外,黑市外汇交易的存在也会削弱政府对外汇市场的调控能力,增加经济管理的难度。

6.可能会降低经济效率

一方面,由于外汇管制限制了资源的自由配置,企业不能根据市场需求自由地进行国际贸易和投资,导致资源不能得到最优配置,降低了经济的整体效率。另一方面,外汇管制需要政府投入大量的人力、物力进行管理和监督,增加了行政管理成本。同时,企业为了应对外汇管制措施,也需要花费额外的成本进行合规操作,导致运营成本增加。

第四节　汇率决定理论

一、购买力平价理论

购买力平价理论是一种重要的汇率决定理论,在国际经济学中占据着关键地位。该理论认为,两国货币的汇率取决于两国货币的购买力之比,即一种货币在国内的购买力与另一种货币在国外的购买力相等时,两国货币的汇率就达到均衡。

(一)购买力平价理论的内容

1.绝对购买力平价

绝对购买力平价理论认为,两国货币的汇率等于两国物价水平之比。也就是说，在同一时点上，不同国家货币购买力的比率决定了汇率水平。如果用 P_1 和 P_2 分别表示本国和外国的物价水平，E 表示汇率（直接标价法），那么绝对购买力平价可以用公式表示为：$E=P_1/P_2$。

例如，假设在本国一篮子商品的价格为 1000 元，而在外国相同一篮子商品的价格为 200 单位外国货币。根据绝对购买力平价理论，汇率应该为 5，也就是 1 单位外国货币可以兑换 5 单位本国货币。

绝对购买力平价理论的基础是一价定律。一价定律指出，在没有运输成本和贸易壁垒等因素的情况下，同种商品在不同国家应该以相同的价格出售。如果出现价格差异，就会引发套利行为，使得价格趋于一致。

2.相对购买力平价

相对购买力平价理论是对绝对购买力平价理论的扩展和修正。它认为，汇率的变动取决于两国物价水平的变动率之差。如果本国物价水平相对外国物价水平上升，本国货币就会贬值；反之，如果本国物价水平相对外国物价水平下降，本国货币就会升值。

用公式表示：

$$\Delta E/E=(\Delta P_1/P_1)-(\Delta P_2/P_2)$$

其中 ΔE 表示汇率的变动，ΔP_1 和 ΔP_2 分别表示本国和外国物价水平的变动。

例如，假设本国物价水平在一年内上涨了 10%，外国物价水平上涨了 5%。根据相对购买力平价理论，本国货币相对外国货币应该贬值 5%。如果初始汇率为 1 单位外国货币兑换 5 单位本国货币，那么经过一年后，汇率可能变为 1 单位外国货币兑换 5.25 单位本国货币。

（二）购买力平价理论的假设条件

1.一价定律成立

如前所述，一价定律是绝对购买力平价理论的基础。然而，在现实中，因为存在运输成本、贸易壁垒、税收差异、信息不对称等因素，一价定律往往难以完全成立。

2.商品具有同质性

购买力平价理论假设不同国家的商品是完全同质的，即具有相同的质量、规格和性能。但实际上，即使是同种商品，在不同国家也可能存在差异。例如，不同国家生产的汽车可能在质量、安全性、配置等方面存在差异，这就使得它们的价格不能简单地进行比较。此外，服务类商品的质量差异更加明显，不同国家的医疗服务、教育服务等很难直接进行比较。

3.不存在贸易壁垒和运输成本

贸易壁垒和运输成本是影响商品价格和汇率的重要因素。如果存在贸易壁垒,如关税、配额、反倾销措施等,会增加商品的进口成本,从而打破一价定律。运输成本也会使得同种商品在不同国家的价格出现差异,特别是对于体积大、重量重、易损坏的商品,运输成本可能占比较大。

4.市场完全竞争

购买力平价理论假设市场是完全竞争的。在完全竞争市场中,价格能够迅速调整,以反映供求关系的变化。然而,在现实中,很多市场并不完全符合完全竞争的条件。

5.两国的价格指数能够准确反映物价水平

为了计算购买力平价,需要使用价格指数来衡量两国的物价水平。价格指数的编制方法和所包含的商品种类会影响其准确性。如果价格指数不能准确反映物价水平,那么根据购买力平价理论计算出的汇率也会存在误差。此外,不同国家的价格指数编制方法可能存在差异,这也会增加比较的难度。

巨无霸指数(Big Mac Index)

扫码阅读

二、利率平价理论

利率平价理论认为,两国货币的汇率取决于两国利率水平的差异。投资者会根据两国的利率差异进行套利活动,从而使汇率达到均衡。随着全球经济一体化的不断深入,国际资本流动日益频繁,利率平价理论对于分析和预测汇率变动、制定货币政策以及进行跨国投资决策等方面都具有重大的现实意义。

(一)利率平价理论的内容

1.抛补利率平价

抛补利率平价理论指出,在均衡状态下,两国货币汇率的远期升贴水率等于两国货币利率之差。具体而言，如果本国利率高于外国利率，那么本币在远期市场上将会贴水；反之，如果本国利率低于外国利率，本币在远期市场上将会升水。

假设本国货币利率为 i，外国货币利率为 i^*，即期汇率为 S（直接标价法，1 单位外国货币兑换的本币数量），远期汇率为 F。根据抛补利率平价理论，有：

$$\frac{F-S}{S}=i-i^*$$

例如：本国一年期存款利率为 5%，外国一年期存款利率为 3%，当前即期汇率为 1.2（1 单位外国货币兑换 1.2 单位本国货币）。假设不考虑交易成本等因素，根据抛补利率平价理论，远期汇率 F 可以通过上面的公式进行计算，F 约等于1.184。这意味着在均衡状态下，一年后的远期汇率应该是 1 单位外国货币兑换 1.184 单位本国货币。如果实际远期汇率与这个理论值不符，就可能存在套利机会。

抛补利率平价理论的核心在于投资者可以通过在不同国家进行货币兑换和投资，同时利用远期外汇合约锁定未来的汇率，从而消除汇率风险。当市场处于均衡状态时，这种套利机会将消失，汇率的远期升贴水率恰好等于两国货币利率之差。

2.非抛补利率平价

非抛补利率平价理论认为，预期的汇率变动率等于两国货币利率之差。即投资者根据对未来汇率的预期进行投资决策，如果本国利率高于外国利率，投资者预期本币在未来会贬值；反之，如果本国利率低于外国利率，投资者预期本币在未来会升值。

用公式表示为：

$$\frac{E(e)-S}{S}=i-i^*$$

其中，$E(e)$表示预期的未来即期汇率。例如，本国货币利率为 4%，外国货币利率为 2%。当前即期汇率为 1.5。根据非抛补利率平价理论，投资者预期未来汇率的变动为：

$$\frac{E(e)-1.5}{1.5}=0.04-0.02$$

假设投资者预期未来汇率会按照利率平价理论变动，那么可以解出预期未来即期汇率 $E(e)$约等于 1.53。这意味着投资者预期在未来某个时点，1 单位外国货币将兑换 1.53 单位本国货币。

非抛补利率平价理论强调的是投资者在进行跨国投资时不进行远期外汇交易来对冲汇率风险，而是完全基于对未来汇率的预期进行决策。这种预期会影响当前的即期汇率，使得市场逐渐趋向于满足利率平价条件。

(二)利率平价理论的假设条件

1.资本完全流动

利率平价理论假设国际资本可以完全自由地在不同国家之间流动，没有任何限制。这意味着投资者可以在瞬间将资金从一个国家转移到另一个国家，以追求更高的收益。在现实中，虽然国际资本流动的程度不断提高，但仍然存在一些限制因素，如资本管制、交易成本、信息不对称等。

2.不存在交易成本

该理论假设进行跨国货币兑换和投资时不存在交易成本，包括手续费、佣金、税收等。然而，在实际操作中，这些交易成本是不可避免的，它们会影响投资者的套利行为和汇率的变动。交易成本的存在可能使得实际汇率与利率平价理论所预测的汇率存在偏差。

3.投资者具有完全理性预期

利率平价理论假设投资者能够准确地预测未来的汇率变动，并且具有完全理性的决策能力。他们会根据两国货币利率之差和对未来汇率的预期来进行跨国投资决策。但在现实中，投资者的预期往往受到多种因素的影响，如市场情绪、信息不确定性、心理偏差等，不一定完全准确和理性。

4.市场有效

假设市场是有效的，即价格能够迅速反映所有可用的信息。在利率平价的情况下，这意味着汇率能够迅速调整，以消除任何套利机会。如果市场不是有效的，信息传递可能存在滞后，价格调整可能不及时，从而导致实际汇率与理论预测值不符。

利率平价理论与新兴市场国家

扫码阅读

三、国际收支说

国际收支说认为，汇率是由外汇市场上的供求关系决定的，而外汇供求则取决于一国的国际收支状况。当一国国际收支出现顺差时，外汇供给大于需求，本币汇率上升；反之，当一国国际收支出现逆差时，外汇需求大于供给，本币汇率下降。

国际收支可以分为经常账户和资本与金融账户。经常账户主要包括货物和服务贸易、收入和经常转移等项目。当一国的货物和服务出口大于进口时，经常账户出现顺差，这会增加外汇供给，从而对本币汇率产生升值压力。资本与金融账户主要包括资本流入和流出等项目。当一国吸引的外国资本大于本国资本流出时，资本与金融账户出现顺差，也会增加外汇供给，对本币汇率产生升值压力。

影响国际收支的因素众多，包括国内经济状况（如经济增长、通货膨胀、利率水平等）、国际经济环境（如世界经济增长、主要贸易伙伴的经济状况、国际市场价格波动等）、政策因素（如货币政策、财政政策、汇率政策等）。

四、资产市场说

资产市场理论将汇率看作一种资产价格，由资产市场上的供求关系决定。资产市场包括本国货币市场、本国债券市场和外国债券市场等。

1.货币分析法

货币分析法认为汇率是两国货币相对价格的一种表现形式，它取决于两国货币的供求关系。货币供求的变化会引起汇率的变动。在货币分析法中，本国货币供给的增加会导致本币贬值，外国货币供给的增加会导致本币升值。

货币分析法假设商品价格具有完全弹性，这在现实中并不一定成立。此外，货币分析法忽略了实际经济因素对汇率的影响。

2.资产组合分析法

资产组合分析法认为，投资者会根据不同资产的预期收益率和风险来调整其资产组合，包括本国货币、外国货币、本国债券和外国债券等。汇率的变动取决于投资者对不同资产组合的调整。当投资者调整资产组合时，会引起不同资产市场的供求变化，从而影响汇率。例如，如果投资者增加对本国债券的需求，会导致本国债券价格上升，利率下降，本币升值。

资产组合分析法考虑了多种因素对汇率的影响，包括国内外利率、通货膨胀率、风险偏好、资产规模等，它认为汇率的变动是多种因素共同作用的结果。

几大汇率决定理论的核心与局限

扫码阅读

复习与思考

一、核心概念

外汇	汇率	直接标价法
间接标价法	外汇储备	即期汇率
远期汇率	固定汇率制度	浮动汇率制度
外汇市场风险	数量管制	价格管制
绝对购买力平价	相对购买力平价	一价定律

二、思考题

1.简述外汇和汇率的概念。

2.外汇市场有哪些主要功能?

3.简述即期外汇交易和远期外汇交易的区别。

4.如何理解汇率风险?

5.试分析影响汇率变动的主要因素。

6.论述外汇风险管理的重要性及其主要手段。

第九章　国际货币体系

学习目标

知识目标

1.了解国际货币体系的概念、历史演变、功能和基本要素。

2.掌握国际金本位制、布雷顿森林体系和牙买加体系的基本内容和运行机制。

3.了解全球金融危机与国际货币体系治理，探讨人民币国际化的进程和意义。

能力目标

1.能够系统性分析国际货币体系的运行机制。

2.能够深入理解国际经济交往中的货币协调能力。

3.能够分析当前国际货币体系面临的挑战并提出改革方向。

素养目标

1.充分认识各国在国际货币体系中的地位和作用，明白国家在经济领域的独立自主是国家主权的关键部分。

2.充分认识到我国在国际货币体系中地位的提升，肯定中国货币文化和金融理念等在国际交流中的价值，从而进一步增强文化自信。

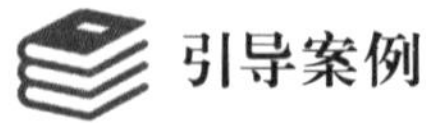

人民币国际化进程不断加快

人民币国际化是指人民币在跨境贸易、投资、融资等领域的使用程度不断提高，逐步成为国际支付货币、储备货币和计价货币的过程。其重要意义不仅在于降低中国企业在国际贸易和投资中的汇率风险，减少对外汇储备的依赖，提升中国金融市场的国际影响力，增强中国在国际经济事务中的话语权，更有利于为国际贸易和投资提供更多选择，促进国际货币体系的多元化，增强国际金融体系的稳定性，推动全球经济的均衡发展。当前，国际货币体系正面临美元主导地位带来的风险、全球金融危机暴露出的制度缺陷、新兴经济体崛起带来的变革诉求等诸多挑战，人民币国际化被视为推动国际货币体系改革的重要力量，其国际化进程稳步推进，为国际社会提供了新的选择，也为完善国际货币体系、维护全球金融稳定贡献了中国智慧和中国方案，人民币在国际货币体系中的重要作用主要体现在促进国际货币体系的多元化、增强国际金融体系的韧性、推动全球经济的再平衡、提升新兴经济体的话语权等方面，人民币国际化稳中有进的发展态势，彰显了中国经济的强大韧性和活力，也为世界经济的复苏和发展注入了新的动力，是中国走向世界舞台中央的重要标志，也是中国为构建人类命运共同体贡献力量的重要体现。

分析与思考：结合中国的区域经济一体化发展状况，分析人民币国际化的区域环境优势及对区域经济发展的可能贡献。

根据中国人民银行发布的2024年《人民币国际化白皮书》，人民币的国际货币职能继续提升，境外金融机构参与境内金融市场更加主动，人民币多边使用的网络效应进一步增强。

人民币在跨境贸易结算中的使用占比逐步提高。2023年，人民币跨境收付金额合计52.3万亿元，同比增长24.2%，成为中国跨境收付第一大结算币种。其中，货物贸易跨境人民币收付金额合计10.7万亿元，占同期货物贸易本外币跨境收付总额比重为25%，2024年1月该比重为26%。

人民币国际化基础设施不断完善。截至2023年末，人民币跨境支付系统(CIPS)共有直接参与者139家，间接参与者1345家，业务范围覆盖全球182个国家和地区的4442家法人银行机构。越来越多的国际投资者开始关注人民币资产，境外机构投资者投资银行间债券市场等政策不断优化。

中国人民银行与多个国家央行新签或续签双边本币互换协议，2024年如中日两国央行续签双边本币互换协议、中巴（基斯坦）两国央行续签双边本币互换协议等。还在多个国家新设人民币清算行，目前已在31个国家和地区授权了33家人民币清算行。

第一节　国际货币体系概述

在全球经济日益紧密相连的今天，国际货币体系犹如一座坚实而复杂的金融大厦基石，深刻地影响着世界各国的经济往来与发展走向。它作为国际金融领域的核心架构，涵盖了汇率制度的确定、国际储备资产的构成以及国际收支的调节方式等关键要素，对国际贸易、投资以及全球经济的稳定起着至关重要的作用。

一、国际货币体系的定义与构成

国际货币体系是为适应国际经济交往与合作的需求，各国政府及国际组织对货币在国际范围内发挥职能所确定的原则、采取的措施和建立的组织形式的总和。它主要包括以下几个方面：

（一）汇率制度的确定

汇率制度的确定包括：各国货币之间的比价关系如何确定，是采取固定汇率制还是浮动汇率制，或者是其他汇率安排。例如，在金本位制下，各国货币与黄金挂钩，汇率相对稳定；而在牙买加体系下，汇率制度更加多样化，包括自由浮动、管理浮动等多种形式。

（二）国际储备资产的确定

国际储备资产是一国货币当局持有的用于国际支付、平衡国际收支和维持其货币汇率的各种形式资产的总称。在不同的国际货币体系中，国际储备资产的构成有所不同。在金本位制时期，黄金是主要的国际储备资产；在布雷顿森林体系时期，美元与黄金挂钩，美元成为主要的储备货币；而在当前的国际货币体系中，美元、欧元、日元、英镑等多种货币以及国际货币基金组织创设的特别提款权（SDR）等都构成了国际储备资产。

（三）国际收支的调节方式

国际收支平衡是国际经济交易中的理想状态，但各国在经济发展过程中往往会出现国际收支失衡的情况。不同的国际货币体系规定了不同的调节方式。例如，在金本位制下，国际收支失衡可以通过“价格—铸币流动机制”进行自动调节；而在布雷顿森林体系中，国际货币基金组织会对成员国的国际收支失衡提供资金援助和调节措施。

二、国际货币体系的作用

国际货币体系作为规范各国货币关系和国际支付结算制度的总和，对全球经济的稳定和发展发挥着至关重要的作用。其主要作用体现在以下三个方面：

（一）提供国际清算和支付手段，促进国际贸易和投资发展

国际货币体系首先要解决的是国际贸易和投资中使用何种货币进行结算和支付的问题。一个高效的国际货币体系需要确定国际清算和支付手段的来源、形式和数量，为世界经济的发展提供必要的充分的国际货币，并规定国际货币与各国货币的相互关系。

（二）建立国际收支调节机制，维护全球经济稳定

国际货币体系需要建立有效的国际收支调节机制，以确保世界经济的稳定和各国经济的平衡发展，主要涉及汇率机制、对逆差国的资金融通机制和对国际货币发行国的国际收支纪律约束机制三个方面。

（三）构建国际货币金融事务协商机制，促进国际合作

国际货币体系需要确立有关国际货币金融事务的协商机制或建立有关的协调和监督机构，以促进各国之间的沟通和合作，共同应对全球经济面临的挑战。

三、国际货币体系的主要内容

（一）汇率制度安排

1.固定汇率制。金本位制下的固定汇率是指，在国际金本位制时期，各国货币规定含金量，货币汇率由铸币平价决定，汇率波动被限制在黄金输送点的范围内。例如，在 19 世纪末 20 世纪初的金本位制下，英镑与美元的汇率基本稳定在一定的狭小范围。

2.浮动汇率制。浮动汇率制又分为自由浮动汇率制和管理浮动汇率制。自由浮动汇率制是指汇率完全由外汇市场的供求关系决定，政府不进行任何干预。

20 世纪 70 年代牙买加体系建立后，一些主要发达国家的货币如美元、日元、欧元等在外汇市场上的汇率波动较为频繁，其波动主要受市场供求、利率、经济增长等多种因素影响。管理浮动汇率制是指政府会对外汇市场进行一定程度的干预，以维持汇率在一个相对合理的范围内波动。

(二)国际储备资产的确定

1.黄金。在金本位制时代，黄金是最主要的国际储备资产。各国将黄金作为国际支付和清算的最终手段，其储备量的多少直接反映了一国的国际清偿能力。

2.外汇储备。在布雷顿森林体系下，美元成为主要的储备货币。各国央行将美元作为主要的外汇储备资产，用于国际支付和平衡国际收支。

3.特别提款权(SDR)。第二次美元危机爆发后，国际货币基金组织于 1969 年创设了一种账面资产，名为特别提款权。基金组织的成员国可以自愿参加特别提款权的分配，成为特别提款账户参加国。在基金组织的范围内，成员国可用特别提款权来履行原先必须要用黄金才能履行的义务，又可以用特别提款权充当国际储备资产，还可以用特别提款权取代美元来清算国际收支差额。

(三)国际收支调节机制

1.自动调节机制。自动调节机制包括价格—铸币流动机制和利率机制。价格—铸币流动机制是指在金本位制下，当一国国际收支出现逆差时，黄金外流，国内货币供应量减少，物价水平下降，从而提高本国商品在国际市场上的竞争力，出口增加，进口减少，国际收支逐渐恢复平衡。利率机制是指在浮动汇率制下，当一国国际收支出现失衡时，会引起国内利率的变动，进而影响资本的流动和汇率的变化，从而对国际收支进行调节。

2.政策调节机制。政策调节机制包括财政政策调节、货币政策调节和汇率政策调节。财政政策调节是指通过调整政府支出和税收来影响国内经济活动和国际收支。货币政策调节是指通过调整货币供应量、利率等手段来调节国际收支。汇率政策调节是指通过调整汇率水平来影响进出口和资本流动，从而调节国际收支。例如，本币贬值可以提高本国出口商品的竞争力，增加出口收入，改善国际收支逆差。

(四)国际货币事务的协调与管理

1.国际货币基金组织(IMF)的作用

IMF 对成员国的经济和货币政策进行监督，以确保各国政策符合国际货币体系稳定的要求。当成员国出现国际收支困难或金融危机时，IMF 可以提供贷款等形式的资金支持。

2.其他国际协调机制

主要发达国家和新兴市场国家通过 G7 和 G20 等平台，就全球经济和金融问题进行讨论和协调。一些国家在区域范围内开展货币合作，以促进区域内贸易和经济一体化，并增强区域在国际货币事务中的影响力。

国际货币基本组织和希腊债务危机

扫码阅读

第二节　国际货币制度的演变

一、金本位制

19 世纪下半叶，随着资本主义经济的迅速发展和国际贸易的不断扩大，各国对稳定的货币体系的需求日益迫切。英国作为当时世界上最强大的工业国家和贸易大国，于 1816 年率先实行金本位制，规定英镑的价值与一定量的黄金挂钩。随后，在英国的影响下，德国、美国、法国等西方主要国家也相继在 19 世纪 70 年代至 90 年代实行金本位制。至此，国际金本位制正式形成，各国货币通过黄金建立起了固定的联系。

金本位制包括三种形式，即金币本位制、金块本位制和金汇兑本位制，其中金币本位制是金本位制的典型形式。在金币本位制下，流通中使用的是具有一定成色和重量的金币，金币可以自由铸造、自由兑换、自由输出输入。在金块本位制和金汇兑本位制下，流通中使用的是可以兑换为黄金的纸币——黄金符号，纸币与黄金的兑换受数量或币种的限制。与金币本位制相比，金块本位制和金汇兑本位制是较弱的金本位制。

(一)金币本位制

金币本位制的特点主要有:

1.由国家以法律规定铸造一定形状、重量和成色的金币,作为具有无限法偿效力的本位货币自由流通。

2.任何人都可按法定的含金量,自由地将金块交给国家造币厂铸造成金币,这保证了金币的供给能根据市场需求自发调节。

3.金币与银行券等价值符号可自由兑换,保证了货币价值的稳定。

4.黄金可以自由输出或输入,这使得各国货币汇率相对稳定,促进了国际贸易和资本流动。

(二)金块本位制

第一次世界大战后,在1924—1928年资本主义相对稳定时期,一些国家虽然名义上恢复了金本位制,但实际上没有财力支持,都实行了变相的金币本位制,即金块本位制,其特点有:

1.金币作为本位货币,在国内不允许流通,只流通纸币,纸币有无限法偿权。

2.国家储备金块,作为发行货币的储备。

3.规定纸币的含金量、黄金官价,各国货币通过含金量确定固定汇率。

4.纸币不能自由兑换金币,但在国际支付或工业使用黄金时可以按规定限制数量(如当时英国规定为400盎司黄金以上),用纸币向本国中央银行兑换金块,即纸币实行有条件地兑现黄金。

(三)金汇兑本位制

该制度特点主要有:

1.国内不流通金币,而流通纸币,并规定含金量与某一关系密切的金币本位制或金块本位制国家的货币以固定比价相挂钩。

2.纸币不能直接兑换黄金,只能兑换外汇。实行这种制度的国家的货币同另一个实行金块本位制国家的货币保持固定比价,并在该国存放外汇和黄金作为准备金。

3.货币制度依赖宗主国。由于这种货币制度实质上依附货币联系国或宗主国,所以汇率波动幅度比金币本位制或金块本位制大。

(四)国际金本位制的影响

1.有利于长期经济规划与投资

金本位制下,货币的价值与黄金直接挂钩,由于黄金的供应量相对稳定,这就使得货币的价值也较为稳定,从而为经济活动提供了可靠的货币环境,降低了通货膨胀的风险，有利于人们进行长期的经济规划和投资。

2.汇率相对稳定

各国货币之间的汇率由其含金量决定，波动范围较小。稳定的汇率降低了国际贸易中的汇率风险，使得商人能够更准确地预测交易成本和收益，从而促进了国际贸易的发展。

3.对政府的货币发行权形成了一定的约束

政府不能随意增加货币供应量，因为这需要相应的黄金储备作为支撑。这种限制有助于防止政府过度发行货币导致通货膨胀，维护了货币的信誉和价值。

4.制约经济的进一步发展

在金本位制下，由于货币供应量受到黄金储备的限制，所以当经济增长迅速时，可能会出现货币供应不足的情况，从而制约经济的进一步发展。

5.货币政策缺乏灵活性

当经济出现危机或外部冲击时，政府难以通过货币政策进行有效的调节。

6.调节机制存在一定的滞后性和局限性

金本位制下的国际收支调节机制主要依赖于“价格-铸币流动机制”。这种调节机制存在一定的滞后性和局限性。

随着世界经济的快速发展，人们对货币的需求不断增加，然而黄金的产量增长却有限，无法满足货币供应的需求，这就导致货币供应量相对不足，制约了经济的进一步发展。第一次世界大战期间，各国为了筹集战争经费，纷纷停止黄金的自由出入，实行黄金禁运，并大量发行纸币，这使得金本位制的基础遭到破坏，名存实亡。战后各国经济陷入困境，纷纷采取通货膨胀政策，货币贬值，这进一步削弱了金本位制的稳定性，使得金本位制难以维持。

二、布雷顿森林体系

(一)布雷顿森林体系的建立

第二次世界大战使世界经济遭受了巨大的破坏，各国货币汇率混乱，国际货币秩序陷入混乱。为了重建国际货币秩序，促进世界经济的恢复和发展，44 个国家的代表于 1944 年在美国新罕布什尔州的布雷顿森林召开了联合国货币金融会议。美国在战争期间经济实力大增，成为世界上最大的债权国和黄金储备国。美国凭借其强大的经济实力主导了会议的进程，提出了以美元为中心的国际货币体系方案。

(二)布雷顿森林体系的主要内容

1.规定“35 美元＝1 盎司黄金”，各国政府或中央银行可以用美元向美国政府兑换黄金。这一规定确立了美元在国际货币体系中的核心地位，使美元成为等同于黄金的国际储备货币。

2.各国货币规定含金量，通过与美元的汇率间接与黄金挂钩。将汇率固定在一定的范围内波动，一般为上下各1%。例如，规定“1英镑=2.8美元”“1法国法郎=0.18美元”等。

3.建立国际货币基金组织（IMF）。IMF的主要职责是维护国际货币体系的稳定，促进国际货币合作。具体来说，IMF为成员国提供短期资金融通，以帮助其解决国际收支失衡问题；对成员国的汇率政策进行监督，确保各国汇率制度符合布雷顿森林体系的要求；协调各国的货币政策，促进国际经济的稳定发展。

（三）布雷顿森林体系的运行与调整

各国货币与美元的汇率固定在一定的范围内波动，汇率的调整需要经过IMF的批准。这种固定汇率制度有助于稳定国际贸易和投资，降低汇率风险，促进世界经济的恢复和发展。

当一国国际收支出现逆差时，可以向IMF申请贷款。同时，该国需要采取紧缩性的财政政策和货币政策，减少国内需求，增加出口，减少进口，以改善国际收支状况。

当一国国际收支出现顺差时，可以向IMF缴存部分货币，同时采取扩张性的财政政策和货币政策，增加国内需求，减少出口，增加进口，以平衡国际收支。

20世纪60年代以来，美国国际收支逆差不断扩大，美元信誉下降，各国纷纷抛售美元，抢购黄金，导致美元危机和黄金兑换危机频繁发生。为了缓解危机，美国采取了一系列措施，如提高黄金价格、限制黄金外流、与其他国家进行货币合作等，但效果并不理想。为了缓解美元危机，IMF于1969年创设了特别提款权（SDR）。SDR是一种国际储备资产，由IMF按照成员国的份额分配给各成员国。SDR的价值由一篮子货币决定，目前包括美元、欧元、人民币、日元和英镑。SDR的创设为成员国提供了一种新的国际储备资产，有助于缓解国际清偿力不足的问题，同时也降低了对美元的依赖程度。

（四）布雷顿森林体系的作用

1.两次世界大战之间，国际货币体系分裂、各国货币竞相贬值、动荡不定，而布雷顿森林体系的建立结束了这种混乱局面，为国际货币金融关系提供了统一的标准和基础，使国际金融秩序重新趋于稳定，为战后世界经济的恢复和发展创造了有利条件。

2.该体系下的固定汇率制在很大程度上消除了汇率波动带来的风险，稳定了主要国家的货币汇率，有利于国际贸易的发展。美国通过赠与、信贷、购买外国商品和劳务等形式向世界散发大量美元，客观上起到增强世界购买力的作用，进一步促进了国际贸易的扩大。汇率的相对稳定避免了国际资本流动中引发的汇率风险，为国际资本的输入与输出创造了良好环境，有助于金融业和国际金融市场的发展，也为跨国公司的生产国际化创造了良好条件。

3.国际货币基金组织(IMF)和世界银行的成立是布雷顿森林体系的重要组成部分。IMF为成员国提供短期贷款，帮助其缓解国际收支危机，促进了支付办法上的稳步自由化；世界银行则为成员国的经济复兴与发展提供长期贷款和技术援助，这两个机构在战后世界经济的恢复和发展中起到了积极的推动作用。

(五)布雷顿森林体系的崩溃

布雷顿森林体系下，美元作为国际储备货币，要求美国保持国际收支顺差，以保证美元的信誉；但各国为了发展国际贸易，又要求美国保持国际收支逆差，以提供足够的国际清偿力。这就产生了著名的"特里芬难题"，这一矛盾无法解决，最终导致了布雷顿森林体系的崩溃。

20世纪70年代以来，美国经济陷入滞胀，国际收支逆差不断扩大，美元信誉下降，各国对美元的信心逐渐丧失。同时，欧洲和日本经济的崛起使得美国在世界经济中的主导地位受到挑战，也加速了布雷顿森林体系的崩溃。

1973年和1979年两次石油危机导致世界经济陷入衰退，通货膨胀加剧。各国为了应对危机，纷纷采取浮动汇率制度，即放弃了与美元的固定汇率。这进一步削弱了布雷顿森林体系的基础，加速了其崩溃的进程。

特里芬难题

扫码阅读

三、牙买加体系

(一)牙买加体系的形成

布雷顿森林体系崩溃后，国际货币秩序陷入混乱。为了建立新的国际货币体系，国际货币基金组织于1976年在牙买加首都金斯敦召开会议，通过了《牙买加协定》，标志着牙买加体系的形成。

（二）主要内容

1.各国可以根据本国的经济情况选择不同的汇率制度，浮动汇率制成为国际汇率制度的主要形式。这意味着汇率由市场供求关系决定，各国货币当局可以根据需要进行干预，但干预的程度和方式各不相同。

2.黄金不再作为国际货币体系的基础，各国货币不再与黄金挂钩，黄金的货币职能逐渐消失。这一规定结束了黄金在国际货币体系中的特殊地位，使得货币体系更加多元化和市场化。

3.除了美元、欧元、日元等传统货币外，特别提款权等新型国际储备资产的地位不断提高，国际储备资产呈现多元化趋势。这有助于降低单一货币作为国际储备货币的风险，提高国际货币体系的稳定性。

4.各国可以通过汇率调整、利率政策、国际融资等多种方式调节国际收支失衡。这使得国际收支调节更加灵活和有效，能够更好地适应不同国家的经济情况和国际经济形势的变化。

（三）牙买加体系的运行特点

1.汇率波动频繁

由于浮动汇率合法化，各国汇率的波动更加频繁，汇率风险增加。汇率波动的原因主要有经济基本面因素、市场预期、国际资本流动等。其中，经济基本面因素是指通货膨胀率、利率水平、经济增长率等的变化影响汇率的走势。

牙买加体系下英镑的剧烈波动

扫码阅读

2.国际储备多元化

国际储备资产的多元化降低了单一货币作为国际储备货币的风险，但也增加了国际储备管理的难度。各国需要根据自身的经济情况和国际市场的变化合理配置国际储备资产，以实现资产的保值增值和风险的分散化。

牙买加体系提升了欧元在国际储备中的地位

扫码阅读

3.国际收支调节机制多样化

国际收支调节机制的多样化为各国提供了更多的选择，但也增加了国际收支调节的复杂性。各国需要综合运用多种调节方式，加强国际合作，共同应对国际收支失衡问题。

（四）牙买加体系的评价

1.积极方面

牙买加体系下，各国可以根据本国的经济情况选择不同的汇率制度和国际储备资产，更加灵活地应对国际经济形势的变化，这有助于促进世界经济的多元化发展，提高各国经济的抗风险能力。同时，国际储备多元化和国际收支调节机制多样化降低了单一货币和单一调节方式的风险，增强了国际货币体系的稳定性。

2.消极方面

汇率的不稳定使得企业难以预测成本和收益，影响了国际贸易和投资的发展。此外，汇率波动还可能引发货币危机和金融危机，对世界经济的稳定造成威胁。虽然国际收支调节机制多样化，但在实际操作中，各国往往难以有效地协调政策，国际收支失衡问题仍然较为突出。牙买加体系下，国际货币合作机制相对薄弱，各国在货币政策、汇率政策等方面的协调难度较大，容易引发贸易摩擦和货币战争。

第三节 区域性金融体系的发展与影响

一、区域性金融体系的内涵

(一)区域性金融体系的概念

区域性金融体系是指在一定地理区域范围内,由各类金融机构、金融市场、金融基础设施以及金融监管机构等要素相互联系、相互作用而构成的有机整体。它主要服务于该区域内的经济主体,包括企业、居民和政府等,通过资金融通、资源配置、风险管理等金融功能的发挥,促进区域经济的增长和稳定。

例如,在欧洲联盟这个区域内,欧洲中央银行作为核心机构,众多商业银行、证券交易所等金融机构共同构成金融体系。它们之间通过货币流通、信贷业务、证券交易等活动紧密相连,这个金融体系的运作主要是为了满足欧盟国家内部经济活动对资金的需求,促进区域内贸易、投资等经济活动的顺利开展。

(二)区域性金融体系的特征

1.地域局限性

区域性金融体系主要服务于特定的地理区域。它的业务范围、资金流向和金融机构的服务对象都有明显的地域边界。例如,在东盟内部设立的跨境支付系统主要是为了方便东盟国家之间的贸易结算,而不是面向全球范围。

2.经济关联性

它与区域内的经济发展紧密相关。区域经济的结构、产业特点和发展水平在很大程度上决定了金融体系的规模、结构和功能。由于中东地区拥有丰富的石油资源,因此石油产业相关的金融业务如石油美元的循环利用、石油期货交易等在该区域金融体系中占据重要地位。

3.政策导向性

区域性金融体系往往受到区域内各国政府政策和区域经济组织共同政策的强烈影响。政府可以通过货币政策、财政政策以及金融监管政策等来引导金融体系的发展方向。在欧元区,欧洲中央银行通过统一的货币政策来调节货币供应量和利率水平,以维持物价稳定和促进经济增长。同时,各国政府也会根据自身经济发展的需要,制定一些金融扶持政策,如对本国中小企业融资提供政策支持等。

4.金融机构合作性

区域内金融机构之间的合作较为紧密。这种合作包括银行间的同业拆借、银团贷款、金融机构之间的信息共享等多种形式。以北美自由贸易协定(NAFTA)区域为例,美国、加拿大和墨西哥的银行之间相互合作,通过跨境设立分支机构和开展业务合作,实现优势互补。

(三)区域性金融体系的分类

1.以经济发展水平为标准分类

(1)发达区域金融体系

这种金融体系通常存在于经济高度发达的区域,如欧盟部分核心国家所在的区域金融体系。其特点是金融市场成熟,金融机构种类齐全、竞争力强,金融创新能力高。伦敦金融城是全球最重要的金融中心之一,在欧洲区域金融体系中处于核心地位,拥有高度发达的证券、外汇、保险等金融市场,众多国际知名的金融机构总部聚集于此。

(2)新兴区域金融体系

这种金融体系主要出现在经济快速发展的新兴经济体所在区域。这些金融体系处于发展和完善过程中,金融市场规模不断扩大,金融机构的实力逐步增强。东盟金融体系是新兴区域金融体系的代表。

东盟(东南亚国家联盟)金融体系发展

扫码阅读

(3)欠发达区域金融体系

这种体系区域金融体系通常分布在经济相对落后的区域。其金融市场发育程度较低,金融机构数量少、规模小,金融基础设施薄弱。非洲部分地区的金融体系就属于这种类型,当地金融机构主要以小型银行和微型金融机构为主,金融服务的覆盖范围有限,证券市场等高级金融市场形态发展缓慢,金融基础设施如支付清算系统也不够完善。

2.以区域经济一体化程度为标准分类

(1)高度一体化区域金融体系

在这种体系中,区域内国家在金融领域实现了深度融合。例如:欧元区金融体系中,欧元的使用使区域内货币一体化,欧洲中央银行统一制定货币政策,各国金融市场高度开放和融合,银行等金融机构可以在区域内跨境经营,几乎没有障碍。

(2)中度一体化区域金融体系

在这中种体系中,区域内金融合作有一定进展,但仍存在一些限制。例如:东盟金融体系中,虽然各国在跨境支付、货币互换等方面有了合作,但在金融市场完全统一、货币政策协调等方面还有很长的路要走;各国金融机构跨境经营仍受到一定的监管限制,金融市场的融合程度也有待提高。

(3)低度一体化区域金融体系

这类体系中的区域内金融合作较少,金融体系相对独立。一些地缘上接近但经济联系松散的区域可能属于这种情况。例如一些中亚国家,由于经济结构差异和政治因素等影响,金融合作程度较低,各自的金融体系主要还是为本国经济服务,区域金融一体化进程缓慢。

二、区域金融体系的形成与发展

(一)形成的背景与驱动力

1.经济区域化浪潮的推动

随着全球经济的发展,区域经济一体化逐渐成为一种趋势,国家之间为了在日益激烈的全球竞争中获取更大的经济利益,通过签订自由贸易协定、建立共同市场等方式加强区域经济合作。欧洲联盟(EU)的前身是欧洲煤钢共同体,最初目的是整合欧洲的煤炭和钢铁资源,以消除战争隐患并促进经济复苏。随着合作的深入,成员国之间的贸易往来日益频繁,对统一、高效的金融服务产生了内在需求,从而推动了区域性金融体系的形成。这种经济区域化的趋势在全球范围内蔓延,北美自由贸易协定(NAFTA,后被美墨加协定 USMCA 取代)和东盟(ASEAN)等区域经济组织的出现,也同样促进了相应区域性金融体系的发展。

2.地缘经济与文化因素的影响

地理位置相近的国家或地区往往具有相似的经济结构和文化背景,这就为区域性金融体系的形成提供了天然的基础。在地缘经济方面,相邻国家之间的贸易和投资成本相对较低,产业互补性较强。以东南亚地区为例,各国在农产品、热带资源以及制造业等领域存在广泛的互补性,这种经济联系促使它们建立金融合作机制来促进贸易和投资的便利化。从文化角度看，相似的文化传统和商业习惯有助于减少金融合作中的沟通成本和信任障碍。中东地区的伊斯兰国家在金融交易中遵循伊斯兰教法，这促使它们的发展具有伊斯兰特色的金融体系，如伊斯兰银行的建立和伊斯兰债券等金融工具的使用，都是为了满足区域内的金融需求。

3.应对全球性金融风险的需要

全球金融市场的波动性和不确定性增加，使得单个国家在面对金融风险时显得力不从心。区域性金融体系的形成可以使区域内国家联合起来，共同抵御金融风险。在亚洲金融危机期间，东南亚国家遭受了严重的货币贬值、金融机构倒闭等危机。这一事件促使亚洲国家认识到加强区域金融合作的重要性，如通过建立亚洲货币基金的设想（虽未完全实现，但推动了相关合作）、开展货币互换协议等来增强区域金融稳定性，以应对类似的全球性金融风险。

（二）发展历程

1.初期阶段：基于贸易合作的金融联系建立

区域性金融体系形成初期通常以贸易合作为切入点。国家之间签订贸易协定后，为了方便贸易结算，开始建立简单的金融联系。早期的欧洲支付同盟（EPU）是欧洲区域性金融体系的雏形，其成员国通过设立双边账户，以记账方式进行贸易结算，减少了对黄金和美元等国际货币的依赖。此时，金融机构的跨境业务主要集中在贸易融资方面，如提供跟单信用证、出口信贷等服务，区域内金融市场的互动也相对较少。

2.成长阶段：金融市场的逐步开放与合作深化

随着区域经济合作的深入，金融市场开始逐步开放。各国放松金融管制，允许金融机构跨境设立分支机构、开展证券投资等业务。以北美自由贸易协定（NAFTA）为例，协定生效后，美国、加拿大和墨西哥三国的金融机构在区域内的业务范围不断扩大。同时，区域内金融市场的合作也在深化，包括证券市场的互联互通、共同基金的跨境销售等。

3.成熟阶段：金融一体化与协调监管机制的完善

在区域性金融体系的成熟阶段，金融一体化程度较高。一些区域甚至实现了货币一体化，如欧元区。在其他区域，虽然可能没有达到欧洲那样的金融一体化程度，但也在朝着加强金融合作和完善监管机制的方向发展，如东盟在金融基础设施建设、跨境支付系统完善以及金融监管协调方面不断取得进展。

案例分析 9-3

欧洲联盟金融体系的发展

扫码阅读

三、区域性金融体系的经济影响

(一)促进区域经济增长

1.优化资源配置

区域性金融体系能够有效引导资金流向区域内最具潜力的产业和项目。例如,欧洲联盟通过欧洲投资银行等金融机构的资金支持,将资金分配到基础设施建设、科技创新等领域,促进了区域内的互联互通,使资源能够在各国之间更高效地流动。

2.支持中小企业发展

中小企业是区域经济的重要组成部分,但往往面临融资难的问题。区域性金融体系可以为中小企业量身定制金融服务。以东盟为例,东盟各国通过建立中小企业融资担保机构和专项贷款计划,帮助当地中小企业扩大生产规模、更新设备和技术创新。

3.推动产业升级和结构调整

区域性金融体系可以通过金融政策和资金支持推动区域内产业升级。金融体系在政府引导下,对高新技术产业加大资金投入,促进了产业从劳动密集型向技术密集型的转变。同时,金融体系可以对落后产能进行调整,通过信贷限制等手段促使高污染、高能耗的产业进行改造或退出市场,优化区域产业结构,提升区域经济的整体竞争力。

(二)增强区域金融稳定性

1.风险分散与共同防御机制

区域性金融体系通过区域内国家的合作,可以分散金融风险。在货币互换协议方面,国家之间的货币互换安排可以在成员国面临短期外汇流动性危机时提供支持。此外,区域内的金融监管合作也有助于监测整个区域的系统性金融风险,共同采取措施进行防范。

2.稳定区域货币汇率

在一些有货币合作的区域,稳定的汇率对于区域经济和贸易至关重要。以欧元区为例,欧元的使用消除了成员国之间货币兑换的风险和成本,使得区域内贸易和投资更加稳定。在其他区域,即使没有实现货币一体化,]通过区域内的汇率协调机制和外汇储备合作,也可以在一定程度上减轻汇率波动对区域经济的冲击。

(三)加强区域经济合作与促进区域经济一体化

1.促进贸易和投资便利化

区域性金融体系为区域内贸易和投资提供了便利的金融服务,降低了企业的贸易和融资成本,缩短了贸易结算时间,提高了贸易效率,促进了区域内贸易规模的扩大。

2.推动区域经济政策协调

区域性金融体系的发展促使区域内国家在经济政策上进行协调。这种政策协调机制可以避免各国政策的冲突,形成有利于区域经济一体化的政策环境。同时,通过区域金融机构和组织的政策对话平台,各国可以就金融监管政策、税收政策等经济政策进行沟通和协商,促进区域经济合作向更深层次发展。

第四节　金融危机与治理

一、金融危机的内涵和类型

当金融市场无法有效地将资金从储蓄者融通给具有生产性投资机会的居民和企业,进而导致经济活动的收缩,金融市场的信息流动出现极为严重的震荡时,金融脆弱性就会显著加剧,金融市场停止运转,进而导致金融危机爆发。

(一)金融危机的内涵

金融危机(financial crisis)又称金融风暴,《新帕尔格雷夫经济学大辞典》将其定义为“全部或部分金融指标[如短期利率、货币资产、证券、房地产、土地(价格)、商业破产数和金融机构倒闭数]的急剧、短暂的和超周期的恶化”。

金融危机意味着金融资产、金融机构、金融市场的危机，往往伴随着企业的大量倒闭现象，失业率提高，社会普遍经济萧条，有时甚至伴随着社会动荡或国家政治层面的动荡。

金融危机的突出特征是：

1.整个区域内货币币值出现较大幅度的贬值，大量金融机构（特别是系统重要性金融机构）倒闭；

2.金融市场存在持续恐慌性下跌，人们对经济未来发展的预期悲观；

3.实体经济运行遭受严重破坏，经济总量与经济规模出现较大幅度缩减，往往伴随着企业大量倒闭的现象，失业率升高；

4.有时候甚至伴随着社会动荡或国家政治层面的动荡。通常来说，全部或大部分金融指标——利率、汇率与资产价格表现显著异常，企业偿债能力和金融机构倒闭数的急剧、短暂和超周期的恶化，便意味着金融危机的发生。

（二）金融危机的类型

根据IMF在《世界经济展望1998》中的分类，金融危机大致可以分为以下四大类：

1.货币危机（currency crisis）

当某种货币的汇率受到投机性袭击时，该货币出现持续性贬值，或迫使当局扩大外汇储备大幅度地提高利率。

2.银行业危机

银行不能如期偿付债务，或迫使政府出面，可能波及其他银行，从而引起整个银行系统的危机。

3.外债危机

一国内的支付系统严重混乱，不能按期偿付所欠外债，不管是主权债还是私人债等。

4.系统性危机

系统性危机又称全面金融危机，是指主要的金融领域都出现严重混乱，如货币危机、银行业危机、股市崩溃及债务危机同时或相继发生。在当代，金融危机越来越呈现出混合形式的特征。

二、金融危机理论

从1970年代中期开始，发展中国家陆续开始推行结构性的经济自由化改革和宏观经济稳定化计划，试图打破传统体制的僵化，并保持国内通货的稳定，但所有的这些尝试都未曾在短期内达到预期的效果，反而引起了一系列的宏观经济问题，这些国家的宏观经济绩效、国际收支状况与国际外部经济环境之间表现出日趋复杂的关系，特别是金融危机的频繁爆发。

(一)货币危机理论

金融危机最开始表现为固定汇率的瓦解，或称货币危机，而后则呈现出外汇市场、银行、房地产市场、股票市场同时出现崩溃的复杂症状。为什么追求经济自由化和宏观经济稳定的政策框架反而导致了金融系统的危机呢？金融危机理论由此应运而生，其研究的主要范例包括 20 世纪 80 年代初拉美的债务危机、1994 年到 1995 年的墨西哥危机、东亚危机和 2008 年的次贷危机。

货币危机的理论研究开始于 20 世纪 70 年代后期，有关货币危机的理论也最为成熟，21 世纪已经形成了四代危机模型。

1.克鲁格曼的第一代金融危机模型

1979 年，保罗·克鲁格曼(Paul Krugman)提出了金融危机的早期模型，该模型及其扩展构成了著名的第一代金融危机模型。克鲁格曼的模型认为，货币危机产生的根源在于政府的宏观经济政策与稳定汇率政策之间的不协调。一方面，财政赤字的货币化政策使得国内物价水平上涨，最终带来货币贬值压力；另一方面，为了维护固定汇率制，保持汇率稳定，政府必须在外汇市场上用外汇储备购买本币，于是外汇储备终将耗尽，政府无力继续维持固定汇率制度。危机的根源在于宏观经济基础变量的恶化，即过度扩张的货币政策与财政政策造成实际汇率升值和经常项目恶化等。

第一代金融危机模型强调外汇市场上的投机工具与宏观经济基础变量之间的联系，较好地解释了 20 世纪 70 年代—80 年代的金融危机，以及 20 世纪 70—80 年代的“拉美型”货币危机，如墨西哥危机(1973—1982 年)、阿根廷危机(1978—1981 年)。第一代金融危机模型建议必须保证政策间的一致性，不断强化宏观经济基础变量。

2.奥伯斯特费尔德的第二代金融危机模型

1992 年，英镑危机发生。当时英国不仅拥有大量的外汇储备(德国马克)，而且其财政赤字也未出现与其稳定汇率不和谐的情况。第一代货币危机理论已无法对其作出合理解释，经济学家开始从其他方面寻找危机发生的原因，逐渐形成第二代货币危机理论。

第二代货币危机模型最具代表性的理论是由莫里斯·奥伯斯特费尔德(Maurice Obstfeld)于 1994 年提出的。他在寻找危机发生的原因时强调了危机的自我实现的性质，引入了博弈论，关注政府与市场交易主体之间的行为博弈。他在《具有自我实现特征的货币危机模型》一文中设计了一个博弈模型，说明了动态博弈下自我实现危机模型的特点，并呈现出“多重均衡”的性质。

该模型认为：一国政府在制定经济政策时存在多重目标，经济政策的多重目标导致了多重均衡。因而政府既有捍卫汇率稳定的动机，也有放弃汇率稳定的动机。在外汇市场上有中央银行和广大的市场投资者，双方根据对方的行为和掌握的对方的信息，不断修正自己的行为选择，这种修正又影响着对方的下一次修正，形成了一种自我实现，当公众的预期和信心的偏差不断累积使得维持稳定汇率的成本大于放弃稳定汇率的成本时，中央银行就会选择放弃，从而导致货币危机的发生。

以奥伯斯特费尔德为代表的学者在强调危机的自我实现时仍然重视经济基本面的情况，如果一国经济基本面的情况比较好，公众的预期就不会发生大的偏差，就可以避免危机的发生。与此同时，另一些第二代货币危机模型则认为危机与经济基本面的情况无关，可能纯粹由投机者的攻击导致。投机者的攻击使市场上的广大投资者的情绪、预期发生了变化，产生“传染效应”和“羊群效应”，共同推动着危机的爆发。他们认为，货币危机之所以发生，原因恰恰是因为它们正要发生。

第二代货币危机理论较好地解释了 1992 年的英镑危机，当时英国政府面临着提高就业与维持稳定汇率的两难选择，结果放弃了有浮动的固定汇率制。

3.麦金农和克鲁格曼的第三代货币危机模型

1997 年下半年爆发的亚洲金融危机呈现出许多新的特征，这次危机发生之前，亚洲许多国家都创造了经济发展的神话，而且大多实行了金融自由化。第一、二代模型已经无法较好地解释这场金融危机，更难理解的是，这些国家和地区经济（尤以韩国为甚）在危机过后很短时期内就实现了经济复苏，某些方面甚至还好于危机之前。

第三代货币危机模型由麦金农（Ronald Mckinnon）和克鲁格曼首先提出，该模型强调了第一、二代模型所忽视的一个重要现象：在发展中国家，普遍存在着道德风险问题。普遍的道德风险归因于政府对企业和金融机构的隐性担保，以及政府同这些企业和机构的裙带关系，从而导致了在经济发展过程中的投资膨胀和不谨慎，大量资金流向股票和房地产市场，造成金融过度（financial excess），导致了经济泡沫。当泡沫破裂或行将破裂所致资金外逃，将引发货币危机。

第三代货币危机理论出现较晚，但研究者们普遍认为，脆弱的内部经济结构和亲缘政治是导致这场危机的关键所在。

4.第四代货币危机理论

第四代货币危机模型是在已有的三代成熟的货币危机模型上建立起来的。该理论认为，本国企业部门的外债水平越高，“资产负债表效应”越大，经济出现危机的可能性就越大。其理论逻辑是，企业持有大量外债导致国外的债权人会悲观地看待这个国家的经济，减少对该国企业的贷款，使本币贬值，企业财富下降，从而导致能申请到的贷款下降，全社会投资规模下降，经济陷入萧条。第四代危机模型目前尚不成熟，有待进一步完善。

米尔顿·弗里德曼(Milton Friedman)的货币政策失误理论认为，由于货币需求函数的相对稳定性，货币供求失衡的根本原因在于货币政策的失误。并且，这种失误(如突然的通货紧缩)可以使一些轻微的局部的金融问题通过加剧的银行恐慌，演变为剧烈的、全面的金融动荡。

(二)债务危机理论

1.债务—通缩理论

债务—通缩理论是由欧文·费雪(Irving Fisher)提出的。该理论认为，在经济繁荣时期，企业和个人过度借贷会导致债务水平不断上升。当经济出现衰退或者某些外部冲击导致资产价格下降时，债务人的资产净值减少，而债务负担相对加重。为了偿还债务，债务人会减少消费和投资，导致物价进一步下降，形成通缩螺旋。这种通缩会使实际债务负担更重，企业和个人的财务状况进一步恶化，最终可能引发债务危机。

从政策的角度来看，在经济繁荣时期，政府要注意控制信贷规模，避免过度借贷；在债务—通缩阶段，应当采取扩张性的货币政策和财政政策来打破通缩螺旋。例如，通过降低利率、增加货币供应量以及实施政府投资项目等方式来刺激经济，提高物价水平，减轻债务人的实际债务负担。

2.主权债务危机理论

主权债务危机主要涉及国家政府的债务问题。当一个国家的政府长期维持高额财政赤字，通过大量发行国债来融资，且债务规模超过了其偿还能力时，就可能出现主权债务危机。这种危机通常与国家的经济增长缓慢、税收收入不足以及财政支出失控等因素有关。此外，外部经济环境变化(如全球利率上升、贸易条件恶化等)也可能加剧主权债务危机。

希腊主权债务危机

扫码阅读

(三)银行危机理论

1.银行挤兑理论

银行挤兑理论主要基于银行的部分准备金制度。银行将储户的存款用于贷款等盈利性业务，只保留一部分准备金。当储户对银行的信心动摇，担心银行无法兑付存款时，就会纷纷到银行提取存款，形成银行挤兑。银行挤兑具有传染性，一家银行的挤兑很有可能引发其他银行储户的恐慌，导致系统性的银行危机。

戴蒙德(Diamond)和迪布维格(Dybvig)在1983年构建了一个经典的银行挤兑模型。该模型假设银行的资产是长期的、缺乏流动性的贷款，而负债是短期的、具有流动性的存款。在正常情况下，银行通过期限转换来实现资金的有效配置。但当储户预期其他储户会提前取款时，为了避免自己的损失，也会选择提前取款，从而导致银行挤兑。这个模型解释了银行挤兑是一种自我实现的预期行为。

为防止银行挤兑，需要建立有效的存款保险制度。存款保险制度可以在一定程度上保障储户的存款安全，增强储户对银行的信心。此外，中央银行需要发挥最后贷款人的角色，在银行面临流动性危机时提供紧急资金支持，防止银行挤兑的蔓延。

2.金融脆弱性理论

金融脆弱性理论认为，由于银行的高杠杆经营特点(即资产主要依靠负债来支撑)和信息不对称问题的存在，银行等金融机构本身就具有内在的脆弱性。由于银行在发放贷款时可能无法完全了解借款人的信用状况，因此导致了不良贷款的产生。随着经济周期的波动，不良贷款比例可能会上升，当达到一定程度时，银行的资产质量恶化，就容易引发危机。

明斯基(Hyman P.Minsky)对金融的内在脆弱性进行了系统分析，并提出“金融不稳定假说”。他将市场上的借款者分为三类：第一类是“套期保值”型借款者(hedge financed unit)。这类借款者的预期收入不仅在总量上超过债务额，而且在每一时期内，其现金流入都大于到期债务本息。第二类是“投机型”借款者(speculative financed unit)。这类借款者的预期收入在总量上超过债务额，但在借款后的前一段时期内，其现金流入小于到期债务本息，而在这段时期后的每一时期内的现金流入都大于到期债务本息。第三类是“蓬齐”型借款者(ponzi unit)。这类借款者在每一时期内的现金流入都小于到期债务本息，只在最后一期，其收入才足以偿还所有债务本息。因而他们不断地借新债还旧债，把“后加入者的入伙费充作先来者的投资收益”，以致债务累积越来越多，潜伏的危机越来越大。

在一个经济周期开始时,大多数借款者都属于套期保值型借款者,当经济从扩张转向收缩时,借款者的赢利能力缩小,逐渐转变成投机型借款者和蓬齐型借款者,金融风险增大。因此,金融体系具有内在的不稳定性,经济发展周期和经济危机不是由外来冲击或是失败性的宏观经济政策导致的,而是经济自身发展的必经之路。

该理论在政策上要求加强金融监管,包括对银行资本充足率的监管和贷款质量的监管等。同时,要完善金融机构的信息披露制度,减少信息不对称,降低金融脆弱性。

3.银行体系关键论

詹姆斯·托宾(James Tobin)1981 年提出银行体系关键论。他认为,银行体系在金融危机中起着关键作用。在企业过度负债的经济状态下,经济、金融扩张中积累起来的风险增大并显露出来,银行可能遭受损失,所以银行为了控制风险,必然会提高利率减少贷款。银行的这种行为会使企业投资减少,或引起企业破产,从而直接影响经济发展,或者使企业被迫出售资产以清偿债务,造成资产价格急剧下降。这种状况会引起极大的连锁反应,震动也极强烈,使本来已经脆弱的金融体系崩溃更快。托宾认为,在债务—通货紧缩的条件下,“债务人财富的边际支出倾向往往高于债权人”,因为在通货紧缩—货币升值的状况下,债务人不仅出售的资产贬值,而且拥有的资产也贬值。在债务人预期物价继续走低的情况下,变卖资产还债的倾向必然提前。

4.“金融恐慌”理论

戴尔蒙德和迪布维格认为,银行体系的脆弱性主要源于存款者对流动性要求的不确定性以及银行的资产较之负债缺乏流动性之间的矛盾。他们在 1983 年提出了银行挤兑理论(又称 D-D 模型)。其基本思想是:银行的重要功能是将存款人的不具流动性的资产转化为流动性的资产,以短贷长,实现资产增值。在正常情况下,依据大数定理,所有存款者不会在同一时间取款。但当经济中发生某些突发事件(如银行破产或经济丑闻)时,就会发生银行挤兑。明尼阿波利斯联邦储备银行研究部(Chari)和明尼苏达大学与西北大学凯洛洛管理学院(Jagannathan)进一步指出,一些原本不打算取款的人一旦发现取款队伍变长,也会加入挤兑的队伍,引发金融恐慌。

5.“道德风险”理论

麦金农(Ronald Mekinnon)认为,存款保险制度的存在,以及政府和金融监管部门在关键时候扮演“最后贷款人”的角色,一方面会使银行产生道德风险,从事具有更高风险的投资,增加了存款人受损害的可能性;另一方面,存款者也会放松对银行的监督。世界银行和 IMF 对 65 个国家 1981—1994 年间发生的银行危机的研究也表明,在设有存款保险制度的国家,发生危机的概率要高于没有设立存款保险制度的国家。

(四)资产价格下降论

沃尔芬森(Willfenshen)认为,债务人由于过度负债,在银行不愿提供贷款或减少贷款的情况下,会被迫降价出售资产,从而造成资产价格的急剧下降。由此产生两方面的效应:一是资产负债率提高,二是使债务人拥有的财富减少。两者都削弱了债务人的负债承受力,增加了其债务负担。债务欠得越多,资产降价变卖就越多;资产降价变卖越多,资产就越贬值,债务负担就越重。

随着金融的发展,金融危机理论已发展成为一个完善的理论体系。然而,引发金融危机的新因素不断出现,金融危机也呈现出新的特点,理论往往只能对已经发生的金融危机做出事后解释,而无法对新情况提出有价值的意见,尤其在预测、防范或减小金融危机带来的损失方面的作用几乎微乎其微。

次贷危机

扫码阅读

三、金融危机的治理方式

(一)对货币危机的治理

对货币体系危机的治理,重点应放在控制货币供给量、稳定物价、维护公众对货币的信心等方面。

(二)对金融机构的救助

对金融机构的救助,可以根据不同情况采取不同措施:

1.整顿

对陷入困境的金融机构,可以采取勒令整顿的措施,从组织结构、人事管理、经营制度、资产负债等多方面进行整顿,以达到提高效率、恢复盈利能力的目的。整顿手段通常包括更换管理层人员、裁员、降低经营成本、增加资本金、增加计提呆账准备金、压缩分支机构等。

2.接管

对无力进行自救渡过难关的金融机构，可以通过外部力量进行接管。接管后，通过整顿和改组措施，对被接管的金融机构的经营管理、组织结构进行必要的调整，使被接管金融机构在接管期内改善财务状况，度过危机。

3.购并

所谓购并，即由一家健康的银行购买陷入困境银行的全部或大部分股权。购并是目前广为接受的挽救银行危机的方式，其优点在于，能够用较低的成本稳定金融秩序。由于原有的债权债务由购并方承接，既能保全银行的营运基础，保护存款人的利益，对社会来讲又能避免一场金融恐慌，因而通常被认为是一种损失较小的治理方法。

4.合并

健康的金融机构可以实施购并，陷入困境的金融机构也可以通过与同类金融机构合并的方式来调整经营结构，获得规模经济，增强经济实力，避免出现大规模倒闭风潮，从而摆脱困境。

5.破产

这是各国金融监管当局都尽力避免的方式，因为监管机构和存款保险公司要花很长时间来清理和分析倒闭银行的债务记录。一旦这种情况被广为流传，公众对银行业的信心就会直线下降。尽管如此，破产作为市场优胜劣汰机制的一种表现，对于增强金融机构、投资者的风险意识，调整金融业结构还是具有一定的积极作用。

（三）维护债权债务关系

银行业危机最明显的特征是债权债务关系得不到清偿，银行出现大量不良贷款。为了维护债权债务关系，使银行业渡过难关，必须对银行的不良贷款进行果断迅速的处理。对严重影响银行生存的巨额不良贷款的处理方法主要有流量处理法和存量处理法。流量处理法需要增加银行启动性贷款或股东注资，使债权债务关系正常化，并使债务人和债权人都能获得一定程度的流动性支持，从而阻止危机的进一步扩散；存量处理法则是对原有银行的不良贷款进行处理，包括破产冲抵、债务豁免债券拍卖、债务重组、债转股和资产剥离等方式。

（四）保障金融秩序

针对导致银行业危机的制度原因，应立即采取一系列的金融改革措施，如金融监管制度改革、银行体系改革等，以期迅速恢复被危机冲击而遭到破坏的金融秩序。

亚洲金融危机

扫码阅读

第五节 全球货币体系的变化与人民币国际化

一、全球货币体系的变化趋势

(一)储备货币多元化加速

美元虽仍占主导,但欧元、人民币等货币地位逐渐提升,新兴经济体货币在国际储备中的占比也有所增加,多元储备货币格局进一步发展,减少了对单一货币的依赖。

(二)汇率制度更趋灵活和复杂

更多国家倾向于选择有管理的浮动汇率制度或其他更灵活的汇率安排,以应对经济形势变化和外部冲击。同时,汇率波动受多种因素影响,如货币政策差异、地缘政治等,波动幅度和频率增加,汇率形成机制更加复杂。

(三)区域货币合作加强

欧元区的一体化发展,以及亚洲、非洲等地区的货币互换协议、区域金融合作机制不断涌现,旨在促进区域内贸易和投资,降低汇率风险,增强区域金融稳定性。

(四)数字货币影响力渐显

央行数字货币的研发和试点加速,可能改变货币形态和支付方式,对传统货币体系产生冲击，提升支付效率和金融交易的透明度，也为跨境支付等带来新的可能性。

二、全球货币体系的变化特点

（一）美元主导与多元竞争并存

美元在国际支付、结算和储备等方面仍占据重要地位，但其他货币的竞争力也在不断提升，国际货币体系从美元独大向多元竞争格局转变。

（二）货币国际化与区域化并存

一方面，主要货币如美元、欧元等的国际化程度进一步提高，在全球范围内发挥着交易媒介、计价单位和价值储藏等功能。另一方面，区域货币合作不断加强，如欧元区的货币一体化，以及亚洲国家之间的加强货币互换等区域货币合作安排，以应对金融风险，促进区域经济一体化。

（三）全球协调与合作的重要性凸显

随着经济全球化的深入，国际货币体系的稳定需要各国和国际金融机构的协调合作。国际货币基金组织等国际金融组织在汇率监督、危机救助等方面发挥着重要作用。各国也通过 G20 等平台就货币政策、金融监管等问题进行沟通与协调，以应对全球性的金融挑战。

（四）金融市场波动加剧

全球金融市场联动性增强，货币体系的变化以及资本流动、汇率波动等易引发金融市场的大幅波动，增加了金融风险的传播速度和范围。

俄央行：储备货币首选人民币

扫码阅读

三、人民币国际化

(一)人民币国际化的内涵

人民币国际化是指人民币跨越国界,在境外流通,成为国际上普遍认可的计价、结算及储备货币的过程。人民币国际化意味着人民币在国际经济、金融交易和储备资产等多个领域发挥关键作用,如国际贸易中以人民币计价和结算、国际金融市场上人民币金融产品被广泛接受、各国央行将人民币作为外汇储备资产等诸多方面。

(二)人民币国际化的特点

1.渐进性

人民币国际化是一个逐步推进的过程。从最初在边境贸易等有限范围内使用,到如今在全球贸易、金融等多个领域的广泛应用,人民币的国际化进程是一个政策引导、市场需求推动下的循序渐进的过程。例如,人民币跨境贸易结算试点的逐步放开,就是从部分城市和企业开始,随着经验积累和条件成熟,范围不断扩大。

2.政策与市场双轮驱动

一方面,中国政府通过一系列政策措施积极推动人民币国际化,如签订双边本币互换协议、设立离岸人民币市场等;另一方面,市场力量也发挥了重要作用。随着中国经济的崛起和对外贸易投资规模的扩大,市场主体对使用人民币进行跨境交易的需求不断增加。

3.区域重点突破

在国际化进程中,人民币首先在周边国家和地区以及与中国经济联系紧密的区域取得突破。例如在东盟地区,由于地缘接近和贸易往来频繁,人民币的接受程度较高,在贸易结算、跨境投资等方面得到了广泛应用,然后逐步向其他地区拓展。

中国签订双边本币互换协议,推动人民币国际化

扫码阅读

（三）人民币国际化的发展历程

1.起步阶段（20世纪90年代—2009年）

这一时期主要是人民币在边境贸易中的初步使用。中国与周边国家的边境贸易往来频繁，人民币开始在边境地区自然流通，用于小额贸易结算。同时，中国央行与周边国家央行开展了一些双边货币合作的初步探索，为人民币跨境使用奠定了一定基础。

2.跨境贸易结算试点阶段（2009—2015年）

2009年，中国开始跨境贸易人民币结算试点，这是人民币国际化的一个重要里程碑。最初，试点范围仅包括上海、广州、深圳、珠海、东莞5个城市的365家企业。这一政策允许企业在跨境贸易中使用人民币进行计价和结算，改变了以往主要依赖美元等外币结算的局面。随着试点的成功推进，范围不断扩大，参与企业数量和贸易结算金额持续增加。同时，香港离岸人民币市场开始蓬勃发展，离岸人民币债券（点心债）等金融产品出现，人民币的国际接受度有所提高。

3.加速推进阶段（2015年至今）

中国积极参与国际货币基金组织（IMF）特别提款权（SDR）货币篮子的评估和改革。经过多年努力，2015年人民币成功加入SDR货币篮子，权重为10.92%。这意味着人民币成为继美元、欧元、日元和英镑之后的第五种SDR篮子货币，标志着人民币国际化迈出了重要一步。截至2023年8月，人民币在全球支付货币中的排名已上升至第五位，占比达到2.32%，较2016年10月加入SDR货币篮子时的1.91%提高了0.41个百分点。此外，人民币已被越来越多的国家和地区纳入其外汇储备。

人民币在跨境投资、金融市场开放、储备货币等多个领域加速发展。中国进一步开放国内金融市场，吸引境外机构投资者，同时加大与其他国家央行的货币互换规模，推动人民币在全球范围内的使用。

（四）人民币国际化的驱动力

1.经济实力的支撑

中国经济的持续增长和庞大的经济规模是人民币国际化的根本动力。中国已成为世界第二大经济体，在全球贸易和投资中的地位举足轻重。大量的对外贸易和对外投资需要以人民币作为计价和结算货币，这推动了人民币在国际市场上的流通。

2.贸易与投资的推动

中国是全球最大的货物贸易国之一，贸易规模庞大。随着中国企业“走出去”战略的实施，对外投资规模也不断扩大。在全球范围内拓展人民币清算网络，多个国家和地区建立了人民币清算行，便利了人民币的跨境结算，这些清算行的建立为人民币跨境支付提供了更加便捷和高效的渠道。在贸易和投资过程中，使用人民币进行结算可以降低汇率风险、交易成本，提高交易效率，这促使贸易伙伴和投资对象接受和使用人民币。

3.金融市场的开放与完善

中国金融市场的逐步开放为人民币国际化提供了重要支撑。随着中国资本市场的逐步开放，外国投资者可以使用人民币投资中国股票、债券等证券市场，例如，合格境外机构投资者（QFII）和人民币合格境外机构投资者（RQFII）制度的实施，为境外投资者投资中国资本市场提供了便利，也促进了人民币的跨境使用。中国投资者也可以使用人民币投资海外证券市场，如沪港通、深港通等机制的推出，为内地投资者投资香港股市提供了便利，也推动了人民币的跨境流动。中国政府还大力促进离岸人民币市场发展，香港、新加坡市、伦敦等地区作为离岸人民币中心，人民币存款、债券发行和外汇交易等业务活跃，离岸人民币市场的发展为人民币国际化提供了重要支撑。

中国金融市场的开放与人民币国际化

扫码阅读

4.政策支持与国际合作

中国政府通过一系列政策措施积极推动人民币国际化，如出台一系列政策支持人民币国际化，包括跨境人民币结算便利化、人民币跨境融资等，简化了跨境人民币结算的流程，降低了企业的结算成本。在“一带一路”框架下，人民币在相关国家的跨境使用得到了进一步推广，例如，中国与“一带一路”共建国家的很多基础设施建设项目都采用了人民币融资和结算。中国政府还积极探索数字人民币（e-CNY）的国际使用，目前中国人民银行已与泰国、阿联酋等国家的央行开展了数字人民币跨境支付试点，探索数字人民币在跨境支付领域的应用。此外，中国还积极参与国际金融机构改革，提升人民币在国际货币体系中的话语权。

(五)人民币国际化的影响

1.对中国经济的影响

(1)降低汇率风险和交易成本。企业在跨境贸易和投资中使用人民币结算,减少了对美元等外币的依赖,降低了汇率波动带来的风险和兑换成本,有利于企业稳定经营和扩大国际业务。

(2)提升金融市场地位。人民币国际化促进了中国金融市场的开放和发展,吸引更多境外资金流入,提升了中国金融市场在全球金融体系中的地位和影响力,推动了金融机构的国际化进程。

(3)增强货币政策的自主性。人民币在国际上的广泛使用,使中国货币政策的溢出效应增强,同时在一定程度上可以减少外部货币政策的干扰,增强货币政策的自主性。

2.对全球经济金融的影响

(1)优化国际储备货币结构。人民币作为储备货币地位的提升,为各国央行提供了更多的储备选择,有助于分散国际储备风险,优化全球储备货币结构。

(2)促进全球贸易和投资便利化。人民币在全球贸易结算和跨境投资中的广泛应用,减少了货币兑换环节,降低了交易成本,有利于促进全球贸易和投资的发展,特别是对于与中国有密切经济往来的国家和地区。

(3)推动国际货币体系改革。人民币国际化的推进是对现有国际货币体系的补充和完善,有助于推动国际货币体系向更加多元化、均衡化的方向发展,增强了全球金融体系的稳定性。

复习与思考

一、核心概念

金本位制	布雷顿森林体系	牙买加体系
《牙买加协定》	金融风险	金融脆弱性
金融危机		

二、思考题

1.国际货币体系的内涵是什么?

2.布雷顿森林体系崩溃的原因包括哪些?

3.人民币国际化的主要内容包括哪些?

4.中国可以从哪几个方面进一步推动人民币国际化?

第十章 开放条件下的宏观经济政策

学习目标

知识目标

1.了解开放条件下的宏观经济政策目标与政策工具。

2.掌握不同汇率制度下的政策效应。

3.掌握不同政策搭配原则与不同汇率制度下的内外平衡政策。

能力目标

1.能够运用 IS-LM-BP 模型分析不同汇率制度下的政策效应。

2.能够运用不同政策搭配原则分析不同汇率制度下的不同政策效应及其政策组合影响。

3.能够运用宏观经济政策工具解决宏观经济运行中出现解决问题。

素养目标

1.认识与理解我国实施宏观经济政策目标与政策工具的逻辑关系。

2.正确认识和预见我国当前经济形势条件下所采取的宏观经济政策。

引导案例

2024年中国宏观经济政策建议

2023年，中国国内生产总值同比增长5.2%，经济疫后稳步恢复，达成预期目标。从驱动经济的“三驾马车”来看，消费、投资、进出口表现各异。最终消费支出贡献率高达82.5%，成为经济增长关键动力；房地产开发投资下滑拖累全国固定资产投资(不含农户)，仅增长3%，资本形成贡献率28.9%；净进出口对经济增长贡献约11.4%，全年三者分别拉动经济增长4.3、1.5、−0.6个百分点。

展望2024年，中国经济面临内需不振、国际局势复杂等挑战。中央经济工作会议定调“稳中求进、以进促稳、先立后破”，宏观政策需更积极宽松。

其一，财政赤字率宜维持3.8%及以上，转变以往靠专项债扩基建的思路，多通过减税降费让中小微和民营企业受益，促进就业，同时财政支出向制造业下游、小微企业房租水电、社保补贴倾斜，强化民生项目投入，助力消费提升。

其二，实施适度宽松货币政策，在通缩风险未消时，降准降息迫在眉睫。

其三，保持政策协同，货币政策支持财政政策，产业、区域等政策与宏观政策协调，对紧缩性政策监管适度放缓，给予市场修复空间。

其四，加快结构性改革，优化营商环境，保护民营企业家权益，提振投资信心。

其五，处置重点领域金融风险，探索房地产健康发展方案，平衡“有效市场”与“有为政府”。

其六，构建“双循环”格局，对内加速统一大市场建设，对外扩大制度性开放，接轨国际经贸规则，完善外资管理与服务体系，吸引外资。

资料来源：中国经济形势与政策展望[EB/OL].(2024-02-18)[2025-04-01].https://m.china1baogao.com/dianping/20240218/6436976.html.

问题与思考：请总结该建议中的宏观政策包括哪些内容。

第一节　宏观经济政策的目标与主要政策工具

国家或政府对本地区的市场经济运行过程的干预或者市场关系的调节所采取的措施或遵循的指导原则就是经济政策。从干预和调节的对象可以区分为宏观经济政策与微观经济政策。宏观经济政策是指国家或政府为达成一定的政策目标运用一定的政策工具调节、控制宏观经济的运行所采取的政策。

一、开放条件下宏观经济的目标

在开放经济下，宏观经济政策的主要目标包括经济增长、充分就业、物价稳定和国际收支平衡。其中，经济增长是长期目标，而充分就业、物价稳定和国际收支平衡在一般情况下被认为是短期目标。

（一）经济增长

经济增长是宏观经济政策的最主要目标。所谓经济增长，是指一定时期内一国人均产出或者收入水平的持续增加。反映经济增长的统计指标主要是GDP 增长率、人均 GDP 实际增长率。

（二）充分就业

充分就业是宏观经济政策的重要目标之一。所谓充分就业，主要是指一切生产要素都有机会以自己愿意的报酬参加生产的状态，即劳动力和生产设备都处于充分利用的状态，即除了志愿失业人员，所有愿意就业人员都得到就业，通常充分就业时的失业率不高于 4%～5%。在资本构成不变或技术进步中性的情况下，经济增长等同于就业增长。

（三）价格稳定

价格稳定是宏观经济政策的重要目标之一。价格稳定是指通过实施宏观经济政策使某一时期的物价水平保持相对稳定的状态，通货膨胀率不高于 2%～3%。稳定的物价可以给生产者和消费者提供稳定的预期和相对宽松的经济环境，而通货膨胀和通货紧缩都会对经济运行产生不利影响。

（四）国际平衡

国际平衡，即国际收支平衡。保持国际收支总体平衡，防止国际收支差额偏大带来不利影响是宏观经济政策维持对外均衡主要目标。

宏观政策不仅是国内市场运行和经济关系的调节和控制，也是对该国对国际市场运行和对外经济关系的干预和调控。从调控对象来看，经济增长、物价稳定和充分就业的调控目的在于维持国内市场均衡，而国际收支平衡在于维持外部市场的均衡，为国内市场健康、稳定发展提供良好的外部条件。

二、开放条件下主要的宏观经济政策工具

开放条件下的主要宏观经济政策有财政政策、货币政策和贸易政策等。

(一)财政政策

财政政策是国家制定的指导财政分配活动和处理各种财政分配关系的基本准则。在现代市场经济条件下,财政政策又是国家干预经济、实现宏观经济目标的主要政策工具之一。根据财政收入、支出关系调整情况的不同,财政政策划分为如下三种类型。

1.扩张性财政政策

扩张性财政政策也称积极的财政政策,是指通过财政分配活动来增加和刺激社会的总需求,主要措施有增加国债、降低税率、提高政府购买和转移支付。扩张性财政政策在刺激经济的同时也会导致通货膨胀加剧,在刺激总需求的同时又会使利率上升,抑制投资,即产生财政政策的挤出效应。

2.紧缩性财政政策

紧缩性财政政策又称适度从紧的财政政策,是指通过财政分配活动来减少和抑制总需求,主要措施有减少国债、提高税率、减少政府购买和转移支付。紧缩性财政政策在有利于减少财政赤字、平衡财政预算,防止经济过热、抑制通货膨胀的同时会日益引发通货紧缩,消费预期下降,增加经济陷入衰退的风险。

3.中性财政政策

中性财政政策(又称积极的财政政策)是指财政的分配活动对社会总需求的影响保持中性。

美国20世纪90年代中期的中性财政政策

扫码阅读

(二)货币政策

货币政策就是金融政策,是中央银行为实现其特定的经济目标而采用的各种调控货币供应量和信用量的方针、政策和措施的总称。货币政策的实质是国家对货币的供应根据不同时期的经济发展情况而采取"紧"、"松"或"适度"等不同的政策趋向。根据对消费需求和投资需求的影响差异,可把货币政策分为两类:扩张性货币政策(积极货币政策)和紧缩性货币政策(稳健货币政策)。在经济萧条时,中央银行采取措施降低利率,由此引起货币供给增加,刺激投资和净出口,增加总需求,称为扩张性货币政策。反之,经济过热、通货膨胀率太高时,中央银行采取一系列措施减少货币供给,以提高利率、抑制投资和消费使总产出减少或放慢增长速度,使物价水平控制在合理水平的政策,称为紧缩性货币政策。

实施货币政策的主要工具有法定准备金率、公开市场业务和贴现政策、基准利率。

1.法定存款准备金率

法定存款准备金率是指根据银行法的规定,存款金融机构(商业银行)所吸收的存款中必须向中央银行缴存的准备金的比例。准备金是商业银行库存的现金按比例存放在中央银行的存款。其目的在于保证银行遇到突发储户大规模提款时有足够的清偿能力。作为政策工具,调整法定存款准备金率就是通过调节商业银行的信用扩张能力从而影响货币乘数效应,达到干预经济运行的目的。由于商业银行的信用扩张能力与中央银行投放的基础货币存在乘数关系,而存款货币创造数量大小与法定存款准备金率成反比。因此,如果中央银行降低了法定存款准备金率,采取扩张政策则提高了存款货币银行的信用扩张能力,通过货币乘数成倍地扩大货币供给量,从而刺激投资和消费需求,最终起到扩张货币供应量和信贷量的效果,反之亦然。

2.公开市场业务

公开市场业务是中央银行最常用的货币政策工具。它是指中央银行在金融市场上公开买卖政府债券来调节货币发行量的活动。中央银行在公开市场开展证券交易活动,其目的在于调控基础货币,进而影响货币供应量和市场利率。在经济繁荣时期,为抑制通货膨胀、防止经济过热,中央银行可通过卖出债券减少货币供给量。由于债券购买主体主要是银行和工商企业,中央银行卖出债券时,银行和企业需动用资金购入,这会直接减少其可支配资金,进而压缩金融机构的信贷投放规模,同时抑制工商业的生产扩张与流通活动,以此实现经济降温、维护平稳运行的目标。总体而言,公开市场业务通过调节货币供给总量,最终影响投资信贷规模、消费需求,以及社会总产出和价格水平。

3.再贴现率

再贴现率是指中央银行向商业银行办理贴现贷款时所收取的利率。再贴现是指商业银行向中央银行售卖已贴现的商业票据获取贷款的行为。再贴现政策作为货币政策的基本工具，是指中央银行根据政策需要调整再贴现率（包括中央银行掌握的其他基准利率，如其对存款货币银行的贷款利率等），影响商业银行的借入货币成本，进而调节商业银行信贷货币供应水平。当经济过热、市场流通货币量过多时，中央银行提高再贴现率，商业银行借入资金的成本上升，减少商业银行信贷规模，从而降低市场货币供应量。反之，中央银行则降低再贴现率，降低金融机构借入资金成本，扩大其借贷规模，从而扩大货币投放量。与法定存款准备金率工具相比，再贴现工具的弹性相对要大一些，作用力度相对要缓和一些。但是，再贴现政策的主动权却掌握在商业银行手中，因为向中央银行请求贴现票据以取得信用支持仅是商业银行融通资金的途径之一，商业银行还可以通过出售证券、发行存单等方式进行融资。因此，中央银行的再贴现政策能否获得预期效果还取决于存款货币银行是否采取主动配合的态度。

4.基准利率

基准利率是金融市场上具有普遍参照作用的利率，其他利率水平或金融资产价格均可根据这一基准利率水平来确定。基准利率具有市场性、基础性、传递性特征。基准利率是利率的核心，它在整个金融市场和利率体系中处于关键地位，起决定作用，它的变化决定了其他各种利率的变化。

对于一般民众而言，基准利率标准就是银行一年定期存款利率，金融机构则是把隔夜拆借利率作为市场基准利率。其中，以同业拆借利率为基准利率的国家有：英国的伦敦同业拆放利率（Libor）、美国的美国联邦基准利率（FFR）、日本的东京同业拆借利率（Tibor）、欧盟的欧元银行同业拆借利率（Euribor）等；以回购利率为基准利率的国家有：德国（1W 和 2W 回购利率）、法国（1W 回购利率）、西班牙（10D 回购利率）。在中国，以中国人民银行对国家专业银行和其他金融机构规定的存贷款利率为基准利率，基准利率主要是指再贷款利率（中国人民银行向金融机构发放再贷款采取的利率）和再贴现利率（金融机构将所持有的已贴现票据向中国人民银行办理再贴现所采用的利率）。

基准利率是中央银行实现货币政策目标的重要手段之一，制定基准利率的依据只能是货币政策目标。当政策目标重点发生变化时，利率作为政策工具也应随之变化。不同的利率水平体现不同的政策要求，当政策重点放在稳定货币时，中央银行贷款利率就应该适时调高，以抑制过热的需求；相反，则应该适时调低。

（三）对外贸易政策

对外贸易政策是一国政府为了维护经济持续稳定发展而制定的、对外贸活动进行管理的方针和原则。从政策调节的范围和对象区分，对外贸易政策可以分为长期、总政策和短期、具体的贸易政策。

1.对外贸易总政策

对外贸易总政策，是指一国从国民经济的整体状况及发展战略出发，结合本国在世界经济格局中所处的地位而制定的在未来一个较长时间内所实行的总政策，包括货物贸易总政策和服务贸易总政策。根据对外贸易动机和特点，可以把对外贸易政策区分为自由贸易政策、保护贸易政策和管理贸易政策。

(1)自由贸易政策，是指国家取消对商品和服务进出口贸易的限制和障碍，取消对本国进出口商品和服务贸易等各种优待和特权，使商品自由进出口，使服务贸易自由经营，任本国商品和服务在国外市场上或外国商品和服务在本国市场上自由竞争。自由贸易政策的实质是政府低关税、不干预(少干预)的政策。

(2)保护贸易政策，是指国家广泛利用各种限制进口和控制经营领域与范围的措施，保护本国商品和服务在本国市场上免受外国商品和服务的竞争，并对本国出口商品和服务贸易给予优待和补贴，限制外国商品和服务在本国市场上的竞争。保护贸易政策的实质是"奖出限入"，"高关税、干预多"的政策。

(3)管理贸易政策又称协调贸易政策，是指国家对内制定一系列的贸易政策、法规，加强对外贸易的管理，实现一国对外贸易的有秩序、健康的发展；对外通过谈判签订双边、区域及多边贸易条约或协定，协调与其他贸易伙伴在经济贸易方面的权利与义务。管理贸易是介于自由贸易和保护贸易之间的一种对外贸易政策，是一种协调和管理兼顾的国际贸易体制，有自由贸易的低关税特点，又有保护贸易的多干预特点。

2.商品贸易政策

进出口商品政策是指一国根据其对外贸易总政策，结合本国经济结构、国内外市场供求状况和本国商品的竞争能力等而制定的进出口商品政策，决定哪些商品可以出口、哪些商品应限制出口或鼓励出口。商品贸易政策工具包括执行对外贸易总政策而采取各种具体措施，如关税措施、非关税措施、汇率措施、利率措施、税收措施等，也包括建立某种贸易制度。

美国太阳能"双反调查"

扫码阅读

第二节　不同汇率制度下的政策效应

本节我们将对宏观经济学中的 IS-LM 模型进行扩展，建立一个包括国际收支在内的开放条件下的宏观经济模型(IS-LM-BP 模型)，作为分析开放经济条件下宏观经济政策的基本框架。

一、国际收支均衡线——*BP* 曲线

在开放经济条件下，宏观经济政策的主要目标之一是国际收支平衡，即指该国国际收支平衡表中的官方储备差额等于零，也就是经常项目的收支差额和资本项目的收支差额之和为零。为简便起见，我们定义国际收支差额的公式为：

$$BP=NX-NF \tag{10-1}$$

其中，BP 为国际收支净额，NX 为净出口，NF 为净资本流出，NX 净出口函数为：

$$NX=NX\left[\frac{EP_f}{P,Y}\right] \tag{10-2}$$

其中 E 为汇率，P_f 为国外物价水平，P 为国内物价水平，Y 为本国国民收入，NX 是实际汇率的增函数、国民收入的减函数。汇率上升，意味着本币贬值，国外商品与服务相对升值，国内消费者就会减少进口而转向本地产品或服务；而国民收入增加，将促使消费者增加本国产品与服务消费，同时增加进口产品与服务。因此，净出口与汇率之间是增函数的关系，而与国民收入之间则呈现出减函数关系。

其中，NF 资本流出函数为：

$$NF=NF(i-i_f) \tag{10-3}$$

NF 是本国利率的减函数。国际资本的流向是由利率高低引导的。如果本国利率低于国外水平，则引导资金流出；相反，则会导致国际资金流进本国。

因为国际收支平衡条件为：

$$BP=NX-NF=0 \tag{10-4}$$

所以，

$$BP = NX[EP_f/P] - NF(i - i_f) = 0 \tag{10-5}$$

式(10-5)就是国际收支平衡函数，简称国际收支函数。在其他有关参量和变量既定的条件下，在以利率为纵坐标、收入为横坐标的直接坐标体系内，国际收支函数的几何表示就是国际收支曲线，也称 BP 曲线。

二、IS-LM-BP 模型

开放经济中，如果把 BP 曲线引入 IS-LM 模型中，即在描述商品市场与货币市场同时均衡的 IS-LM 模型中加入国际收支均衡曲线（BP 曲线），从而形成一个开放的宏观经济模型。

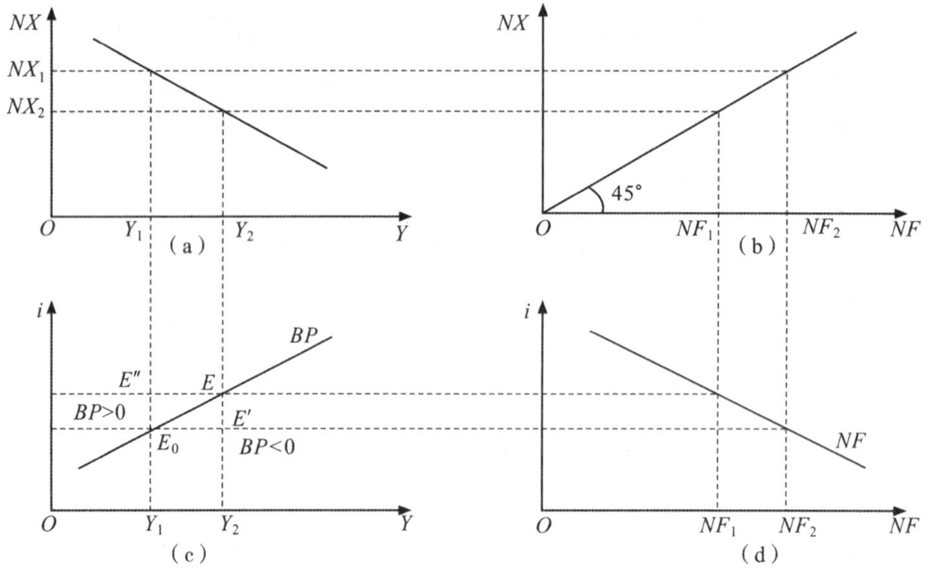

图 10-1　国际收支平衡曲线 BP 的推导示意图

图 10-1(a)中的曲线表示净出口 NX 与实际国民收入 Y 之间的关系，因二者的减函数关系该曲线向下倾斜；图(b)中曲线表示国际收支的平衡条件，即 $NX=NF$；图(d)中曲线表示资本净流入 NF 与本国利率之间的关系，斜率为负；图(c)中曲线就是国际收支平衡曲线 BP，该曲线的形状是由前面三支曲线推导出来的。BP 曲线上任何一点均代表国际收支平衡，曲线之外，都是失衡状态。处于 BP 曲线右下方的 E' 表示，与均衡点 E 相比，国民收入水平相同，但利率较低，国际资本流出，从而导致国际收支处于逆差状态；E'' 位于 BP 曲线左上方，与均衡点 E 相比，两国利率水平相当，但国际收入更低，这将导致出口减少，国际收支处于顺差状态。E'' 与均衡点 E_0 相比，国民收入相同，但利率较高，从而导致资本内流，国际收支处于顺差状态。

三、汇率制度对收支平衡曲线 BP 变动的影响

国际收支平衡 BP 曲线刻画了国际收支均衡时国内利率与国民收入的关系。推导 BP 曲线的基本模型常假定国内外价格水平不变，将汇率视为外生变量，但实际中，汇率变动会显著影响国际收支与 BP 曲线的位置。

名义汇率上升会导致本币贬值，本国商品国际价格降低，外国商品国内价格升高，从而促使出口增加、进口减少，净出口增加将导致国际收支顺差($BP>0$)。为恢复平衡，需降低利率以增加净资本流出，这会刺激投资消费，带动国内收入增加，促使 BP 曲线右移。

反之，当本币升值时，出口减少、进口增加，净出口降低引将发国际收支逆差($BP<0$)。为平衡国际收支，需提高利率吸引外资，减少净资本流出。抑制投资消费将导致国内收入减少，促使 BP 曲线左移。

可见，汇率通过影响净出口与利率，能够改变国际收支平衡状态，进而推动 BP 曲线移动，是经济分析与政策制定中不可忽视的关键因素。

浮动汇率制度下，外部失衡问题并非消失，而是通过汇率机制进行自动调节。在浮动汇率制度下，当经济运行中的利率与收入组合偏离 BP 曲线时，国际收支随即失衡，进而引发外汇市场供需失衡，由此引发汇率产生变动，BP 曲线移动，直至国际收支重新平衡为止。

由图 10-2 可见，经济最初的均衡点 E 位于 BP 曲线下方，这一利率和收入组合会导致国际收支逆差，即在外汇市场上外国货币的需求大于供给，从而导致本国货币贬值。本币汇率的上升会使 BP 曲线向右移动。只要国际收支逆差存在，本国货币的贬值就不会停止，BP 曲线就会一直向右移动，直至达到使国际收支平衡的新的均衡点 E'。当然，汇率的变动也会使 IS 曲线移动，所以新的均衡点 E'将不再是原来的均衡点 E。

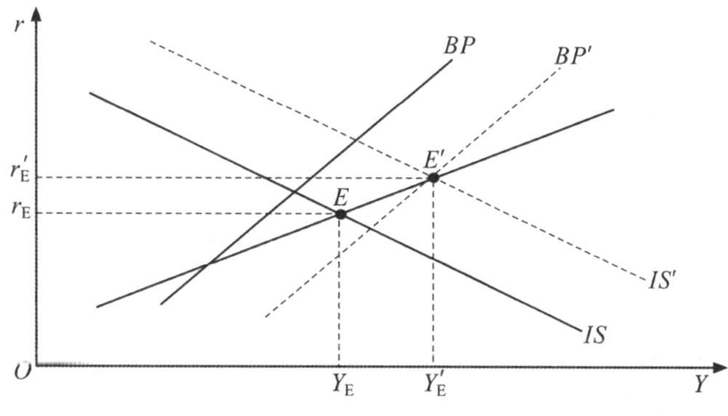

图 10-2　浮动汇率制度与外部均衡

在浮动汇率制度下，汇率可以自动调节国际收支，使一国经济达到外部平衡。因此，在浮动汇率制度下，政府的政策目标只聚焦实现内部均衡问题，即通过宏观经济政策的实施实现充分就业和物价稳定。

四、固定汇率制度下的政策效应

不同汇率制度下的政策效应有显著差异。根据蒙代尔—弗莱明模型(Mundell-Fleming model)，固定汇率制和浮动汇率制下财政、货币政策的溢出效应有很大差异。在固定汇率制度下，货币政策主要目标为保持汇率的稳定。为了达到这个目标，中央银行通常需要对外汇市场进行干预。在这种情况下，货币政策的有效性将受到限制。

(一)固定汇率制度下的财政政策有明显效果

在固定汇率制下，可以通过采取不同的财政政策实现不同的调控目标。如图 10-3 所示，在资本完全流动的条件下，*BP* 曲线呈水平状态。当政府采取扩张性财政政策时，如增加政府支出或者减少税收，总需求会随之增加，从而推动 *IS* 曲线向右移动，即由 IS_1 移至 IS_2。*IS* 曲线的移动使得名义汇率面临升值压力。如果此时中央银行要维持汇率稳定，就需干预外汇市场，增加本币供给，促使 *LM* 曲线右移，即由 LM_1 移至 LM_2 从而降低均衡汇率，直至均衡汇率重新回到固定汇率水平 e^*。由此可见，在固定汇率制下，扩张型财政政策能够通过增加国内需求提高国内产出水平，而且由于汇率稳定，贸易平衡不会受到显著影响。反之，当实施收缩性财政政策，将会减少总需求减少，推动 *IS* 曲线向左移动，名义汇率面临下降压力。为维持汇率稳定，中央银行需抛售外币，减少本币供给，使 *LM* 曲线左移，直至汇率回升至固定汇率水平。在此情况下，收缩性财政政策将导致产出水平下降。由此可见，在固定汇率制度和资本完全流动的条件下，财政政策的效果较为明显。

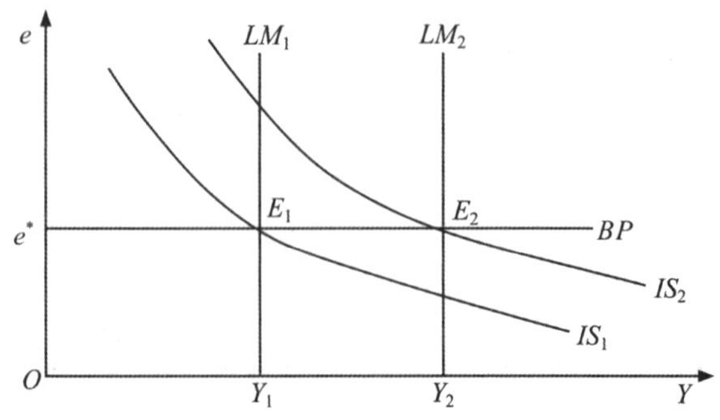

图 10-3　固定汇率制度下的财政政策效应

阿根廷货币局制度下的财政政策时期

扫码阅读

(二)固定汇率制度下的货币政策无效

在固定汇率制和资本完全流动的条件下,货币政策的有效性会受到显著限制。如图 10-4 所示,当政府采取扩张性货币政策,如通过购买公众债券或者降低利率来增加货币供给时,*LM* 曲线会右移。短期内这种扩张性货币政策似乎会刺激经济,推动产出扩大,然而由于资本完全自由流动,货币供给的增加会使国内利率下降。在国内外利差扩大的情况下,资本会大量流出,对名义汇率构成下行压力。为维持汇率稳定,中央银行必须在外汇市场进行干预,抛售外币、回笼本币,这又导致货币供给减少,使得 *LM* 曲线重新向左移动,直至回到初始位置。由此可见,在固定汇率制度下,资本的高度流动性会抵消货币政策的效果,难以实现刺激经济增长的目标。因此,在固定汇率与资本完全流动的框架下,货币政策往往难以发挥实质性作用,其有效性将大打折扣。

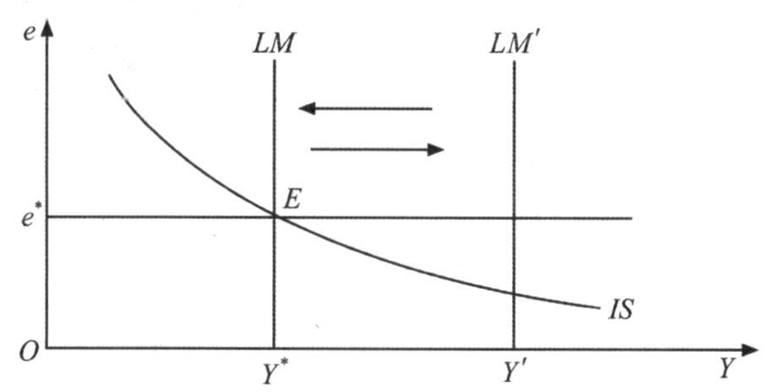

图 10-4　固定汇率制度下的货币政策效应

(三)固定汇率制度下的贸易政策

在固定汇率下,政府可以借助关税或者非关税措施调节进出口贸易。当政府采取此类措施减少进口时,直接作用于净出口 *NX*。由于进口减少,出口相对增加,净出口曲线 *NX* 就会向右平移,结果如图 10-5 所示,从而推动 *IS* 曲线向右平移。IS 曲线的移动改变了商品市场与货币市场的均衡关系，使名义汇率面临升值压力。为维系固定汇率汇率 e^*，中央银行需干预外汇市场，通过增加本币供给的方式平衡汇率。而随着货币供给增加，LM 曲线右移，从 LM_1 移至 LM_2，直至汇率稳定在固定汇率水平上。在此过程中，经济体系实现了新的均衡，总产出从 Y_1 提升至 Y_2。可见，在固定汇率制度下，政府运用贸易政策能够有效影响国内产出，通过调节进出口改变净出口规模，进而借助 IS-LM 模型中的曲线移动，实现经济总量的扩张。

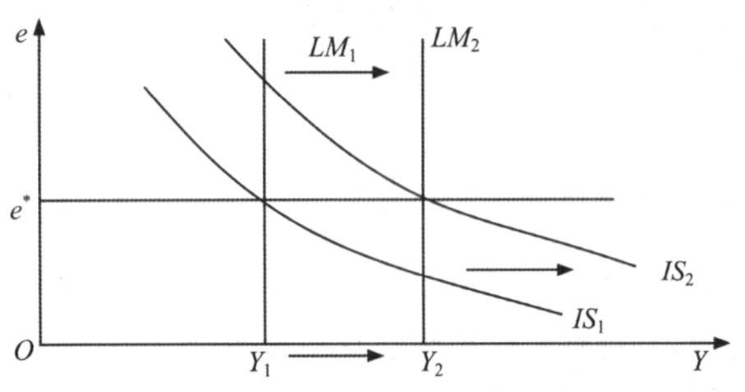

图 10-5　固定汇率制度下的贸易政策效应

因此，在固定汇率制度下，贸易政策的效果与财政政策效果几乎一样，但引起 IS 曲线移动的原因是不同的。贸易政策源于净出口的变化，而财政政策源于其他因素的变化。

五、浮动汇率制度下的政策效应

在浮动汇率制度下，汇率由外汇市场供求关系自主调节，中央银行无须干预汇率，这就为财政政策和货币政策的实施创造了更大空间。

(一)浮动汇率制度下的财政政策

在资本完全流动的情况下，当政府实施扩张性财政政策，如增加购买支出或减少税收时，会推动 IS 曲线右移。如图 10-6 所示，新的 IS 曲线与 LM 曲线相交于 B 点，这使得利率上升，吸引大量资本流入，本币汇率随之抬升。本币升值导致净出口减少，恰好抵消了扩张性财政政策对产出的刺激作用，最终产出水平保持不变。反之，紧缩性财政政策会使 IS 曲线左移，利率下降引发资本外流，本币汇率下降，净出口增加，同样抵消了紧缩性财政政策对产出的抑制作用。可见，在资本完全流动的小国开放经济下，财政政策对产出的调节效果因汇率变动而被抵消。

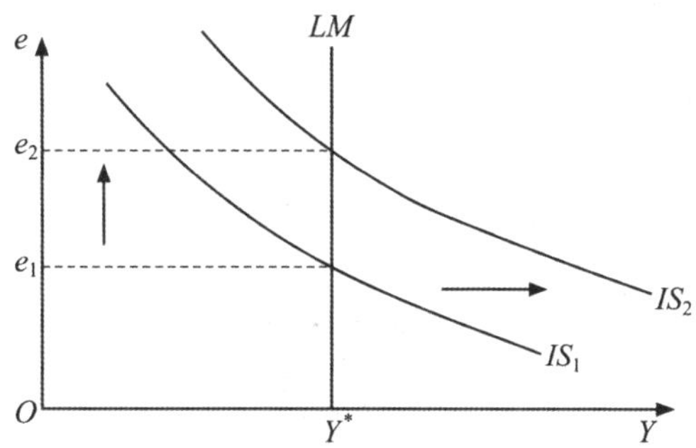

图 10-6　浮动汇率制度下的财政政策效应

（二）浮动汇率制度下的货币政策

在资本完全流动与浮动汇率制度下，扩张性货币政策具有显著效果。当政府实施扩张性货币政策时，货币供给增加促使 LM 曲线右移，如图 10-7 所示，LM_1 曲线移至 LM_2，形成新均衡点 B。在此过程中，利率下降刺激投资与消费，直接推动国内产出提升。

在开放型小国经济中，本国利率由世界资本市场均衡利率决定。扩张性货币政策引发本国货币供给增加，产生利率下降压力。由于资本完全流动，利率下降会导致资本流出，但资本外流同时推动本币贬值。本币贬值提升了国内产品国际竞争力，通过促进出口、抑制进口，增加净出口，进一步扩大总需求，从而强化了货币政策对产出的刺激作用。最终，名义汇率由 e_1 降至 e_2，产出从 Y_1 增加至 Y_2，凸显了货币政策通过汇率变动有效影响产出的机制。

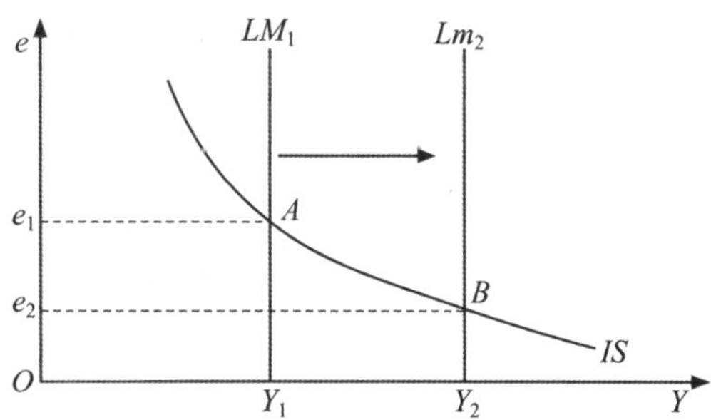

图 10-7　浮动汇率制度下的货币政策效应

日本在 20 世纪 90 年代后的货币政策

扫码阅读

(三)浮动汇率制度下的贸易政策

在浮动汇率制度下,政府通过关税或非关税壁垒实施奖出限入政策时,会直接影响净出口(NX)。如图 10-8 所示,政策促使净出口曲线向右移动,进而拉动 IS 曲线同步右移。由于 LM 曲线垂直(通常对应古典情形下货币需求仅与产出相关,不受利率影响),IS 曲线右移仅导致汇率上升,产出保持不变。

汇率上升后,本国商品在国际市场价格相对提高,外国商品在本国市场价格相对降低,进而抑制出口,刺激进口,使得净出口减少,这一效应恰好抵消了贸易政策初期对净出口的扩张作用。由此可见,在浮动汇率制度下,贸易政策对净出口的影响仅通过 IS 曲线传导,与 LM 曲线无关。

这种政策效果与浮动汇率制度下的财政政策类似——二者虽都能使 IS 曲线移动,但驱动因素不同。贸易政策通过改变净出口推动 IS 曲线移动,而财政政策则是因政府支出、税收等其他因素变动,引发总需求改变,进而使 IS 曲线移动。

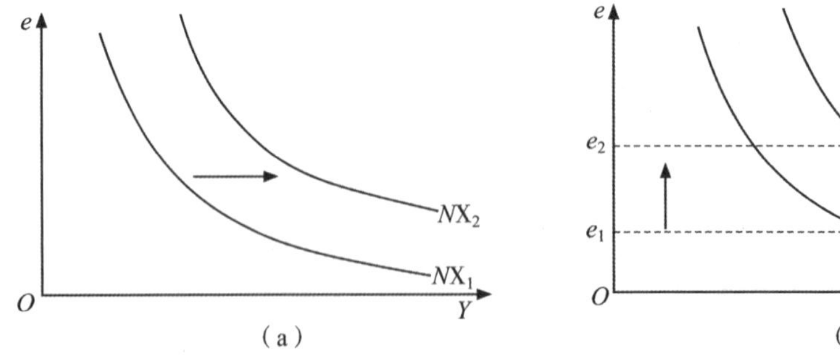

图 10-8 浮动汇率制度下的贸易政策效应

通过以上分析,蒙代尔-弗莱明模型下开放型经济的政策效果可以总结如表 10-1 所示。

表 10-1 蒙代尔-弗莱明模型下效果开放型经济的政策效果

政策类型	汇率制度					
	固定汇率制			浮动汇率制		
	收入 Y	汇率 e	净出口 NX	收入 Y	汇率 e	净出口 NX
扩张性财政政策	↑	—	—	—	↑	↓
扩张性货币政策	—	—	—	↑	↓	↑
限制进口贸易政策	↑	—	↑	—	↑	—

注:表中"↑"表示增加,"—"表示不变,"↓"表示减少。本表源自《西方经济学》编写组:《西方经济学》(下),第 279 页,高等教育出版社、人民出版社,2011 年。

第三节 开放条件下的经济政策选择

在 IS-LM-BP 模型中,开放经济体实现内外均衡与长短期均衡的理想状态是产品市场、货币市场和国际收支同时达到均衡,即 IS 曲线、LM 曲线和 BP 曲线相交于同一点。此时,国内总需求与总供给平衡,货币供求均衡,国际收支也处于平衡状态,这一均衡点体现了宏观经济政策追求的最优目标。

然而,在现实经济运行中,受经济结构、政策时滞、外部冲击等多种因素影响,三条曲线难以始终保持相交于一点。因此,政策制定者需要根据宏观调控目标的优先级,如短期内稳定物价、长期促进经济增长,以及不同政策工具的实际效果,对三线均衡进行动态调整与权衡取舍,以实现更符合经济现实需求的次优均衡状态。

一、内外平衡与政策分配法则

在开放经济条件下,一国采取单一的宏观经济政策往往难以达到内部均衡与外部均衡的两个目标,因此多重政策组合就成为必然选择。

(一)米德冲突

米德冲突由英国经济学家詹姆斯·米德 1951 年在《国际经济政策理论(第一卷)国际收支》中首次提出,是指在固定汇率制度下,政府运用需求管理政策财政政策和货币政策调节经济时,恢复内部均衡与外部均衡的政策相互冲突的两难困境。在开放经济中,宏观政策追求内部均衡(实现充分就业与物价稳定)和外部均衡(维持国际收支平衡)两大目标,但固定汇率制限制了政策调节的灵活性。

以两国自由贸易和固定汇率体系为例，若一国内需萎缩，另一国将因外部需求减少面临失业与贸易收支恶化，此时，若该国采用扩张性政策刺激经济，增加就业，会导致进口增加，贸易逆差进一步扩大；若为消除逆差采取紧缩性政策减少进口，又会抑制国内需求，加剧经济衰退，陷入政策选择的矛盾。

如表10-2所示，在固定汇率制度下，一国经济处于四种可能状态：当经济处于第Ⅰ种（失业与逆差并存）和第Ⅳ种（通货膨胀与顺差并存）状态时，内部与外部均衡目标相互冲突。如在第Ⅰ种状态下，扩张性政策能缓解失业却恶化逆差，紧缩性政策虽改善逆差却加剧失业。而在第Ⅱ、第Ⅲ状态时，政策调节方向一致，如在第Ⅲ种状态下，经济面临通货膨胀与贸易逆差，采取紧缩性政策减少货币供给、降低利率，推动本币升值，可同时抑制通胀与减少进口，实现内外部均衡的协调。

米德冲突理论揭示了固定汇率制下单一政策工具的局限性，为后续丁伯根原则、蒙代尔政策分派理论等开放经济政策搭配理论的发展奠定了基础，推动经济学家探索多政策工具协同实现内外均衡的有效路径。

表10-2　固定汇率制度下一国的经济处境

外部失衡	内部失衡	
	失业	通货膨胀
贸易逆差	Ⅰ.贸易逆差、失业	Ⅲ.贸易逆差、通货膨胀
贸易顺差	Ⅱ.贸易顺差、失业	Ⅳ.贸易顺差、通货膨胀

英国在20世纪60—70年代的经济困境

扫码阅读

（二）丁伯根法则与斯旺图

1952年，荷兰经济学家简·丁伯根在《论经济政策》中提出“丁伯根法则”，其核心论断为：一个国家所需的独立政策工具数量，应与其追求的独立政策目标数量相等。这一理论为政策制定提供了量化指导，强调单一政策工具难以同时实现多个政策目标，为政策组合的构建奠定了理论基础。

1955 年，澳大利亚经济学家特雷弗·斯旺在《长期国际收支平衡问题》中提出“斯旺图”，进一步深化了对政策工具与目标关系的研究。斯旺图直观地表明，在开放经济环境下，仅依靠单一政策工具同时达成内部均衡（充分就业与物价稳定）和外部均衡（国际收支平衡）是不现实的。若想实现这两大目标，必须采用两种或多种政策工具进行有效组合。例如，可通过财政政策调节国内总需求以实现内部均衡，同时借助汇率政策调整国际收支来达成外部均衡。

丁伯根法则与斯旺图共同揭示了开放经济中政策调节的复杂性与多面性，推动了宏观经济政策理论从单一工具应用向多元政策协同的转变，为各国政府制定科学的政策组合提供了重要的理论依据。

斯旺图（见图 10-9）以横轴表示国内实际总支出 A（涵盖消费、投资与政府购买），纵轴表示实际汇率 q（$q=S*P^*/P$）。其中，向右下方倾斜的 IB 曲线为内部均衡线，描绘了维持国内充分就业与物价稳定时国内总支出与实际汇率的组合。实际汇率下降使国外产品更具价格优势，导致出口减少、进口增加，需增加国内支出以维持内部均衡；IB 曲线右侧对应通货膨胀，左侧则为通货紧缩与失业。

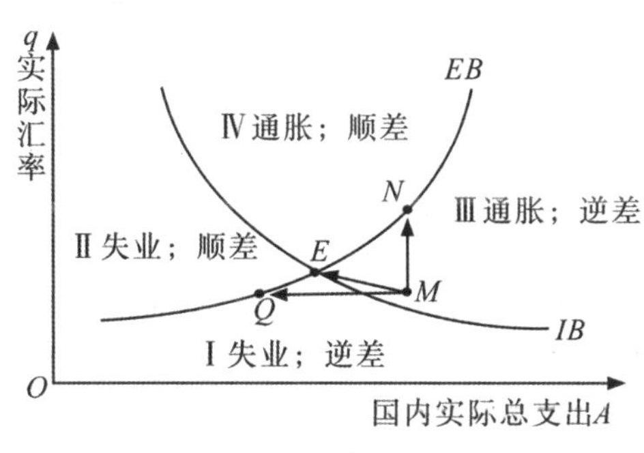

图 10-9 斯旺图

EB 曲线是外部均衡线，呈现经常账户平衡下的国内总支出与实际汇率组合。实际汇率上升使本国产品竞争力增强，出口增加、进口减少，需扩大国内支出刺激进口以平衡账户；EB 曲线右侧为经常账户逆差，左侧为顺差。

IB 与 EB 曲线将 q-A 平面划分为四个区域，代表不同经济状态。若一国经济处于 M 点（通货膨胀与经常账户逆差并存），在固定汇率制度下，仅靠紧缩性政策虽能抑制通胀、减少进口以缓解逆差，但进一步追求外部均衡点 Q 时，过度紧缩易引发通货紧缩与失业。而要实现内外均衡点 E，需组合使用紧缩性财政政策，并适度贬值本币，通过削减国内需求抑制通胀，同时利用汇率调整提升出口竞争力，平衡国际收支。

(三)蒙代尔政策分配法则

在经济政策实践中,人们逐步明确了财政政策与货币政策在平衡内外经济关系中的不同作用。1962 年,美国经济学家罗伯特·蒙代尔在《恰当应用财政、货币政策以实现内外稳定》中提出蒙代尔政策分配法则,主张通过协调财政政策与货币政策实现内外均衡双重目标,即运用财政政策调节内部经济,货币政策调节外部经济。他提出的有效市场分类法则强调"政策应匹配其最具影响力的目标",并在 1968 年《国际经济学》中建议将该法则与丁伯根法则结合运用。同期,英国经济学家马库斯·弗莱明也提出相似观点。

蒙代尔和弗莱明的研究表明,财政政策与货币政策对内外均衡的影响存在显著差异。扩张性财政政策会推高国内利率,减少净资本流出;扩张性货币政策则使国内利率下降,增加净资本流出。虽然两种扩张性政策均能刺激总需求、提升国民收入并减少净出口,但在调节国际收支方面,货币政策相比财政政策更具优势。例如,在消除国际收支顺差时,二者作用机制相互冲突,而货币政策在平衡国际收支上表现出更强的调节能力,如表 10-3 所示。

表 10-3 蒙代尔政策搭配示意图

外部失衡	内部失衡	
	失业	通货膨胀
国际收支赤字	扩张性财政政策 紧缩性货币政策	紧缩性财政政策 紧缩性货币政策
国际收支盈余	扩张性财政政策 扩张性货币政策	紧缩性财政政策 扩张性货币政策

蒙代尔政策分配法则虽具理论简明性,但在实际经济调控中,单一政策难以实现内外平衡。例如:扩张性财政政策常需货币政策配合,易引发政策目标冲突,政策搭配效果也常偏离预期。扩张性财政与紧缩性货币政策组合虽意在改善国际收支、缓解失业,却因利率上升抑制投资、加重外债,阻碍经济增长与就业扩大。

鉴于现实经济受多种因素复杂影响,运用该法则时,需立足实际灵活调整政策组合,具体问题具体分析,提升宏观调控有效性。

开放条件下德国的政策选择

扫码阅读

二、不同汇率制度下的内外平衡政策

二战后，全球进入政府全面调控市场的现代市场经济阶段，开放环境下宏观政策调控目标趋于成熟稳定，长期以经济增长为导向，短期则锚定充分就业、物价稳定与国际收支平衡三大核心目标。

（一）固定汇率制度下内外平衡政策

根据丁伯根法则，要实现一个经济目标，至少需要一种以上有效的经济政策；若要达到三种以上经济目标，则至少需要两种及以上的有效经济政策。这一理论为政策制定提供了基础逻辑框架。而蒙代尔政策分配法则进一步从理论模型层面解决了固定汇率制度下宏观调控政策面临的困境。该法则基于财政政策与货币政策在作用机制和影响效果上的差异，指导决策者选择恰当的政策组合，以此最大限度发挥政策合力，规避政策间的冲突与抵消效应，确保政策实施能够精准且高效地实现多重经济目标。

1.财政政策的作用

财政政策的作用体现在实现内部平衡和外部平衡这两个重要方面，其产生的影响可分为经济收缩和经济扩张两个方向。扩张性财政政策作用于内部经济平衡与外部经济平衡的机制，具体如图10-10所示。

扩张性财政政策
- 内部均衡：政府支出增加—国民收入提高—增加就业、失业减少
- 外部均衡：
  - 进口增加—贸易收支恶化
  - 政府支出增加　利率上升—资本内流
  - （以上两项合起来）国际收支变动方向不明

图10-10　扩张性财政政策作用示意图

由图10-10可以看出，在政府货币政策维持不变的前提下，单独实施扩张性财政政策时：

在内部需求方面，政府支出的增加会直接拉动总需求增长，促使国民收入水平提升，创造更多就业机会，进而有效缓解因需求不足引发的内部经济失衡问题。

在外部均衡方面，扩张性财政政策会产生双重效应。一方面，总需求的上升会带动进口需求增加，进而导致贸易收支恶化；另一方面，该政策会加重政府债务负担，造成市场资金供给趋紧，推动利率上升。若国外利率保持不变，本国较高的利率水平将吸引外国资金流入，使国际收支状况得到改善。由于贸易收支恶化与国际收支改善两种效应相互交织，最终对外部平衡的综合影响难以确定，其结果取决于贸易项目和资本项目各自受影响的程度。

综上所述，一国实施扩张性财政政策能够显著改善内部平衡状况，但对外部平衡的影响存在不确定性。反之，当货币政策保持不变，仅采取紧缩性财政政策时，其产生的经济影响与扩张性财政政策完全相反。

2.货币政策的作用

货币政策与财政政策一样，均致力于实现内部平衡和外部平衡。但由于货币政策的作用机制和影响方向与财政政策存在差异，扩张性货币政策和紧缩性货币政策在影响内外平衡时呈现出明显不同的效果。扩张性货币政策发挥作用的过程如图 10-11 所示，在财政政策保持不变时，实行扩张性货币政策将对内外市场均衡产生显著影响。在内部市场层面，扩张性货币政策通过降低利息率，刺激私人投资需求和消费需求的增加，扩大社会总需求。这一系列变化使得国民收入水平得以提升，就业机会不断增加，失业率逐步下降。在外部市场方面，利率的降低虽然有助于有利于国内有效需求扩张，但也会导致进口需求随之增加，从而致使国际贸易收支恶化，降低利率还会促使资金外流，进一步加剧资本项目下的国际收支恶化状况。由此可见，扩张性货币政策在提高国民收入水平、减少失业的同时，却对外部平衡条件造成了不利影响。

扩张性货币政策—利率下降
- 内部均衡：国民收入增加—就业增加—高失业逐步消失
- 外部均衡
  - 进口需求增加—贸易收支恶化
  - 资金外流—资本项目恶化
  - （以上两项）国际收支恶化

图 10-11　扩张性货币政策作用示意图

当财政政策维持不变时，紧缩性货币政策同样会对经济的内外平衡产生显著影响。不同于扩张性货币政策，紧缩性货币政策通过减少货币投放量、提高利率，在遏制国内经济过热、抑制通货膨胀方面成效显著，在改善国际收支平衡上也作用突出。相较于财政政策，紧缩性货币政策对外部平衡的作用方向明确，且影响力更大。从国际市场视角来看，国内利率的上升既能够降低进口需求，助力改善贸易逆差局面，又能吸引国际资本流入，有助于平衡资本项目下的国际收支逆差，从而优化外部均衡条件。

综合上述分析可知，财政政策与货币政策均会对经济的内部平衡和外部平衡产生影响，但二者在作用程度与方向上存在差异。具体而言，财政政策通常对内部平衡的影响更为显著，且作用方向清晰；货币政策则对外部平衡的影响更为突出，作用方向明确。基于此，可将这两种经济政策作为政策工具进行搭配运用，以此实现内部平衡与外部平衡的双重目标。

图 10-12 展示了在不同内外经济失衡情形下财政政策与货币政策搭配使用的基本思路。该图以纵轴表征外部平衡状况（国际收支），横轴体现内部平衡状况（国内总需求），两轴垂直相交于点 E，此点代表内外经济同时达到平衡的状态。两轴相交划分出四个象限，分别对应四种内外失衡的组合：第一象限呈现通货膨胀与国际收支顺差并存的局面；第二象限显示失业与国际收支顺差同时出现；第三象限反映失业与国际收支逆差共存；第四象限则表明通货膨胀与国际收支逆差同时发生。

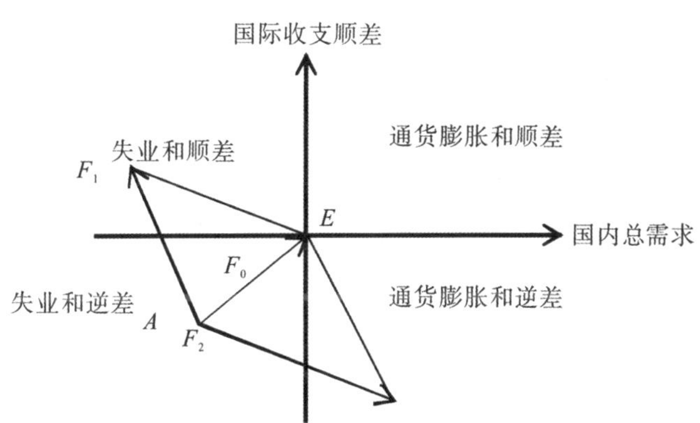

图 10-12　财政政策和货币政策的搭配使用

以某国处于点 A 的内外失衡状态为例，该国面临国内失业严重、需求不足，国际收支逆差显著的问题。借鉴物理学合力平行四边形法则，可将货币政策与财政政策视为两个矢量来解决失衡：依据政策搭配法则，货币政策优先用于实现外部均衡，针对逆差应采用紧缩性货币政策；财政政策优先解决国内均衡问题，应对失业需实施扩张性财政政策。

其中，紧缩性货币政策（F_1）虽能改善国际收支，但会导致需求下降，与解决国内失业的目标相悖，其作用方向向北偏西，需扩张性财政政策配合；扩张性财政政策（F_2）在扩大内需、增加就业的同时，会刺激进口需求，加剧贸易收支逆差，因此需要搭配紧缩性货币政策。当扩张性财政政策与紧缩性货币政策形成合力 F_0 时，作用方向向东偏南，指向均衡点 E，两种政策相互抵消不利影响，最终实现内外经济同时平衡。

基于上述分析可知，可运用矢量分析方法，借助平行四边形法则，对各象限经济失衡状况进行合力向量分解。通过分析财政政策与货币政策这两个“矢量”的方向与作用，可精准选择正确的政策组合，利用二者的协同配合，实现内外经济均衡。

宏观经济政策的三元悖论以及中国汇率政策的实践

扫码阅读

复习与思考

一、核心概念

开放条件下宏观经济的目标

扩张性财政政策　紧缩性财政政策　中性财政政策

法定存款准备金率　公开市场业务　再贴现率

基准利率　BP 曲线　蒙代尔-弗莱明模型

三元悖论

二、思考题

1.宏观经济政策的目标是什么？宏观经济政策的主要工具及其作用有哪些？

2.汇率制度对国际收支平衡有什么影响？

3.固定汇率制度下财政政策与货币政策影响有什么区别？

4.浮动汇率制度下财政政策与货币政策影响有什么区别？

5.不同汇率制度下贸易政策影响有哪些区别？

6.蒙代尔政策分配法则的基本内容如何？举例说明，如何决策一国的政策组合？

7.不同汇率制度下的内外平衡政策效果组合如何？一国如果面临经济衰退和国际收支逆差，如何选择经济政策？

第十一章 宏观经济政策的国际传导与协调

学习目标

知识目标

1.了解宏观经济政策溢出的概念、条件、主要途径。

2.掌握主要宏观政策的溢出效应分析。

能力目标

1.认识宏观经济政策溢出的基本条件与传导机制。

2.掌握主要经济政策溢出效应一般影响和特殊影响，能够运用不同政策搭配原则分析不同汇率制度下的不同政策效应及其政策组合影响。

3.理解国际政策协调的必要性、协调的主要内容、工具以及方式。

素养目标

1.认识与理解我国实施宏观经济溢出效应及其影响。

2.正确认识和理解美国实施宏观政策溢出效应的全球影响。

引导案例

美联储降息如何影响中国股债汇

2024 年 9 月 18 日，美联储联邦公开市场委员会(FOMC)宣布降息 50 个基点，终结了 2022 年 3 月以来的加息周期，揭开了新一轮降息周期的序幕。

20 世纪 80 年代以来，在没有发生金融动荡或经济金融危机的情况下，美联储每轮降息周期都是从 25 个基点起步，这次起手就是 50 个基点，可谓是一次非常规降息。

在 9 月 FOMC 声明中，美联储将“致力于将通胀率恢复到 2%的目标”修订为“致力于支持最大化就业，并将通胀率恢复至 2%的目标”，凸显了货币政策目标的重新校准。鲍威尔在会后新闻发布会上将本次超常规降息的原因部分归咎于 7 月的 FOMC 会议错过了 7 月的美国就业数据。8 月 2 日公布的 7 月美国失业率飙升至 4.3%，触发了“萨姆规则”的衰退门槛。这导致当日美股大跌，并引发了第二个交易日(8 月 5 日)的“黑色星期一”，全球股市巨震。

那么，美联储降息将对中国金融市场产生什么影响?

资料来源：管涛.美联储降息对中国股债汇的影响[EB/OL].(2024-12-08)[2025-07-23].https://finance.sina.com.cn/roll/2024-12-08/doc-ikyxnpnn2933369.shtml.

第一节　宏观经济政策的溢出效应概述

一、宏观政策溢出效应的概念与影响因素

(一)宏观经济政策溢出的概念

溢出效应(spillover effect)是指一个组织在进行某项活动时，不仅会产生活动所预期的效果，而且会对组织之外的人或社会产生影响。宏观政策的溢出效应就是指一国采取的宏观经济政策不仅会对本国经济活动产生预期作用，而且会通过对外经贸关系对其他国家产生影响，或对预期效果之外的其他方面有影响。从溢出效应的内容划分，溢出效应可以分为知识溢出、技术溢出和经济溢出，宏观经济政策溢出效应主要属于经济溢出。

(二)经济政策溢出的影响因素

经济政策溢出效应的大小主要与实施经济政策国家的经济规模大小、对外依赖程度的高低、国内产业结构的差异以及在国际经济关系中地位与作用大小有关。

1.经济规模的大小

一般来说,经济规模越大,其国内经济政策溢出效应越大。因此,国际经济学或国际贸易在分析经济现象时,通过把分析对象区分为大国模型与小国模型。大国采取的一切经济措施和政策都会对国际市场产生影响,而小国只是国际市场影响的单向接受者,即该国采取的任何救济措施和政策都不会对国际市场产生影响。

2.对外依赖程度的高低

所谓对外依赖程度,是指一国对外贸易占国民经济比重的高低,一般采用对外贸易额占 GDP 的百分比表示。一般认为,对外依赖程度低于 10%～30%属于正常范围;对外依赖度高于 40%甚至 50%以上的国家就是外向型国家。从国际经验来看,经济规模较大的国家对外依赖度一般较低,只有经济规模较小的少数国家对外依赖度较高。我国作为发展中大国,改革开放以前对外依赖度很低,改革开放以来,对外依赖度迅速攀升,在 21 世纪 10 年代达到 60%以上,成为为数不多的高依赖度大国,虽然现在对外依赖度已经降低到 40%左右,仍然属于高依赖度国家。

3.国内产业结构情况

一般来说,生产力水平越高,一、二产业占比越低,服务业占比越高;而生产力水平较低的国家通常服务业占比较低,一二产业占比相对较高。由于一、二产业对外贸易相对活跃,占比较高,而服务业对外贸易占比较低,所以越是一、二产业占比较高的国家,对外贸易规模越大。因此,工业占比较高的工业大国的经济政策溢出效应通常较大,而工业占比较低且工业相对落后国家的经济政策的溢出效应通常较低。

4.一国在国际经济中的地位和影响

美国,作为二战后国际经济秩序主要组织者、领导者,经济规模和综合实力长期处于世界第一大国位置,在世界市场和国际经济组织中长期占有主导的支配地位,长期以来一直是世界最大进口市场和最大出口国家之一。美元成为世界贸易结算和国际金融市场交易的主要货币,美国经济政策的一举一动都对国际市场产生重大影响。欧盟作为世界最大的超国家的经济组织,其内部国家采用统一货币,人员、资本等要素自由流动,其内部实施货币政策也会产生较大的溢出效应。中国作为迅速崛起的工业制造业大国,制造业产值占据世界的近 1/3,已经成为世界 160 多个国家最大的贸易伙伴,对外贸易规模自 2010 年以来长期占据首位。我国工业大国和世界贸易大国的地位决定了其国内经济政策也会产生较大的溢出效应。

美国量化宽松政策对新兴经济体的溢出效应

扫码阅读

二、宏观经济政策溢出的主要传导途径

宏观经济政策的调整直接驱动国内经济扩张或收缩，货币供给变化会重塑该国对外经贸关系。这种影响会通过贸易、投资等渠道传导至国际市场，引发全球经济联动反应，最终对国际市场产生广泛影响。

（一）利率传导

资本的逐利本性决定了其在国际市场的流向。利率传导机制的核心在于，当本国利率变动致使国内资本价格与国际市场资本本币价格（汇率）出现显著差异时，便会形成套利空间，引发国际资本流动。

一国实施扩张性宏观经济政策，无论是通过财政政策刺激投资消费、调整货币供给与利率，还是借助货币政策直接降息扩量，都会改变国内资本价格。而利率的变动又会引发汇率、外汇储备等变量的连锁反应，促使资金跨国流动，最终影响各国的内外经济平衡。并且，随着国际资本流动自由化程度提高，利率机制的传导效应将愈发显著。

（二）汇率传导

汇率变动不仅能够反映本币购买力变化，更是调节外部市场均衡、平衡内外财富关系的关键工具。在固定汇率制度下，为维持汇率稳定，需在外部均衡被打破时调整经贸关系，进而产生汇率政策溢出效应；而在浮动汇率机制下，国际收支失衡时汇率会自动调整，直至外部供需达成新的平衡。

依据购买力平价与利率平价理论，国内资产和物价水平波动会带动名义汇率变动,进而影响实际汇率。名义汇率与实际汇率的变动会改变资产和货物的相对价格,从而引导国际资本流动与对外贸易流向,最终对一国进出口规模及国际资本流向和规模产生重要影响。

(三)对外贸易传导

对外贸易是维系对外关系的核心纽带,一国外部失衡往往源于对外贸易失衡。宏观政策在调节内部经济的同时,也承担着平衡外部关系的重要使命。

依据蒙代尔宏观政策分配法则,货币政策优先用于实现外部平衡,财政政策则主要解决内部失衡问题。财政政策通过调控国内产出发挥作用,其政策效果会外溢至国际市场。例如,积极的财政政策刺激国内投资与消费,可能带动进口增长、吸引资本内流,但其国际影响存在不确定性。而积极的货币政策虽能刺激进口,却易引发外部资本外流,加剧国际收支恶化。

(四)资产价格传导

国际资产价格传导依赖国内利率与实际汇率的变动,二者引发国内外资产价格波动,进而改变资产配置格局。

货币政策是影响资产价格与资本流动的关键因素。当一国推行积极货币政策,降低利率并扩大货币供给,会推动国内资产价格上涨,在国内外利差扩大的情况下,资本为寻求更高收益,会倾向于流向利率更高的国外市场,导致资本外流。反之,当一国实施紧缩性货币政策时,利率上升、货币供给减少,资产价格随之下降,此时国内资产收益率相对提高,会吸引国际资本流入,致使资本内流现象加剧。

(五)国际收支传导机制

国际收支平衡涵盖对外贸易平衡与经常项目下的资本平衡。当一国对外贸易持续逆差,且资本项目长期处于资金净流出状态时,国际收支将长期处于逆差。这种持续逆差会不断消耗外汇储备,削弱国际资本投资信心,同时降低国内居民消费与投资预期。信用受损与信心下降会引发市场对本币贬值的预期,进一步加剧本币贬值压力,形成恶性循环。

第二节　主要宏观政策的溢出效应分析

在经济全球化浪潮下,除少数符合小国假设的国家,各国用于平衡国内外市场的宏观政策措施都会对其他国家产生外溢效应。

一、货币政策的溢出效应

本分析基于以下四个前提假设：其一，世界是由两个经济规模相近的国家构成的；其二，每个国家只生产一种与外国不同的贸易品；其三，资本具有完全流动性，可自由跨境流动；其四，跨国的资本流动促使两国利率相同。

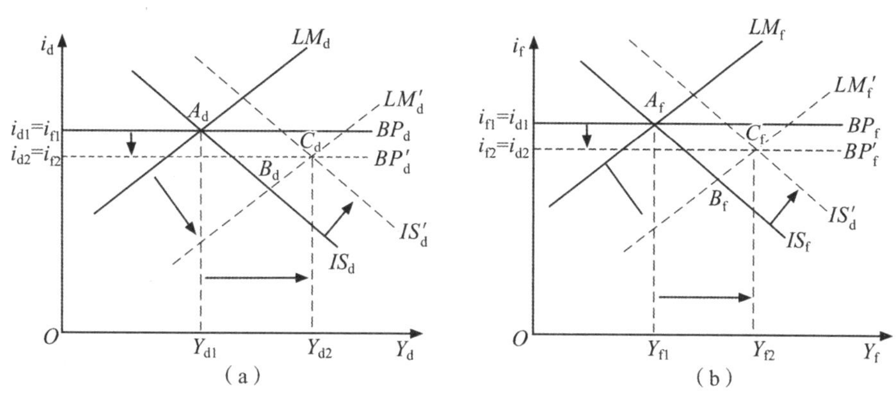

图 11-1　固定汇率制度下货币政策的溢出效应

如图 11-1 所示，假设 A 国实行固定汇率制度，B 国实行浮动汇率制度，两国的宏观经济初始状态分别对应为 A_d 点和 A_f 点，且初始利率相同，即 $i_{d1}=i_{f1}$。当 B 国实施扩张性货币政策刺激国民收入增长时，如(b)图所示，利率下降至 $i_{d2}=i_{f2}$。在此影响下，LM_f 线右移至 $LM'_{f'}$ 线，并与 IS_f 线交于 B_f 点。随着国民收入的增加，B 国进口规模扩大，同时利率降低，促使资金流向利率相对较高的 A 国，B 国的国际收支出现赤字，货币面临贬值压力。而 A 国因外资流入和出口增加，国际收支出现盈余，货币面临升值压力。在固定汇率制度下，A 国将买进外汇储备资产，增加本币供给。如(a)图所示，受 B 国货币政策外溢影响，A 国货币供给增加，LM_d 线右移至 LM'_d 线，与 IS_d 线交于 B_d 点。同时，B 国进口增加带动 A 国出口增长，促使 A 国 IS_d 线向右移至 IS'_d 线，与 LM'_d 线交于 C_d 点。A 国国民收入上升带动进口增加，又反向推动 B 国出口增长。如(b)图显示，B 国 IS_f 线右移至 IS_f' 线，与移动后的 LM_f' 线交于 C_f 点。在此过程中，两国的货币供给都增加了，利率随之下降。由于资本自由流动，两国利率最终在较低水平达成一致即 $i_{d2}=i_{f2}$，资本流动趋于稳定。同时，两国的 BP 曲线分别下移至 BP_d' 线和 BP_f' 线，最终两国分别在 C_d 点和 C_f 点实现了新的均衡。

由此可见，一国实施扩张型货币政策将产生外溢效应，使实行固定汇率的国家从中受益，两个国家共同分享政策带来的经济增长红利。这是因为货币政策引发的收入和利率的变动会传导至他国，带动两国货币供给增加，出口规模扩大，进而刺激经济增长。如 20 世纪 80 年代至 90 年代，德国实施扩张型货币政策，有效提高了德国和法国的国民收入。但是，若实施扩张型货币政策的国家同时采取固定汇率制度，那么货币政策对汇率的调节作用就会被抵消，导致货币政策的溢出效应难以显现。

二、财政政策的溢出效应

与前面假设相同。若实行浮动汇率制度的 B 国实施扩张型财政政策，刺激经济增长，那么实行固定汇率制度的 A 国会受到负面的政策外溢效应影响。如图 11-2 所示，两国宏观经济状态的初始点分别 A_d 点和 A_f 点，初始利率相同，即 $i_{d1}=i_{f1}$。B 国实施了扩张型财政政策刺激国民收入增长上升，如图(b)所示，IS_f 线右移至 IS'_f 线，与 LM_f 线交于 B_f 点；国民收入增加带动 B 国进口上升，引发贸易逆差扩大，同时财政支出和投资需求激增，推高货币需求，促使利率攀升吸引国际资金大量流入，资本账户转为顺差。若 B 国资本账户顺差大于贸易逆差，则 B 国国际收支呈现盈余状态，A 国则相应出现国际收支赤字。反之，如果 B 国贸易逆差大于资本账户顺差，则国际收支呈现赤字状态，货币面临贬值压力，A 国国际收支转为盈余。当 *B* 国出现国际收支赤字时，为维持汇率稳定，*A* 国央行抛售外汇储备资产以减少本币供给，图(a)中 $\mathrm{LM_d}$ 左移至 LM'_d，与 IS_d 交于 B_d 点；A 国出口增加推动 IS_d 向右移至 IS'_d，与 LM'_d 交于 C_d 点。B 国货币需求上升与 A 国货币供给减少，促使两国利率上升。由于 A 国利率上升导致的国内投资缩减幅度超过 B 国收入增长拉动的出口增量，A 国国民收入从 Y_{d1} 下降到 Y_{d2}。A 国国民收入减少会抑制 B 国出口，引起 IS'_f 线左移至 IS''_f。最终，当两国的利率在较高水平达成均衡时，即 $i_{d2}=i_{f2}$ 时，资本停止流动，两国的 BP_d 曲线和 BP_f 曲线分别上移至 BP'_d、BP'_f，两国宏观经济在 C_d 点和 C_f 点实现了新的均衡。

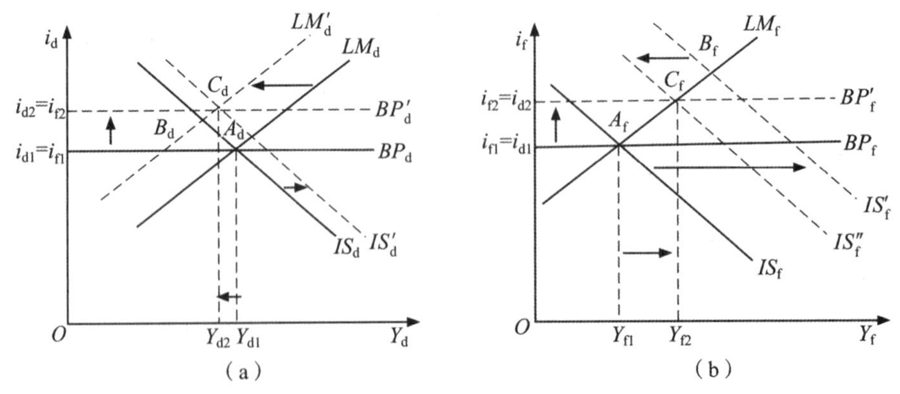

图 11-2 固定汇率制度下财政政策的溢出效应

由以上分析得出，当一国实施扩张型财政政策时，若另一国实施固定汇率制度，则该政策将产生负溢出效应。由于其国民收入的增长是以牺牲他国国民收入为代价，因此这种政策也被称为“以邻为壑”的政策。而当两国都实行固定汇率制度时，一方推行扩张性财政政策则呈现正溢出效应，能够带动两国国民收入共同增长。

德国财政刺激政策对希腊的溢出效应

扫码阅读

三、储备货币发行国家的货币政策效应

上述分析主要基于非货币储备国家的宏观经济政策溢出效应，外部平衡成为这些国家宏观经济调控的主要目标之一。然而，对于储备货币发行国，尤其是主导货币美元的发行国美国而言，外部失衡问题的重要性显著降低。如图 11-3 所示，美国对世界主要经济体双边对外贸易关系来说贸易逆差长期存在且持续扩大，但由于美元作为全球主要贸易结算货币和国际金融市场广泛认可的融资工具，美国无须像其他国家那样通过传统方式偿还贸易逆差，仅通过输出美元即可维持国际收支。这种特殊地位使得美国成为全球唯一长期保持大规模国际收支赤字的国家，而长期的外部失衡并未削弱其经济的全球竞争力。

世界上作为具备发行国际市场普遍认可世界货币国家只有美国，美元作为最主要的货币储备，长期占比高达 65%以上，在国际市场具有举足轻重的地位。除美元外，居于货币储备市场前列的货币还有欧元、日元、人民币、英镑等，其发行货币储备国家都是在世界上具有重要影响力的经济大国。这些国家经济规模巨大，工业发达，对外贸易规模较大，国家综合竞争力位居世界前列，国内经济长期保持稳定，本币币值比较坚挺。从货币职能角度来看，储备货币发行国受外部平衡的制约相对较小。因其本币具备国际储备功能，在全球范围内发挥着世界货币的职能，能够有效缓冲甚至抵消外部经济波动带来的冲击。相比之下，非储备货币国家则高度重视国际收支平衡对货币储备的影响，尤其关注国际收支失

扫码看原图

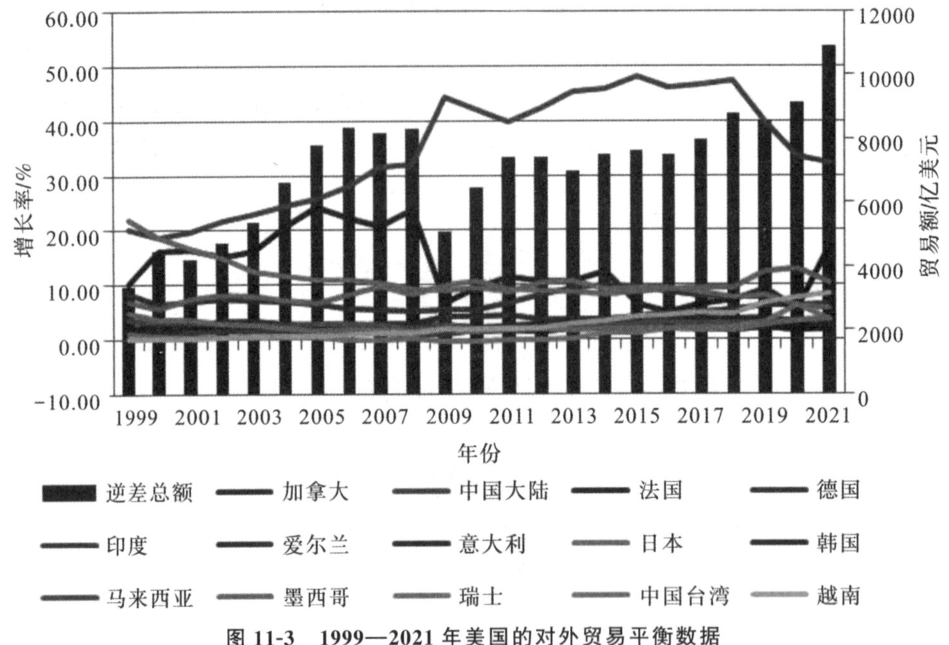

图 11-3　1999—2021 年美国的对外贸易平衡数据

数据来源：根据美国经济分析署数据有关数据整理计算。

衡和货币储备下降对本币汇率的冲击。本节将分析储备货币国家实施的经济政策对一般国家的外溢效应。

（一）储备货币发行国的货币政策效应

如图 11-4 所示，(a)、(b)分别代表储备货币发行国美国与非货币储备发行国。由于储备货币发行国基本不受外部平衡的制约，所以删除了其(BP)线；图(b)代表非储备货币国家，也就是一般国家 F 国，其 BP_F 线向上倾斜，表示该国的资本流动是不完全的。

如图 11-4(a)所示，美国的 LM_{us} 线和 IS_{us} 线交于 A_{us} 点，国民收入为 Y_{us}；如图 11-4(b)所示，F 国的 LM_F 线、IS_F 线以及 BP_F 线相交于 A_F 点，国民收入为 Y_{F1}。假设储备货币发行国家美国陷入了经济危机边缘，实施了扩张性货币政策刺激国内投资和消费，推动国民收入增长，政策实施后，货币供给增加，LM_{us} 线向右移动至 LM'_{us} 线，并与 IS_{us} 线交于 B_{us} 点，美国国内利率从 i_{us1} 下降至 i_{us2}，在利率下降刺激下，国内产出从 Y_{us1} 增加到 Y_{us2}，美国国内美元流出，国际收支趋于逆差。F、美两国的利差，导致资本从美国流向 F 国，从而使 F 国的利率也趋于下降。F 国的 BP_F 线向右移动至 BP'_F 线，美国国民收入的上升也增加了从 F 国的进口，对外贸易顺差扩大。F 国的 A_F 点位于 BP'_F 线的左侧，说明该国国际收支处于顺差状态，本币有升值要求。为了维持 F 国货币汇率的稳定，F 国央行会购买储备货币美元，从而被动地扩大了本国货币的供给，使 F 国的 LM_F 线

向右移动至 LM'_F 线，并与 IS_F 线相交于 B_F 点。最后，储备货币发行国家美国和 F 国的国民收入都上升了。储备货币发行国扩张性货币政策对一般国家的溢出效应可能是正的，也可能是负的。如果两国的经济状态不是相似，而是相反，比如美国处于经济衰退而 F 国处于经济高涨阶段，那么美国扩张性货币政策会导致实施紧缩货币政策的 F 国出现通货膨胀。

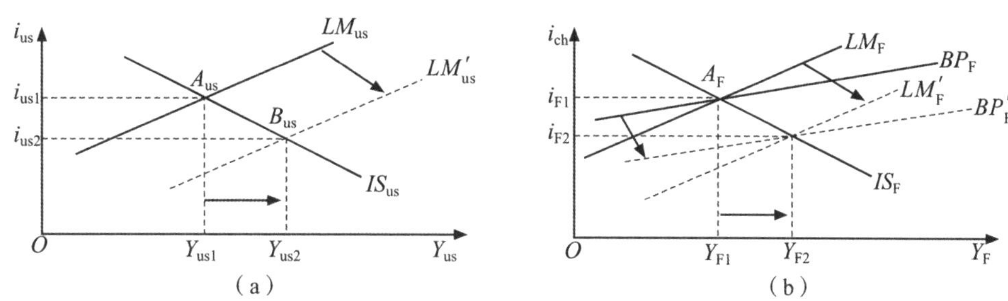

图 11-4　储备货币发行国的货币政策溢出效应

(二)储备货币发行国的财政政策效应

如图 11-5 所示，美国的 LM_{us} 线与 IS_{us} 线交于 A_{us} 点，此时的国民收入为 Y_{us}；F 国的 LM_F 线、IS_F 线以及 BP_F 线交于 A_F 点，此时的国民收入为 Y_F。图 11-5(a)表示，储备货币国家美国为了增加国内产出而采取了扩张的财政政策，增加投资和消费，美国的 IS_{us} 线右移至 IS'_{us} 线的位置，与 LM_{us}.线交于 B_{us} 点，美国的国民收入增加至 Y_{us2}。美国国民收入的增加，增加了美国进口；投资消费需求的增加提高了对货币的需求，推动了美国利率从 i_{us1} 上升至 i_{us2}，从而推动资本向美国流入。美国利率的上升引起了 F 国的资金流出，由此引起 F 国国内利率上升，导致 F 国的 BP_F 线向左移动至 BP'_F 线；同时，美国进口增加拉动 F 国出口的增加，推动 F 国的 IS_F 线右移至 IS'_F 线，与 LM_F 线交于 B_F 点。

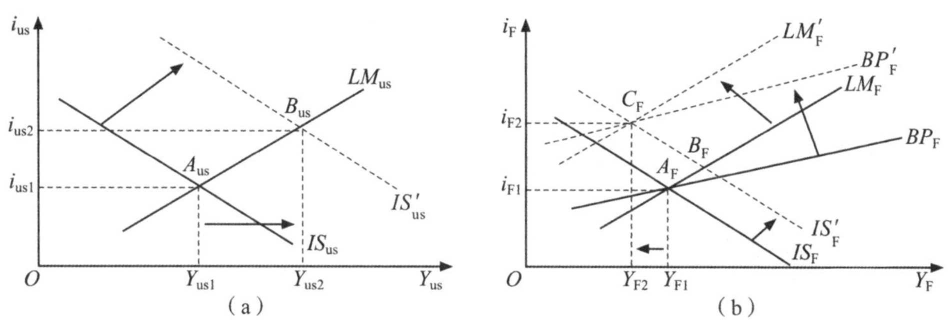

图 11-5　储备货币发行国的财政政策溢出效应

图 11-4(b)中的 B_F 点位于 BP'_F 线右下方，表示 F 国国际收支出现了逆差，

该国面临本币贬值的压力。为了维持汇率稳定，该国央行卖出外汇储备，满足外汇市场需求，进而导致该国货币供给减少，被迫实施货币紧缩政策。政策结果导致 F 国 LM_F 线左移至 LM'_F 线，与 IS'_F 线、BP'_F 线相较于 C_F 点。与美国实施政策之前的初始点相比，美国的国民收入增加了，而该国的国民收入减少了。

如果 F 国资金流出的规模小于美国增加进口的规模，即 IS_F 线右移的幅度大于 LM_F 线上升的幅度，F 国的国际收支是顺差，那么美国扩张性财政政策对 F 国的影响可能是正面的，该国的收入将增加。

“美元是我们的货币，却是你们的问题。”

扫码阅读

第三节　国际经济政策协调

全球化时代，各国经济既相互依赖又相互影响。特别是大国之间，宏观经济政策具有显著的溢出效应，会对彼此的经济运行产生诸多影响。各国经济政策的相互影响主要是通过国际收支及汇率的变化来传递的。因此，在经济一体化程度不断提高的国际环境下，各国在制定宏观经济政策时有必要进行国际协调，不仅要考虑本国国内的经济目标，还要考虑政策的国际外溢影响。

一、国际经济政策协调的概念

国际经济政策协调的含义有广义与狭义之分。狭义上讲，国际经济政策协调是指在制定国内政策的过程中，通过各国间的磋商等方式对某些宏观政策进行共同的设置。从广义看，凡是在国际范围内能够对各国国内宏观经济政策产生一定程度制约的行为，都可视为国际经济政策协调。本书所说的国际经济政策协调是从广义而言的。

案例分析 11-3

亚洲金融危机后的国际经济政策协调(1997—1998 年)

扫码阅读

二、国际经济政策协调的原因与障碍

(一)国际经济政策协调的原因

1.经济全球化下的相互依存

在当今经济全球化的时代背景下,各国经济相互交织、相互渗透,形成了一个复杂而紧密的全球经济体系。国际贸易与投资的蓬勃发展使得各国的生产、消费与就业等经济层面高度关联。以跨国公司为例,其全球布局的产业链贯穿多国,如汽车制造企业将零部件生产、整车组装、销售服务分散至不同国家,充分体现经济活动的跨国协同。这意味着一个国家的经济政策变动,无论是贸易政策、财政政策还是货币政策,都可能通过贸易渠道、投资渠道以及金融市场等多种途径对其他国家产生显著的溢出效应。若各国各自为政地制定经济政策,缺乏协调与配合,极有可能引发全球性的经济失衡与动荡,因此国际经济政策协调成为必然需求。

2.应对共同的全球性挑战

(1)金融危机的防范与应对。全球金融市场一体化使得金融危机具有极强的传染性。2008 年美国次贷危机引发的全球金融危机,美国金融市场的崩溃迅速通过金融衍生品、银行间业务以及国际贸易融资等渠道蔓延至全球。各国金融机构遭受巨额损失,信贷紧缩,企业融资困难,实体经济陷入衰退。在这种情况下,单个国家的政策力量显得微不足道,各国需要联合起来协调货币政策,如同步降息、稳定汇率及协同监管金融机构等。

(2)环境与可持续发展问题。全球环境恶化与资源短缺问题凸显,可持续发展已成为全球共识。各国在能源政策、环保政策等方面需要协调一致。以碳排放为例,温室气体排放的全球性外部性决定了单边减排收效甚微,需要各国协调制定碳排放标准、碳交易机制以及推广可再生能源技术等政策,才能确保全球应对气候变化目标的实现。否则，一些国家可能因担心本国产业竞争力受损而不愿采取严格的环保政策，导致全球环境治理陷入僵局。

3.促进全球经济稳定与增长

稳定的全球经济环境有利于各国经济的持续健康发展，国际经济政策协调则能够在宏观层面熨平全球经济周期波动。在经济衰退时期，各国可以协同实施扩张性财政支出计划，加大对基础设施建设、教育与科研等领域的投资，通过刺激总需求拉动全球经济复苏。在经济繁荣时期，通过协调货币政策与财政政策的适度收紧，可以防范通货膨胀过热与资产泡沫的过度积累。以亚洲金融危机为鉴，危机后亚洲各国强化区域经济政策协调，建立“清迈倡议”等货币合作机制，显著提升了区域经济抵御外部冲击的韧性，为区域经济的稳定增长注入了强劲动力。

（二）国际经济政策协调的障碍

1.国家利益的差异与冲突

(1)经济发展水平差异导致的政策目标分歧。由于发达国家与发展中国家处于不同经济发展阶段，面临的经济问题迥异，由此产生了显著的政策目标差异。一般来说，发达国家聚焦经济结构优化、科技创新和环境保护等长期战略，以此巩固全球产业链高端地位。以欧盟为例，其推行绿色新政，严格约束高污染产业，同时加大对新能源和绿色技术的研发投入。反观发展中国家，则更多侧重于经济增长、就业创造与贫困减少等短期目标。这些国家工业体系尚不完善，传统产业仍是经济支柱与就业主力，如部分非洲和南亚国家的劳动密集型产业吸纳大量劳动力就业，严苛的环保标准严重冲击产业发展，阻碍经济增长。这种因经济发展水平产生的政策目标分歧，在国际经济政策协调中极易引发矛盾冲突。

(2)贸易与产业竞争引发的利益冲突。各国在国际贸易与产业发展方面的激烈竞争也成为国际经济政策协调的重大阻碍。基于比较优势差异，各国都希望借助贸易与产业政策来巩固和扩大本国优势产业的市场份额，获取更多的贸易利益。以中美贸易摩擦为例，在高新技术领域，美国为了维护其在信息技术、高端制造业的领先地位，对中国实施贸易限制措施，如加征关税、限制技术出口等。这种竞争驱动下的利益博弈使得双方在贸易规则制定、知识产权保护等政策协调上分歧严重，难以达成共识，严重阻碍了国际经济政策的有效协同与合作。

2.政策主权的考量

(1)主权让渡的担忧。经济政策是国家主权的关键领域，各国政府在制定经济政策时拥有高度自主权。然而，国际经济政策协调往往要求各国让渡部分政策主权，这使诸多国家心存顾虑。以货币政策协调为例，加入国际货币体系协调机制后，一国可能需要放弃部分汇率政策自主性，按照协调规则调整本国汇率。对于经济规模较小、经济结构单一的国家而言，汇率波动对其经济影响较大，他们担心在汇率政策协调过程中失去对汇率的有效控制，进而危及本国的国际贸易、国际投资以及国内经济稳定。

(2)国内政治压力与约束。国内政治因素对国际经济政策协调有着重要影响。政府在制定经济政策时需要考虑国内各利益集团的诉求与政治压力。在一些民主国家，不同政治派别代表着不同的利益群体，在国际经济政策协调过程中可能会出现分歧。例如，在贸易协定谈判中，国内的劳工组织反对一些可能导致本国就业岗位流失的贸易自由化条款，而企业界则支持扩大市场准入的贸易政策调整。政府在平衡国内不同利益集团的诉求与国际经济政策协调目标时面临着巨大挑战，国内政治博弈极易阻碍国际经济政策协调的顺利推进。

3.信息不对称与协调机制的不完善

(1)信息不对称问题。各国在经济数据收集、统计方法以及政策决策上的差异，会导致国际经济政策协调中严重的信息失衡。经济统计指标口径不一致，数据质量参差不齐，使得各国难以精确把握他国的经济真实状况与政策意图。例如，在衡量通货膨胀率时，一些国家采用消费者物价指数(CPI)，而另一些国家还综合考虑生产者物价指数(PPI)以及资产价格变动等因素。这种信息壁垒极易引发各国在政策协调过程中做出错误的判断与决策，降低协调的有效性。

(2)协调机制的缺陷。现有的国际经济政策协调机制存在诸多不完善之处。国际经济组织如国际货币基金组织(IMF)、WTO 等在协调各国经济政策时面临着诸多挑战。例如：IMF 在对成员国进行经济政策监督与援助时常受大国政治干预，其政策建议的公正性与有效性受到质疑；WTO 的贸易争端解决机制存在程序烦琐、效率低下等问题，难以有效应对日益复杂的国际贸易摩擦。此外，区域经济合作组织内部的政策协调机制也存在局限性，如欧盟在主权债务危机期间，财政政策协调机制的不完善、成员国之间在财政救助方案、财政纪律执行等方面存在严重分歧，导致危机的解决过程漫长而艰难。

三、国际经济政策协调的内容与方式

(一)国际经济政策协调的内容

按国际经济政策协调的层次划分，国际政策协调由低到高分为以下六个层次。

1.信息交换

信息交换即各国相互分享本国实现经济内外均衡的政策目标范围、侧重点、政策工具及操作原则等信息。通过信息交换，信息交换各国政府可以避免对别国政策调控活动的信息误解，更好地分析本国经济与外国经济之间的溢出效应。信息交换是最低层次的国际政策协调形式。

2.危机管理

针对世界经济中突发且影响严重的事件，各国协同调整政策以缓解、度过危机。危机管理这一协调形式是偶然出现的、临时性的措施，主要目的是防止各国独善其身的政策使危机更加严重或蔓延。

3.避免共享目标变量的冲突

共享目标变量是指两国所要面对的同一目标。即使两国共享目标值一致，若两国对目标调控我设立了不同的目标值，则两国之间的相应政策也会成为具有竞争性的“以邻为壑”政策。国家间的竞争性贬值是共享目标冲突最典型的形式。

4.合作确定中介目标

由于两国国内一些变量的变动会产生跨国溢出效应，因此各国有必要对这些中介目标进行合作协调，以避免它对外产生不良的溢出效应。这一中介目标既有可能是共享目标变量，也有可能是其他变量，如固定汇率制下的一国货币供给量。

5.部分协调

部分协调是指各国仅就国内经济的特定目标或政策工具进行协调。例如，仅对各国的国际收支状况进行协调，而国内经济的其他变量不纳入协调范围。

6.全面协调

全面协调是指将不同国家的所有主要政策目标、工具都纳入协调范围，从而最大限度地获取政策协调的收益。

(二)按政策工具划分

国家间政策协调的主要政策工具主要包括货币政策协调、财政政策协调和汇率政策协调三个方面。

1.货币政策协调

各国货币政策的协调主要包括有关国家利率的协调，主要针对利率的调整方向。一旦一国希望通过利率调整干预经济，以达到控制经济过热或经济衰退的目的，那么该国不仅要确定一个利率调整的方向，还要与有关国家协商，协调它们之间利率调整的基本方向。如果各国利率调整的方向大相径庭，那么其中任何一国的政策目标都不能顺利实现。各国不仅要协调它们之间的利率变动方向，而且要协调利率调整的幅度。各国利率水平之间的差异将导致资金在各国之间的流动，这种流动会持续到利率差消除为止。各国货币政策的协调还可以采取协调货币供应增长率的方式。一般而言,货币主义经济学家主张通过控制货币供应量调节经济,该派观点认为,确定货币供应增长率之后,就不必干预经济。

2.财政政策协调

财政政策与货币政策相互依存,协调效果取决于两者配合。要实现较好的协调效果,经济关系比较密切的国家之间不仅需要协调货币政策,还要协调财政政策,因为货币政策协调的效果在很大程度上依赖于财政政策的协调。例如,当一国推行大规模扩张性财政政策时,需宽松货币政策配合,这将增加货币供应。若缺乏财政政策的协同,单纯的货币政策协调将难以维持,政策目标也无法顺利实现。

3.汇率政策协调

汇率是一国内外经济联动的关键纽带,货币政策变动会直接反映在汇率波动上。假设一国政府为阻止经济衰退、扭转贸易逆差扩大趋势,采取了贬值本币的政策,可以起到刺激出口、限制进口的作用。但如果各国政府都采取该政策,就会出现各国竞相贬值本国货币,政策影响相互抵消,结果很可能是各国货币之间的兑换率回到原来的出发点。因此,在各国将内部平衡和外部平衡作为经济干预目标时,彼此之间不仅要协调货币政策和财政政策,还要协调汇率政策。如果一些国家采取货币贬值或预期货币贬值,另一些国家对货币采取升值或预期升值,在汇市场上的汇率变化就会引起投机和资金转移。这种单纯由于汇率变动引起的资金转移不利于各有关国家的经济稳定和正常增长。

统一货币是各国经济政策协调的最高级形式。当各国使用统一货币时,各国不能自行增加或减少货币供应量,也不能提高或降低本国的利率。统一货币意味着各国必须有协调一致的财政政策,否则统一的货币就不可能给财政政策的实施提供条件。

(三)国际经济政策协调的方式

国际经济政策协调的方式有相机性协调和规则性协调两种。

1.相机性协调

相机性协调是指根据经济面临的具体条件,通过协商确定各国针对某一特定情况各国应采用的政策组合。该协调机制对各国应采取何种协调措施与规则不作规定,本质上是一国经济调控中相机决策的推广。相机性协调不拘形式、不受条件限制、适用范围广、协商问题广泛,但该方法的最显著缺点是可行性与可信性较差。从可行性看,每次协调都需各国反复磋商,协调决策成本高、效率低,而且缺乏强制性约束,易于产生违约及“搭便车”现象,缺乏可持续性。从可信度来看,由于协调措施完全由各国协商决定,缺乏明确统一的规则规范要求,政策实施效果难以预估,无法有效引导公众预期,从而削弱了政策效力。

美国次贷危机后的国际协调

扫码阅读

2.规则性协调

规则性协调是指通过制定清晰统一的规则来规范指导各国实施政策协调的协调方式。规则性协调的优点在于决策过程清晰、政策协调规则明确统一、稳定性强、可信度高、可持续性强,因此愈发受到各国政府的重视。如果货币金融方面的协调规则对各国实现内外平衡的一些基本问题都作了比较完整的规定,则这一协调规则实际上就构成了国际货币制度。

亚洲金融危机后的"清迈倡议"(CMI)

扫码阅读

四、国际经济政策协调的实践

在实践中,国际经济政策协调有全球性和区域性两种。全球性协调以国际货币基金组织为重要平台,主要参与方包括西方发达国家;区域性协调则在区域一体化组织内部展开,其中欧盟是政策协调成效显著、协调水平较高的典型代表。

(一)全球性国际经济政策协调

国际经济政策协调的历史可以追溯到两次世界大战期间,但它真正成为各国对外经济政策核心议题是在 1973 年国际上实行浮动汇率制后。实行浮动汇率出现的种种问题促使各国开始重视国际协调干预汇率并对此采取一定的措施。除货币、金融领域的合作之外，各国也重新意识到了宏观经济政策合作对促进经济增长、克服世界经济失衡的重要性。

(二)七国集团

七国集团是主要工业国家会晤和讨论政策的论坛，成员国包括美国、英国、法国、德国、日本、意大利和加拿大七个发达国家。从 20 世纪 80 年代中期开始，这七个西方主要工业国家每年定期召开七国财政部部长会议，以加强发达国家之间的经济政策协调。成员国普遍认为，它们之间宏观经济政策的协调和合作不仅关系到世界经济的稳定和发展，更关系到它们各自国家经济的稳定和发展。但由于 21 世纪以来发达国家经济普遍不景气，其经济规模在世界占比不断萎缩，对国际经济影响力不断下降，其代表发达国家立场的政策协调和观点也很受国际社会诟病。

广场协议及影响

扫码阅读

(三)二十国集团

二十国集团(Group of 20，G20)，是由中国、阿根廷、澳大利亚、巴西、加拿大、法国、德国、印度、印度尼西亚、意大利、日本、韩国、墨西哥、俄罗斯、沙特阿拉伯、南非共和国、土耳其、英国、美国以及欧洲联盟等二十方组成的国际经济合作主要论坛。G20 成员涵盖面广，代表性强，兼顾了发达国家和发展中国家以及不同地域利益平衡，人口占全球的 2/3，国土面积占全球的约 60%，国内生产总值占全球的 85%，贸易额占全球的 80%。[①] G20 日益取代七国集团成为世界主要经济体共商全球性经济问题与政策协调的平台和论坛。

① 二十国集团:中华人民共和国外交部网站，2016-05-30。

G20由七国集团财长会议于1999年倡议成立。2008年国际金融危机前，G20仅举行财长和央行行长会议。国际金融危机爆发后，在美国的倡议下，G20提升为领导人峰会。2009年9月举行的匹兹堡峰会将G20确定为国际经济合作的主要论坛，标志着全球经济治理改革取得重要进展。

G20峰会采用协调人和财金渠道双轨筹备机制，按照协商一致原则运作，无常设机构，主要讨论全球重大经济金融热点问题，为推动世界经济复苏及国际金融体系改革作出了重要贡献。G20的成立为国际社会齐心协力应对经济危机，推动全球治理机制改革带来了新动力和新契机，全球治理开始从“西方治理”向“西方和非西方共同治理”转变。在全球金融危机后，G20在稳定全球金融体系方面发挥了关键作用。货币政策方面，各国协同实施量化宽松，增加市场流动性；财政政策上，共同推出数万亿美元规模的经济刺激计划，有效遏制全球经济衰退；国际金融监管领域，推动巴塞尔协议Ⅲ的制定与实施，强化全球银行资本充足率与风险管理要求。

G20成员众多，各国经济发展水平和利益诉求差异较大。新兴市场国家和发达国家在气候变化政策协调、贸易规则制定等方面存在分歧。为了应对这些挑战，G20设立了多个工作组和研究机构，如金融稳定委员会(FSB)，加强了各国在专业领域的沟通和协调。

五、区域性国际经济的政策协调

早在20世纪70年代初期、欧洲联盟的前身欧洲共同体针对全球布雷顿森林货币体系的瓦解出现“美元危机”、全球性金融动荡威胁，采取协调各成员国汇率的政策措施，对外采取联合浮动的汇率制度，对内采取可调整的固定汇率制度，在成员国内部采取统一的联合浮动汇率。一个成员国的货币对外升值，所国成员国一起对外升值，一国货币对外贬值，则其他成员国货币一起贬值。由于成员国内部相互贸易额占其对外贸易额的60%以上，成员国之间汇率协调一致就显得尤为重要，联合浮动汇率制度有利于稳定各成员国内部贸易关系，减少因汇率波动带来贸易风险。

1979年3月，欧洲共同体在汇率协调机制的基础上进一步推动该机制制度化、规范化，正式启动欧洲货币一体化进程。按照欧洲货币体系计划，成员国不仅采用可调节的原定汇率制度，还建立了保持汇率稳定的预警机制。1985年，欧洲共同体提出了新的目标，即在1993年底建欧洲统一大市场。成员国在建立协调一致联合浮动汇率制度基础上，建立协调一致的财政政策，这为成员国之间商品、人员的自由流动创造了条件。1992年，建立欧洲经济货币联盟进程启动；1999年初，欧洲统一货币启动；2002年开始，欧盟内部统一发行欧元，替代各成员国的货币，在成员国内部协调财政政策和货币政策，逐步建立统一的财政政策和货币政策。欧盟各成员国建立统一、具有规范约束力的协调一致的财政政策、货币政策和统一发行欧元货币的措施，为各国经济的协调发展提供了有力支撑，有效稳定了内部贸易关系，降低了国际金融市场冲击和影响。然而，过于规范统一的宏观政策协调机制就意味着成员国要让渡部分国家经济主权，即把他们制定财政政策、货币政策的权利让渡于超国家的经济一体化组织欧洲经济和货币联盟。截至目前，欧盟成员国之间的经济政策协调机制已经成为最成功的区域性国际经济协调组织。

中国在G20中发挥着极为重要的作用

扫码阅读

复习与思考

一、核心概念

溢出效应	财政政策	货币政策
对贸易政策	国际政策协调	

二、思考题

1.宏观经济政策溢出效应的条件是什么？溢出效应传导主要途径有哪些？

2.货币政策与财政政策溢出效应什么区别？货币出版发行国财政政策与货币政策影响如何？

3.国际经济政策协调的原因有哪些？国际经济政策协调的内容与方式有哪些？

第十二章　经济全球化与中国的对外开放战略

学习目标

知识目标

1.理解经济全球化与发展中国家的发展机遇。

2.理解全球化条件下我国经济崛起的发展经验。

3.掌握高水平对外开放的基本内涵、原因和具体措施。

4.掌握双循环发展格局概念的含义、构建的重要意义,以及主要政策举措。

能力目标

1.理论联系实际,能够正确分析经济全球化对我国经济发展的影响。

2.理论联系实际,能够理解和分析推进双循环发展格局的意义和影响。

素养目标

1.认识我国坚持对外开放基本国策的重要性,增强对外开放的自觉性、主动性。

2.认识和理解中国经济崛起之路,增强对中国崛起的自信心和自豪感。

引导案例

"2024福布斯中国·出海全球化系列评选"入选旗舰品牌(前五位)

1.阿里云

阿里云是全球领先的云计算及人工智能科技公司，在全球28个地域开放了85个可用区，服务全球200多个国家和地区的数百万客户，为超过一半的A股上市公司、80%中国科技创新企业提供服务。2017年，阿里云成为奥运会独家云服务合作伙伴。目前，阿里云是中国最大、亚太第一的云服务商。

2.广州视源创新科技有限公司(MAXHUB)

MAXHUB致力于成为全球领先的整合商业显示与音视频沟通解决方案供应商。国内首度开创智能会议平板品类，目前在交互平板IFPD产品领域全球排名位居前列。MAXHUB在美国、印度、荷兰、印尼、泰国和阿联酋设立了全资子公司，在22个国家设置本地团队。通过前沿技术创新，为全球140多个国家和地区的企业和教育等行业客户提供整合商用显示及音视频沟通解决方案，积极推动数字化转型和发展。

3.海尔集团

海尔集团创立于1984年，是全球领先的美好生活和数字化转型解决方案服务商，致力于"以无界生态共创无限可能"，与用户共创美好生活的无限可能，与生态伙伴共创产业发展的无限可能。海尔作为实体经济的代表，持续聚焦实业，始终以用户为中心，坚持原创科技，布局智慧家居、大健康和产业互联网三大板块，在全球设立了10大研发中心、71个研究院、35个工业园、143个制造中心和23万个销售网络。

4.摩安视(Mobileye)

全球自动驾驶解决方案领导者Mobileye凭借其自动驾驶(AV)和高级驾驶辅助系统(ADAS)解决方案，利用前沿人工智能、计算机视觉以及软硬件集成领域的专业知识，引领着移动出行的变革。自1999年成立以来，Mobileye始终致力于提升道路安全，并以突破性技术推动行业走向移动出行的未来。截至2023年底，全球范围约有1.7亿辆汽车配备了Mobileye技术。

5.青岛啤酒股份有限公司(Tsingtao Brewery Co., Ltd.)

青岛啤酒股份有限公司作为中国历史悠久的啤酒制造厂商，121年以来屡屡斩获国际国内啤酒质量评比金奖，目前全球营销网络已覆盖6个大洲、120多个国家和地区，坚持以进口高端品牌为定位，开展海外市场品牌活动，线上积极运营Facebook、Instagram、X等全球主流社媒平台，与全球消费者积极互动，年触达受众超2亿人次，线下开展各类丰富多彩的品牌推广活动，打造消费者沉浸式体验，不断提升青岛啤酒的全球美誉度和影响力。

资料来源：2024 福布斯中国·出海全球化 30&30 评选结果揭晓[EB/OL].[2025-07-25]. http://ex.chinadaily.com.cn/exchange/partners/82/rss/channel/cn/columns/j3u3t6/stories/WS674d2313a310b59 111da67aa.html.

问题与思考：结合以上出海中国企业旗舰品牌，分析中国经济对世界的影响。

第一节　经济全球化与发展中国家的发展机遇

一、经济全球化条件下发展中国家参与国际分工获得发展机遇的理论解释

比较优势原理是西方经济学解释国际贸易增长动因及其贸易方式的主要理论工具，特别是对于发展中国家的对外贸易。比较优势不仅可以用来解释发展中国家的贸易兴衰及其对外贸易政策的得失，也可以解释某些发展中国家陷入经济停滞与动荡，称之为“比较优势陷阱”或“中等收入陷阱”。

自大卫·李嘉图提出比较优势原理以来，经过俄林、哈伯勒等人的发展，现代国际贸易理论的理论基础得以奠定。瑞典经济学家俄林·赫克歇尔，引入了生产要素禀赋差异及其结构进一步分析比较优势的来源，把基于比较劣势的比较利益转换成基于生产要素禀赋优势的比较利益，提高了国际贸易理论的解释力。美国经济学者哈伯勒引入了机会成本和生产可能性边界概念重新解释比较优势与比较利益的形成问题，把比较优势（劣势）转换为比较成本分析，从宏观经济视角解释了落后国家的贸易优势与利益来源问题。自此，比较优势原理逐步纳入了现代西方经济学的理论体系，放弃了以劳动价值论为基础的古典经济学传统，采用西方经济学经典的均衡分析和边际分析方法，成为西方经济学解释国际贸易关系的理论基础。但纳入西方经济学体系并没有解决其自身存在的理论缺陷，从国际贸易的实践经验来看，基于比较优势的国际贸易理论至少面临以下几个方面的实践挑战：

第一，基于比较优势进行分工和发展的国家必然遭遇比较优势陷阱而无法跨越，即理论天花板问题。按照比较优势原理，发展中国家根本无法实现真正崛起或者超越。由于发展中国家的比较优势源于与发达国家的发展差距，因此随着比较优势的发挥，落后国家会迅速缩小与这些国家的差距，优势逐步衰减，而

陷入停滞，这就是比较优势陷阱。比较优势把已有的国际经济格局视为终极的理论图景，确保了发达国家的优势地位而断绝了发展中国家实现国家崛起的美好前景。因此，比较优势是引导发展中国家纳入发达国家主导国际经济秩序的行动指南，而绝不是发展中国家实现真正崛起的政策指导。

第二，比较优势理论存在根本性逻辑矛盾：将生产率层面的比较劣势简单置换为比较优势，却无法填补理论与市场竞争实践之间的巨大鸿沟。虽然赫克歇尔和俄林利用要素禀赋优势对比较优势来源进行重新解释，把基于生产率的比较劣势替换成基于生产要素禀赋廉价而丰富的比较优势，一定程度上弥补了比较优势的市场竞争力缺陷，提高了理论的解释力，奠定了现代国际贸易理论的基础，但该理论依然无法进一步解释生产要素禀赋优势如何转换为市场竞争优势的问题，即国际市场竞争优势的形成或者转化问题。优势的生产要素禀赋只是提供了形成优势生产力的基础和条件，但其本身并不是市场竞争优势。

第三，比较优势无法解释微观主体的市场盈利问题。低于世界平均生产率的企业在国际市场不具备竞争优势，无法获得正常的企业利润，难以持续生存，更何谈发展。发展中国家的企业要参与国际分工，也必须具备国际市场竞争力，其生产产品的劳动生产率必须大于或者等于竞争对手，否则将会被市场淘汰。

比较优势理论从理论上回答了落后国家参与国际分工的动机，就是利用比较劣势获取比较利益，现代西方经济学利用机会成本解释比较利益的来源，国际经济学把消费者剩余解释为劣势国家参与国际分工获得的最大贸易利益。在国际市场上，根据市场机制原则，低于国际综合生产率平均水平以下的生产商无法获得正常的贸易利益，西方经济学所揭示的“贸易利益”在国际市场根本不存在，也就是说，该利益属于纯理论上的抽象利益而非现实利益。而生产商参与国际贸易最大动机是获得大于或者不低于国内市场的正常利润，如图 12-1 所示，假设 5 个国家生产 5 种不同的产品，而 5 种产品需要的要素组合不同，形成不同的要素禀赋。由于各国要素禀赋条件不同，因而每个国家都会形成生产 5 种产品要素禀赋的条件，如图，每个国家都会面临着要素禀赋生产率依次为 1、2、3、4、5 的不同选择，每个国家根据最优组合都会选择最具优势市场条件即生产率为 5 的产品进行生产，这样，5 个国家就相应形成 5 种最具生产率优势的产品分别进行生产，此时五国分工协作，生产效率将达到最大值，产出值达到 25，每个国家的产出值均达到最大值 5。如果 5 个国家都不参与分工协作生产，每个国家都独立生产 5 种产品，那么不难推算，根据最优决策原理，每个国家只能选择生产率较高的前 4 种产品，而舍弃生产率最低的产品进行生产。根据最优生产率决策的结果，依次选取生产率为 5、4、3、2 的产品进行生产，全部生产力分配依次为 1/5、1/4、1/3 和 13/30（全部生产力为整体 1），最落后的第五种产品生产力分配为零；把每个产品的生产率与投入生产力相乘，可以得出五种产品满足率依次为

100%、100%、100%、26/30 和 0%，全部产出值只有 313/30，只有前三种产品的生产能够满足国内需要，第四种产品的生产只能满足部分需求。因此，如果按照全社会必要劳动时间进行定价，每一种产品均按照中等生产条件为标准进行交易，那么在国际贸易中，不仅每一个产出水平都有了较大提高，而且每一个参与贸易的国家均能获得比不参与国际贸易之前多出的超额利润。

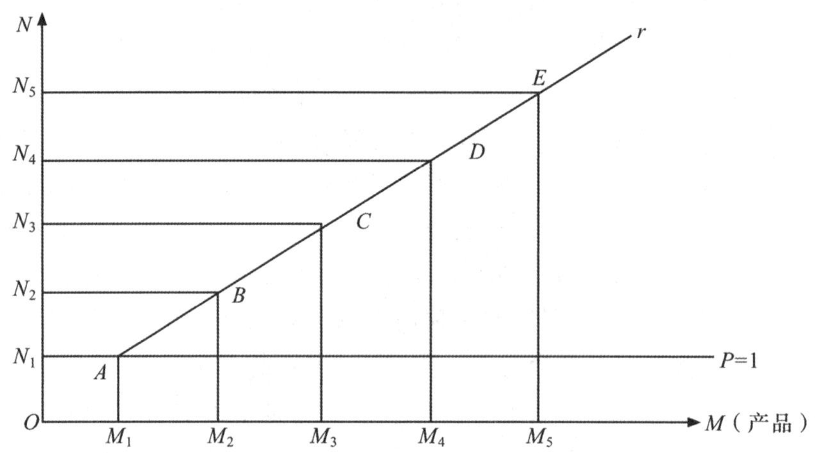

图 12-1 NXM 生产率最优决策模型示意图

资料来源：杨玉华.互惠贸易利益：基于劳动价值论的现代证明[J].当代经济研究，2013(2)：17-22.

在国际贸易中，落后国家不仅可以利用有利要素资源禀赋优势，而且可以充分利用产业政策、货币政策或者财政政策、对外贸易政策以及其他政策，降低生产成本，变相地提升综合生产率，参与国际市场。由此可见，在国际市场上，根本不存在比较优势利益，只有绝对优势利益。国际贸易利益的本质不是比较利益，而是超额利润或者超额剩余价值。

马克思批评了李嘉图及其继承者萨伊把国际贸易简单理解为易货贸易的错误观点，指出国际贸易利益分配机制与国内市场盈亏逻辑存在本质差异：发达国家凭借生产率优势，长期攫取超额剩余价值；而生产率较低的国家因先天劣势，难以获取合理贸易回报。在国际贸易中，“比较富有的国家剥削比较贫穷的国家”是普遍存在现象。在国际市场上，处于生产率劣势的国家获得的贸易利益常常低于正常利润水平，处于绝对优势的国家则获得了超额利润，参与贸易的双方盈利并不平等，“一国可以不断攫取另一国的一部分剩余劳动而在交换中不付任何代价”。[①] 马克思揭示了国际贸易不平等关系的实质，批驳了国际贸易理论把国际贸易利益分配等同于国内市场，把国际贸易看作是实物易货贸易的荒谬论

① 马克思，恩格斯.马克思恩格斯全集：第 46 卷(下)[M].北京：人民出版社，1980：402.

断，深刻揭示了发达国家与发展中国家的贸易关系既是互惠互利的经济关系，又存在生产率优势国家长期剥削生产率劣势国家不公平交换的国际关系。

第四，新结构经济学作为新一代中国风格的发展经济学具有更强大解释力和适应性。新结构经济学代表了发展经济学领域的一个重要新方向。它由北京大学林毅夫教授及其合作者提出，是中国学者对经济学理论的重要贡献。相较于传统发展经济学，新结构经济学展现出更强的解释力，尤其适用于发展中国家的复杂现实。

传统的发展经济学诞生于二战后，旨在解决发展中国家面临的经济难题。它敏锐地察觉到，源于发达国家的西方主流经济学理论，常常难以适应市场体系尚不成熟、制度基础相对薄弱的发展中国家环境。因此，传统理论特别强调政府在克服"市场失灵"、推动结构转型和工业化赶超中的核心作用，主张通过进口替代战略，由政府直接动员资源发展先进产业。然而，20 世纪六七十年代众多发展中国家的实践表明，这种战略虽能带来短期的快速增长，却难以持续，最终往往导致经济停滞甚至危机。

林毅夫教授深刻总结了发展中国家，特别是亚洲"四小龙"、日本和中国的成功经验与失败教训，在借鉴古典经济学和发展经济学成果的基础上，于 2011 年初步构建、2012 年通过《新结构经济学：反思经济发展与政策的理论框架》和《繁荣的求索：发展中经济如何崛起》两部著作系统阐述了新结构经济学的理论体系。

这一理论以历史唯物主义为指导，运用新古典经济学方法，其核心洞见在于：一个经济体在特定时点所拥有的要素禀赋结构（如劳动力、资本、自然资源等及其随时间的变化）是理解其经济结构的根基。新结构经济学认为，决定生产力水平的产业、技术选择，以及影响交易费用的基础设施和制度安排，并非外生给定，而是内生于该经济体当时的要素禀赋结构。经济发展本质上是一个由要素禀赋结构升级驱动的动态结构变迁过程。

基于此，新结构经济学提出了独特的政策框架：

（1）立足自身禀赋，发展比较优势产业：发展中国家应优先发展与其当前要素禀赋结构相匹配、具有潜在比较优势的产业。

（2）依靠有效市场：让市场机制充分发挥作用，形成能真实反映要素稀缺性的价格信号，引导企业自发地依据比较优势选择产业和技术，最终在市场中形成竞争优势。

（3）发挥有为政府作用：政府需积极有为，着力解决产业升级过程中必然出现的外部性问题，协调完善软硬件基础设施，帮助企业突破制约增长的瓶颈。有效市场与有为政府的协同配合，是实现经济快速、包容、可持续发展的关键。

新结构经济学摒弃了以发达国家产业结构和制度安排为唯一参照标准的做

法(即视结构差异为外生),强调发展路径必须内生于自身的要素禀赋起点;它在肯定要素禀赋基础性作用的同时,引入了微观基础(企业自生能力),是对经典比较优势理论的深化;深刻阐述了市场与政府在将比较优势转化为竞争优势过程中的不可或缺的协调作用;弥补了经典理论在解释比较优势如何转化为实际市场优势的主客观条件(特别是制度、基础设施和协调机制)方面的不足。

二、经济全球化条件下发展中国家的发展机遇

经济全球化本质上是资本扩张的产物。经济全球化最初是由对此完成工业革命的西欧先导工业化国家对外输出商品和寻找廉价原材料供应市场推动,西方列强凭借船坚炮利对外侵略扩张,打开了落后国家封闭国内市场,形成以西方发达国家为中心世界经济体系。在第二次工业革命推动下,特别是二战后,以资本输出为主要形式经济的全球化形成。由此可见,经济全球化的演进始终由发达国家的资本扩张驱动,是资本逐利本性在全球经济领域的集中体现。

(一)经济全球化创造了发达国家与发展中国家分工协作的必要条件

资产阶级革命确立了保护私有财产不受侵犯和劳动力自由流动为基础的资本主义制度,推动了小商品生产向现代商品生产转型,工业革命则奠定了以机器大工业为物质技术基础的现代社会化大生产。现代商品经济把追逐剩余价值作为生产唯一动机,打破了自然经济和小商品生产为满足自身及家属消费需要而进行生产的狭隘界限,形成了为满足市场需要和追求资本无限增殖而无限扩张的生产属性,而工业技术革命为科学的应用提供了实践、检验条件,追求剩余价值的生产动机,推动了科学技术的不断进步及其在生产中的广泛应用,为生产率的不断提高提供源源不断的技术条件和创新动力。在第一次工业技术革命推动下,以英国为代表的西欧资产阶级国家率先完成了以蒸汽机的广泛应用为标志的工业化,以机器大生产为基础的社会化大生产逐渐取代传统手工业生产成为占统治地位的生产方式。第一次工业技术革命初次展现了人类改造自然创造物质财富的强大生产力,在不到一百年的时间创造了远超过去任何时代的以商品为代表的物质财富,形成了以商品输出为代表的对外经济关系,在船坚炮利的对外侵略扩张侵略的推动下,把落后国家逐步纳入世界商品贸易的网络中,形成了西欧生产、销售工业品,落后国家生产、销售原材料,东方从属于西方的世界分工和贸易格局。工业化国家经过近百年的发展和科技积累,在 19 世纪末 20 世纪初形成以电力、内燃机发明与广泛应用为标志的第二次工业技术革命,推动了以交通运输、石油化工、装备制造等重化工业的崛起。商品输出已经无法满足追逐剩余价值的需要,不断积累的规模庞大的剩余资本迫切需要在全球范围寻找有

利的投资机会。在国际市场上，资本输出逐步替代商品输出成为工业化国家对外经济关系的主要形式。二战以后，以电子计算机、生物制药、航天航空、深海技术等为代表的第三次工业技术革命兴起，推动高新技术产业、现代服务业和诸多新兴产业的迅速崛起，传统产业随着生产力水平的不断提升在发达工业化国家内部逐渐丧失了生产率竞争优势，发达国家在资本过剩的基础上又出现了传统产业过剩的现象。经过数次工业技术革命的不断积累，一方面，发达资本主义国家传统产业逐步丧失竞争优势。资源环境的开发成本不断抬升，开发难度逐步提高，工人薪资水平、福利待遇水涨船高，生产成本不断攀升，传统产业逐渐丧失竞争力。另一方面，发达国家积累了规模庞大的工业资源。大量成熟的技术、大量过剩的资本和管理人才为资本输出、产业转移和成熟技术输出创造了条件。

二战以来，原有资本主义的殖民主义统治土崩瓦解，殖民地半殖民地人民纷纷独立，形成数量众多的发展中国家。这些发展中国家民族独立以后就面临着殖民地半殖民地长期统治形成的历史遗留问题：国内产业基础薄弱，工业发展水平不高，经济结构单一、人民生活水平不高，发展任务繁重且迫切。发展中国家首先面临的是资本和外汇的双缺口问题。工业发展需要资本驱动，持续高强度的资本投入是推动生产要素汇聚并转为生产力的前提条件。在发达国家主导的国际分工格局中，发展中国家成为商品输入地和原材料输出地。一方面，仅靠输出原材料赚取外汇无法满足工业品的进口的需要，即面临长期外汇短缺的困境；另一方面，国内产业基础薄弱，经济发展需要大规模资金投入，而单一的产业结构和落后的工业条件无法形成有效的资本积累条件，国内发展资金面临严重短缺。但这些发展中国家中的很多国家具备成为工业化国家要素禀赋条件。但由要素资源转化为生产力，需要资金、技术和企业家能力，而由生产力形成生产率竞争优势，还需要一定基础设施条件和适宜创业、营商的环境制度，需要国家发展战略、产业政策和经济政策多方配合，才能形成推动产业发展政策合力。

二战后，发达国家具备资本输出、产业转移和成熟技术转让的条件，在资本推动下，各国也具有寻求更有利投资机会、转移空间的强大动力；发展中国家很多具有要素资源禀赋的开发优势，但缺乏资金、技术，甚至经营管理经验，而这些正是发达国家最具优势的条件。可见，发展中国家和发达国家在要素资源禀赋方面高度互补，产业发展相互需要。

苹果的全球协作体系

扫码阅读

(二)经济全球化给发展中国家带来的机遇

经济全球化虽然是由发达国家主导并推动的经济现象,但却把广大发展中国家纳入世界分工与贸易体系。一方面,发达国家积累了雄厚的产业资源,成为人类工业文明成果的集聚地,为发展中国家利用发达国家过剩的产业资源、成熟技术、过剩的产业提供了条件,也为发展中国家交流、学习、借鉴人类工业文明成果提供了实践的机会。另一方面,发展中国家在开放的国际环境中可以为跨国公司全球布局提供机遇,也为利用外资、引进发达国家的成熟技术、转移落后产业、输出先进知识和经验创造了宽松的营商环境。具体而言:

第一,经济全球化为发展中国家提供了更多吸引外资的条件和机会。实践证明,发展中国家只依靠内部资金积累推动经济发展,不仅时间长、效率低,资金积累不仅规模小、增长慢,而且会严重挤占人民生活资料生产的资源,造成人民生活水平无法改善,政治风险高、效果差、成功率较低。利用国外资本,特别是引进国外直接投资,不仅可以解决发展中国家的资金短缺问题,而且可以避免借入外资带来还债压力和风险。

第二,经济全球化为发展中国家立足本地要素资源禀赋优势,发展优势产业提供了外部产业资源条件。要素禀赋优势虽然为发展中国家参与国际分工提供了有利条件,但在将其转化为产业优势的关键环节,企业常因技术、资金与人才匮乏而受阻。经济全球化为发达国家产业资源外溢提供了条件,也为其剩余产业资源输出、落后产业转移创造了机遇。发展中国家可以通过内部改革,为产业资源引入创造有利的外部环境和条件,通过引进外资直接投资、资金入股、技术转让、产业转移、产业链的嵌入,能够实现产业资源引进、转移和吸收,推动产业从无到有,迅速扩张壮大。

第三,经济全球化为各国参与国际分工与自由贸易、推动要素国际化流动、产业转移提供了制度化、规范化国际规则和平台。尽管经济全球化由发达国家主导,相关国际组织、制度规范的创设与监管也多由其把控,但这些规则体系在一定程度上也反映了发展中国家的普遍诉求,兼顾了发展中国家的利益。发展中国家可以充分利用发展中国家的有利条款,充分利用国际组织、机构,国际制度和规范,为本国利用国际资源、与发达国家互利合作,与各国平等互利交往和交流创造了公开、规范可预期的稳定的国际环境。

第四,经济全球化带动了世界范围内经济与技术开发区以及保税区和自由贸易区等多种形式的自由经济区的发展。发展中国家可以充分顺应发展趋势,在国内特定区域实现特殊政策,创造与国际接轨的经济特区,作为本国对外开放交流示范样板和窗口,从中学习、借鉴和创新国外谋求发展的成功经验,为本国改革创新谋求发展提供先行先试实践经验。

第五,经济全球化深化了世界经济分工的协作程度,促进了科技进步,加快了产业结构升级。发展中国家可以利用该契机,深入融入世界经济一体化进程,深度参与国际分工格局,充分分享经济一体化形成产业外溢、产业链外移、技术外移、知识经验外溢的积极性影响,立足本地要素资源禀赋优势,不断塑造生产率竞争的新优势,在参与国际分工中做大,在国际竞争中不断崛起做强。

然而我们也要注意到,经济全球化在给发展中国家带来的发展机遇同时,也必然形成全球化挑战和威胁。发展中国家在与发达国家分享经济全球化带来的部分利益的同时,却承受着经济全球化所带来的负面效应甚至对本国经济的严重冲击。经济全球化对发展中国家的挑战主要有:第一,发展中国家在当前经济全球化进程中处于不利地位。随着全球贸易和全球生产体系的迅速发展,以及跨国公司及其资本的不断扩张,发展中国家的民族经济面临着越来越大的压力和冲击,对发达国家的依附性也不断增大。发达国家控制着国际经济体系,手里掌握着资金、技术等优势,在经济全球化中把大多数发展中国家远远抛在后面。第二,经济全球化下的金融全球化在推动发展中国家经济增长的同时,也带来了不容忽视的金融风险和经济冲击。由于经济全球化条件下世界范围内市场力量的加强,发达国家大跨国公司的不断扩张有可能冲击到发展中国家的一些国内产业,威胁其国内市场安全,甚至影响到国家经济的独立性和自主性。

越南的制造业腾飞

扫码阅读

三、经济全球化条件下中国经济崛起的发展经验

(一)以制度性开放融入全球分工体系

中国对全球化的参与具有鲜明的主动性和策略性特征。区别于被动接受外部规则冲击的模式,中国将开放视为倒逼国内改革、激活市场活力的关键机制。

1.渐进式开放

早期的经济特区(1980年深圳等)和沿海开放城市(1984年)政策,本质是在局部区域建立制度"试验田",通过特殊政策(如税收减免、外资准入便利)吸引外商直接投资(FDI),在可控范围内引入市场竞争机制。这种"干中学"的模式降低了系统性风险,为后续改革积累了经验。2001年加入世界贸易组织(WTO)则是开放进程的里程碑事件,标志着中国从政策性开放转向制度性开放。通过接受多边贸易规则约束,中国大幅降低关税和非关税壁垒,显著改善了贸易条件。值得注意的是,这种开放并非单向度的市场让渡,而是伴随着国内产业政策(如幼稚产业保护期)的灵活运用,体现了开放与自主性的动态平衡。

2.充分发挥要素禀赋的静态比较优势

充沛且成本较低的劳动力资源,使中国成为承接全球劳动密集型产业转移的理想目的地。"两头在外"(原料进口、成品出口)的加工贸易模式在1980—2010年间占据出口总额的50%以上,成为融入全球价值链(GVC)的突破口。外资企业(FDI)不仅带来了资本积累(截至2020年累计使用FDI超2万亿美元),更通过技术外溢、管理示范和供应链关联,显著提升了本土企业的全要素生产率(TFP)。实证研究表明,外资密集区域的民营企业技术升级速度明显快于封闭区域,验证了"竞争效应"与"学习效应"的存在。

(二)要素禀赋结构升级与动态比较优势培育

中国的发展并未局限于静态比较优势陷阱,而是通过资本深化与人力资本积累,持续推动要素禀赋结构的动态跃迁,为产业升级奠定基础。

在初始阶段(1978—2000 年),劳动密集型产业(纺织、玩具、初级电子)是增长的主要引擎。这一选择符合赫克歇尔-俄林(H-O)模型的核心逻辑:发挥丰裕要素(劳动力)的竞争优势,换取资本和技术密集型产品的进口。但中国并未满足于低端锁定,其关键在于高储蓄－高投资－高积累的内生循环机制。国民储蓄率长期保持在 40%以上,为实物资本形成提供了雄厚基础。政府主导的大规模基础设施投资(如高速公路、港口、能源网络)大幅降低了国内物流成本,提升了经济地理整合度;对制造业的持续投入则加速了资本/劳动比率的上升。世界银行数据显示,中国人均资本存量在 2000—2020 年间增长逾 5 倍,从根本上改变了要素禀赋结构。

这一转型离不开产业政策的战略引导。政府通过"五年规划"、信贷倾斜、研发补贴等工具,引导资源向具有潜在比较优势的领域集聚。例如,20 世纪 90 年代重点扶持轻工业完成进口替代;2000 年代转向装备制造、电子信息等资本技术密集行业;2010 年代则聚焦新能源、高铁、5G 等前沿领域。这种政策干预的理论依据在于协调产业升级中的正外部性(如技术扩散、产业链协同)和市场失灵(如创新投资风险高、基础设施投资周期长)。林毅夫的新结构经济学强调,成功的产业政策需遵循"潜在比较优势"原则,即选择那些符合未来禀赋结构方向、但因制度约束尚未自发形成的产业。中国在光伏、高铁等领域的突破,印证了该逻辑的适用性。

(三)市场机制与政府作用的协同范式

中国经验的核心理论价值,在于重构了发展进程中市场效率与政府效能的互补关系,形成"有效市场"与"有为政府"的协同范式。

1.通过渐进式改革开放微观活力

价格双轨制改革(1984—1993)逐步实现了生产资料的市场定价;国有企业"抓大放小"战略(1990 年代末)优化了国有资本布局;民营经济准入壁垒的持续降低("非公经济 36 条"等)激发了创业活力。数据显示,民营经济贡献了全国 50%以上的税收、60%以上的 GDP、70%以上的技术创新、80%以上的城镇就业和 90%以上的企业数量,成为市场效率的基石。这些改革本质上是在构建价格信号有效引导资源配置的机制,使比较优势得以通过企业自主决策转化为竞争优势。

2.政府作用聚焦于市场无法有效解决的领域

政府主导的基建投资(如全球最长的高铁和高速公路网)创造了企业难以承担的公共品,大幅降低交易成本,为全国统一大市场和全球供应链嵌入提供物理基础。在产业升级关键期(如半导体、大飞机),政府通过研发补贴、首台套保险、产学研平台建设等,补偿技术创新的正外部性,降低企业试错风险。面对1997年亚洲金融危机、2008年国际金融危机等外部冲击,中国采取积极财政政策(如“四万亿”计划)和定向货币政策,缓冲了外部需求塌陷的传导,维系了经济增长的基本盘。这种干预的合理性在于避免经济失速导致的长期衰退陷阱,符合凯恩斯主义对有效需求管理的论述。

需要强调的是,政府与市场的边界并非静态。随着市场机制的成熟,政府角色逐步从“直接参与者”转向“制度供给者”和“市场监督者”,例如近年推动的“负面清单”管理制度和反垄断监管强化。

(四)渐进式制度变迁的适应性效率

中国改革的成功,很大程度上归功于避免了激进“休克疗法”的制度断裂,选择了渐进式、适应性的转型路径,体现了诺斯(Douglass North)所强调的“适应性效率”。

其核心策略是“增量改革”:在维持计划经济存量部门(如国有企业、粮食统购)基本稳定的同时,在体制外培育新的市场主体(如乡镇企业、私营企业、外资企业)。这种双轨制降低了改革阻力,避免了东欧国家因全面私有化导致的生产崩溃和社会动荡。随着非国有经济比重的扩大(从1978年可忽略不计增至2020年占GDP的60%以上),市场轨逐步替代计划轨,最终实现并轨(如1994年取消生产资料价格双轨)。

在制度学习方面,中国展现出强大的适应性调整能力。加入WTO后,中国并未全盘移植西方制度,而是结合国情进行创造性转化。例如金融领域,在保持资本账户审慎管理的同时,逐步推进利率市场化、发展多层次资本市场;汇率制度则从固定汇率(1994)转向有管理的浮动汇率(2005至今),在增强灵活性的同时防范投机冲击。这种“制度嫁接”策略既利用了国际规则促进国内改革(如知识产权保护强化),又规避了金融自由化过速引发的风险(如1997年东南亚国家货币危机)。

更重要的是,持续的经济增长为改革提供了合法性基础和资源保障。GDP年均9%以上的增速创造了巨大的“改革红利”:财政收入增长支撑了社会保障体系建立(如新农合、城乡低保),缓解了国企改革下岗冲击;新增就业吸纳了农业转移人口,降低了城乡失衡的社会张力。这种“以发展促转型”的逻辑,契合了希克斯(John Hicks)关于“经济进步是缓解分配冲突最好方式”的论断。

四、中国在全球化时代的崛起的理论意义

中国经验表明，发展中国家在全球化中实现可持续崛起，必须立足自身禀赋结构，构建开放与自主、效率与稳定、市场活力与公共治理的动态平衡机制。这一路径为发展经济学提供了兼具理论深度与实践可行性的“中国方案”。

中国在全球化时代的崛起，重塑了发展经济学的认知框架。

(1)全球化并非发展陷阱，但需通过主动的制度构建(如渐进开放、产业政策)将比较优势转化为竞争优势；

(2)要素禀赋结构是动态的，高储蓄、人力资本投资与基础设施先行战略可加速其升级，为产业跃迁创造条件；

(3)市场与政府非二元对立，“有效市场”提高资源配置效率，“有为政府”则解决协调失灵与外部性问题，两者协同是追赶型经济体的关键制度资产；

(4)制度变迁具有路径依赖性，成功的转型需尊重历史初始条件(如庞大的农业人口)，通过渐进调适实现“帕累托改进”。

第二节　中国的高水平开放发展道路的选择

一、我国对外开放的立场与新时期高水平开放的新要求

(一)对外开放是我国长期的基本国策，也是中国社会主义现代化建设的基本经验

对外开放是我国长期的基本国策，也是我国推动社会主义现代化建设的关键经验。当今世界是开放的时代，现代工业文明是全球化的，现代市场经济本质上也是开放的。世界发展离不开中国的发展，作为拥有世界五分之一人口的大国，我国的发展对世界发展举足轻重。中国的发展同样离不开世界。对外开放不仅是古代中国引领世界发展、取得辉煌成就的历史经验，也是中国改革开放取得成功的主要成功经验之一。我国改革开放的发展历程阶段性特征明显，大体可以划分为以下四个阶段。

第一阶段：探索商品要素流动型自主开放阶段(1978—2000年)。这一阶段呈现出逐步成立经济特区、不断尝试开放的特点，从沿海城市、港口和沿海地区开放，到沿江城市和内陆城市和沿边地区开放，最终初步形成全方位、多层次的

立体开放格局。在这一阶段,我国开始积极承接国际劳动密集型产业,有效打通了商品要素流动的国际通道,为进一步扩大开放积累了经验。

第二阶段:与国际经贸规则全面接轨全面开放阶段(2001—2012 年)。该阶段以加入世界贸易组织为开端,推动监管体制改革,全面与世界贸易规则接轨,全方位多层次融入世界贸易体系。在服务贸易领域,根据如实承诺逐次开放。中国对外贸易迎来高速扩张时期,中国在如实过渡期内迅速成长为世界第二大经济体、世界最大的货物贸易大国,不仅成为世界贸易的主要参与者,也成为国际多边事务的积极参与者,完成了从规则接受者成为规则制定的重要参与者的历史转变。

第三阶段:成为引领的世界开放的主动作为阶段(2013—2017 年)。在这一阶段,我国开始提出共建"一带一路"倡议、设立中国(上海)自由贸易试验区,开启对外商投资管理制度的探索和创新,逐渐构建自己在国际贸易中的话语权。

第四阶段:推进以制度型开放为代表的高水平开放阶段(2018 年至今)。2021 年的"十四五"规划提出"实现高水平开放,建设更高水平开放型经济新体制"的新要求。党的二十大报告郑重提出"推进高水平对外开放""稳步扩大规则、规制、管理、标准等制度型开放"的目标要求。在全面建设社会主义现代化国家的新发展阶段,推动制度型开放已经成为这一个时期中国更高水平开放的重要战略举措,对于我国加快形成国际化、法治化、便利化的营商环境,深度参与全球产业分工和合作,维护多元稳定的国际经济格局和经贸关系,推动我国更好地实现高质量发展和更加深入地参与全球经济治理具有重大意义。在现阶段,商品和要素流动型开放与制度型开放同时存在,但制度型开放成为新时期对外开放的典型特征。

(二)新时期高水平开放的新要求

建设更高水平开放型经济新体制既是一项复杂的系统性工程,也是一次深层次的体制性变革。四十多年的改革开放,使我国初步形成覆盖东中西、宽领域、多方位、多层次的全面开放格局,但与高质量发展的要求相比,还有很大提升空间,需要进一步加强开放的系统性与均衡性。我国未来的开放要顺应全球发展新变化,把握国际经贸规则新趋势,以开放促改革、以开放促竞争,坚持"开放、共享、包容、互惠、共赢"原则,坚持国内国际统筹,推进贸易和投资自由化便利化,持续深化商品和要素流动型开放,稳步拓展制度型开放,着力构建与国际先进规则相衔接、更加科学规范、运行有效、成熟定型的开放性经济制度体系与监管模式,推动贸易、投资的自由化和便利化。按照推进制度型开放、建设高水平的战略目标,重点围绕高水平的产业开放体系、贸易投资体制、政策保障体系以及区域开放格局等方面进行建设。

高水平开放经济体制的核心标志就是构建与国际先进规则深度衔接、科学规范、运行高效且成熟定型的开放性经济制度体系与监管模式，根本要求就是全方位推动贸易、投资的自由化和便利化。建立高水平开放制度体系的重点和难点在于逐步拓展规则、规制、管理、标准等制度型开放。中国的制度型开放包括三方面的基本内涵。[①] 一是加快构建与国际通行规则全面接轨的制度体系，为建设高水平社会主义市场经济体制，为建设市场化、法治化、国际化一流营商环境提供科学、规范、稳定的制度化保障。二是通过稳步扩大制度型开放，加强与世界各国的广泛经贸关系，促进国内企业深度参与全球产业分工和合作，不断提升在国际市场上的要素资源配置水平，维护安全、韧性、可持续的全球产业链和供应链，保障全球贸易体系的开放性和完整性，为全球经济持续稳定增长贡献中国力量。三是积极参与新一轮技术革命和产业变革背景下的国际经贸规则制定和完善，主动参与新型经济全球化背景下的全球治理，中国稳步扩大制度型开放，意味着要为推动面向未来的新型经济全球化提供中国智慧和中国方案。

二、为什么要推进高水平开放

改革开放是中国的基本国策，事关当代中国的前途命运。构建与国际通行规则相衔接的制度体系和监管模式，进一步推动投资贸易自由化和便利化，是营造世界一流营商环境，汇聚世界一流资金、技术和人才，塑造新国际竞争新优势，充分利用国际资源、国际市场，推动经济高质量发展客观要求。

（一）高水平扩大开放，是进一步深化改革、推动经济高质量发展的客观需要

要建立高水平的社会主义市场经济体系，建设现代化产业体系，建立高水平对外开放体系，都需要高水平的对外开放。以开放推动改革，以改革促进开放，是我国现代化建设主要经验。只有更高水平的开放才能发现阻碍我国发展深层次机制、体制障碍和问题，才能推动更深次、更全面改革，从而促进经济更高层次、更高水平、更全方位的对外开放，最终建立高水平的开放经济体系。

（二）高水平开放有利于解决新时代社会的主要矛盾

中国特色社会主义进入新时代，我国社会主要矛盾已经转化为人民日益增长的美好生活需要和不平衡不充分的发展之间的矛盾。通过推进高水平对外开

① 浙江省习近平新时代中国特色社会主义思想研究中心.以制度型开放推动高水平开放[N].浙江日报，2023-04-24(6).

放，提升贸易自由化便利化水平，可以扩大高质量产品和服务进口，更好满足人民群众多元化的消费需求。高水平开放有利于吸引世界一流资金、技术、人才，有利于留住世界一流研发团队、一流项目，推动高水平创业和创新，有利于推动国际要素资源本地化配置与流动，实现创新资源的更高水平的供需平衡。

(三)高水平开放是创造世界一流营商环境的迫切需要

高质量发展需要充分汇聚世界一流资源、技术和人才，为我国现代化建设服务。只有高水平开放，建立与国际通行规则相衔接规范、统一、公开、稳定制度体系和监管模式，推动投资贸易便利化和自由化，才能为产业发展、企业转型汇聚世界级要素资源，才能为产业创新发展、企业提质增效提供高端人才、技术和资金的支撑。

(四)高水平开放有助于塑造国内产业竞争新优势

高水平开放有助于我国充分利用全球优质资源，塑造我国参与国际合作和竞争新优势。纵观全球，世界百年未有之大变局加速演进，大国博弈加剧，气候变化引发自然灾害频发，新一轮科技革命和产业变革深入发展，我国经济发展面临的不确定性加大。通过推进高水平对外开放，依托我国超大规模市场优势，以国内大循环吸引全球资源要素，增强国内国际两个市场、两种资源联动效应，提高在全球配置资源的能力，可以更好实现安全与发展的有机统一，进一步增强经济发展的动力、活力和韧性。①

(五)高水平开放有助于提高国际化竞争的优势

构建国际化贸易投资管理体制，推动投资贸易自由化，为产业发展和企业经营管理创造国内、国际统一的运行环境和监管体制，有助于生产要素国际化流动与配置，有助于产业发展、规划、布局的全球化，有助于推动产业资源、产业链构成的国际国内双向流动。国际化管理规则的引入能够有效引导国内企业转型发展。它打破了企业依赖低价竞争的惯性，推动企业从成本优势向核心竞争力转变；扭转了企业重低成本运营、轻高附加值管理的理念，助力企业提升经营质量与效益，增强国际化经营能力。同时，高标准的国际规则还有助于提升产业战略规划水平，塑造国际竞争新优势，在国际规则制定中争取主动权，树立良好国际形象，规范市场竞争秩序，强化项目管理效能。面对新一轮国际贸易投资规则的制定，我国需要加快环境保护、投资保护、政府采购、电子商务等新议题的研究和谈判，加快自由贸易试验区的探索，推动相关体制的全面改革，提高对高标准国

① 徐秀军.新时代高水平开放的战略布局与重大成就[N].光明日报，2024-07-19(12).

际规则的适应能力,增强我国在国际经贸规则和标准制定中的话语权。

(六)高水平开放有利于塑造良好外部发展环境

我国经济已深度融入世界经济,是世界经济的重要组成部分。中国的发展离不开世界,世界的繁荣也需要中国。维护开放型世界经济体系既是大国责任所在,也符合我国经济发展要求。当前经济全球化遭遇逆流,保护主义、单边主义抬头,对国际分工和经贸合作造成不利影响。我国通过扩大高水平对外开放,主动向世界开放市场,推进国际产能合作,促进经济全球化朝着更加开放、包容、普惠、平衡、共赢的方向发展,为世界经济增长注入确定性和正能量。主动维护经济全球化和自由贸易既能造福中国,也将惠及世界。

(七)高水平开放有利于促进国际合作、技术创新和知识交流

为适应开放的需求,各国不断优化营商环境,加强知识产权保护,建立更加公平、透明、可预期的规则体系。同时,高水平的开放也推动了制度的创新和完善。这些制度的变革不仅为国内外企业提供了更好的发展条件,也促进了政府治理能力的提升。当各国相互开放,人才、技术和信息能够迅速传播和共享。国际化运行标准、规范和内外统一制度、规则有助于企业借鉴国际先进经验,加速自身的创新步伐;有助于科研机构跨国合作,共同攻克全球性的难题;有助于推动不同国家在产业链中发挥各自的优势,实现互补与协同发展,构建了更加紧密的全球产业网络,提高了世界经济的稳定性和抗风险能力。这种创新的融合和知识的溢出效应推动了科技的进步,提升了整个社会的生产力水平。

上海自贸区临港新片区

扫码阅读

三、如何建设高水平开放[①]

根据高水平制度化开放的新要求，在更多领域，深层次有序扩大对外开放，构建与国际通行规则、规制、管理、标准相衔接的、内外统一的规范化、制度化制度体系，积极推动贸易投资的自由化和便利化。

（一）加快建设全国统一开放发大市场，不断增强超大规模市场吸引力

加快构建统一开放、竞争有序且接轨国际经贸规则的现代化市场体系是提升经济发展质量的关键。通过加强设施联通，提高政策稳定性、监管一致性、市场连通性，稳步扩大规则、规制、管理、标准等制度型开放。主动对接国际高标准经贸规则，在产权保护、产业补贴、环境标准、劳动保护、政府采购、电子商务、金融领域等实现规则、规制、管理、标准，打造透明稳定可预期的制度环境。积极营造市场化、法治化、国际化一流营商环境，巩固增强国内超大规模市场优势和吸引力。

（二）积极有序推进服务业等领域开放，提升贸易投资自由化、便利化水平

以开放促进产业发展是我国制造业迅速崛起的成功经验。目前我国高端制造业、现代服务业基础薄弱，发展相对滞后，制约着行业转型升级和现代产业体系的建设。因此要自主扩大开放，进一步推动现代服务业有序开放，鼓励外资扩大在现金生产性服务业投资，支持外资企业引进新技术、发展新业态，不断促进产业结构和贸易结构优化，将人才资源优势转化为创新发展优势、经济发展实绩。坚持高质量引进来和高水平走出去，提升全球资源配置能力。

（三）提升对外开放平台的试验、总结、示范、推广功能

统筹推进各类开放平台建设，打造开放层次更高、营商环境更优、辐射作用更强的开放新高地。完善自由贸易试验区布局，赋予其更大改革自主权，深化首创性、集成化、差别化改革探索，积极复制推广制度创新成果。稳步推进海南自由贸易港建设，以货物贸易“零关税”、服务贸易“既准入又准营”为方向推进贸易自由化便利化，大幅放宽市场准入，全面推行“极简审批”投资制度，开展跨境证券投融资改革试点和数据跨境传输安全管理试点，实施更加开放的人才、出入境、运输等政策，制定出台海南自由贸易港法，初步建立中国特色自由贸易港政

---

① 本节内容参考了新华社:《中华人民共和国国民经济和社会发展第十四个五年规划和2035年远景目标纲要》(2021-03-13)第十二篇《实行高水平对外开放开拓合作共赢新局面》第四十章“建设更高水平开放型经济新体制”有关内容。

策和制度体系。创新提升国家级新区和开发区,促进综合保税区高水平开放,完善沿边重点开发开放试验区、边境经济合作区、跨境经济合作区功能,支持宁夏、贵州、江西建设内陆开放型经济试验区。

(四)优化区域开放布局,构建陆海内外联动、东西双向互济的开放格局

鼓励各地立足比较优势扩大开放,强化区域间开放联动,构建陆海内外联动、东西双向互济的开放格局。巩固东部沿海地区和超大特大城市开放先导地位,率先推动全方位高水平开放。加快中西部和东北地区开放步伐,支持承接国内外产业转移,培育全球重要加工制造基地和新增长极,研究在内陆地区增设国家一类口岸,助推内陆地区成为开放前沿。推动沿边开发开放高质量发展,加快边境贸易创新发展,更好发挥重点口岸和边境城市内外联通作用。支持广西建设面向东盟的开放合作高地、云南建设面向南亚东南亚和环印度洋地区开放的辐射中心。

(五)抓住新一轮科技革命和产业变革机遇,推进新一代数字、人工智能等新技术国际合作

顺应新技术革命发展趋势和产业竞争新态势,加强新一代数字技术、人工智能、绿色技术等领域国际合作,需立足我国产业发展实际需要和国家发展的重大战略需要,大力推进新技术、新装备、新材料、新标准国际合作共享和国际化布局,以战略性新兴产业领域为重点,推进数据跨境安全、自由流动,拓展国际合作新空间,积极培育未来产业,加快形成新质生产力,增强发展新动能。

(六)建立适应高水平开放要求的安全保障体系,实现发展与安全的有机统一

构筑与更高水平开放相匹配的监管和风险防控体系。完善产业损害预警体系,丰富贸易调整援助、贸易救济等政策工具,妥善应对经贸摩擦。健全外商投资国家安全审查、反垄断审查和国家技术安全清单管理、不可靠实体清单等制度。针对全球供应链与国际收支,建立重要资源和产品的全球供应链风险预警系统,深化国际供应链保障合作,提升供应链韧性。加强国际收支动态监测,维持国际收支与外汇储备的基本稳定;强化对外资产负债监测,构建全口径、多层次的外债监管体系,确保外债规模合理可控。同时,完善境外投资分类分级监管,规范企业境外投资行为。优化提升驻外外交机构基础设施保障能力,完善领事保护工作体制机制,维护海外中国公民、机构安全和正当权益。

深圳前海深港现代服务业合作区

扫码阅读

第三节　中国双循环新发展格局与经济高质量发展

一、双循环新发展格局

双循环发展格局就是党的十九届五中全会提出的“构建以国内大循环为主体、国内国际双循环相互促进的新发展格局”。2020 年 5 月 14 日，中央首次提出“构建国内国际双循环相互促进的新发展格局”。党的十九届五中全会明确提出，加快构建以国内大循环为主体、国内国际双循环相互促进的新发展格局。党的二十大报告进一步把构建新的发展格局与更好坚持高水平对外开放的发展要求联系起来。新发展格局是根据我国发展阶段、环境、条件的重大变化，是基于我国比较优势变化，推动我国开放型经济向更高层次发展的重大战略部署。在新的国际环境条件下，构建新发展格局事关世界经济繁荣，关系到我国经济实现更高质量、更有效率、更加公平、更可持续、更为安全的发展的重大战略布局。习近平总书记强调，“中国开放的大门不会关闭，只会越开越大。以国内大循环为主体，绝不是关起门来封闭运行，而是通过发挥内需潜力，使国内市场和国际市场更好联通，更好利用国际国内两个市场、两种资源”。这为我们有效统筹国内国际两个大局，持续增强国内国际两个市场、两种资源联动效应，加快构建新发展格局提供了根本遵循。

华为的双循环实践

扫码阅读

二、为什么要推进形成双循环发展新格局

党的十九届五中全会明确提出，加快构建以国内大循环为主体、国内国际双循环相互促进的新发展格局。构建主辅结合、国内国际双循环相互促进的新发展格局是适应我国发展新阶段要求、塑造国际合作和竞争新优势的必然选择，也是应对百年大变局中严峻、复杂、高不确定性的国际环境的客观需要，特别是应对以美国为首的少数国家对我国刻意围堵挑衅，蓄意制造“修昔底德困境”[①]对不断升高的挑战的务实举措，是新阶段、新环境、新挑战条件下推动高质量发展的战略安排。

构建新发展格局是适应我国发展新阶段高质量发展要求、塑造国际合作和竞争新优势的战略选择。

（一）构建新发展格局是对我国社会主义经济建设实践经验的深刻总结

以国内大循环为主体的新发展格局有利于发挥我国经济超大规模的优势，对冲价格竞争优势逐步消散带来的冲击和影响，有利于发挥我国经济超大规模的优势，对冲价格竞争优势逐步消散带来的冲击和影响。强大的国内循环是大国经济的显著特征，也是汇聚世界资源、引领世界市场和稳定世界经济的优势条件。构建双循环格局有助于提升我国经济发展的韧性、稳定性与安全性，推动我国经济行稳致远。

① 修昔底德困境也称修昔底德陷阱，是由美国哈佛大学教授格雷厄姆·艾利森提出国际政治学概念概括古希腊历史学家修昔底德总结引发伯罗奔尼撒战争的原因。该概念说明，一个新兴大国必然会挑战守成大国的地位，而守成大国也必然会采取措施进行遏制和打压，两者的冲突甚至战争在所难免。

（二）构建新发展格局是适应我国经济发展阶段变化的主动选择

立足中等收入效应，快速汇聚世界生产要素资源，形成基于高级生产要素的后发优势和比较优势。经过四十余年的高速发展，支撑畅通国内循环的条件和基础不断完善，以国内循环促进国际循环的时机已经成熟。从供给方面看，我国拥有世界最完整的工业体系、完善的配套能力和超大规模的制造产能，超过220个联合国工业门类的生产规模达到世界首位，高达30%以上国内储蓄率和规模位居世界前列的外汇储备，有世界规模最大的市场主体和受过高等教育的人才队伍，发明专利授权和科技论文产出规模和水平稳居世界前列，创新成果和创新能力迈入创新性大国行列。从市场需求看，2021年我国人均GDP跨过高收入门槛，14多亿人口人均收入达到世界平均水平以上，其中达到中等收入的人群超过4亿人，国内零售总额超过44万亿元，成为比肩美国的全球最大消费市场，对外贸易额达到39.1万亿，占到世界的13.5%，稳居世界首位，成为166个国家和地区的最大贸易伙伴国。①

（三）构建新发展格局是发挥我国超大规模经济体优势的内在要求

新发展格局能够充分发挥超大规模经济所拥有的产业链完整、产业协作和规模优势打造产业竞争的新优势。要充分利用超大经济体的规模优势，畅通国内大循环，繁荣国内经济，拓展经济发展新空间，增强经济发展的韧性和稳定性。

（四）构建新发展格局是应对国际环境变化的战略举措

这一举措体现在坚定实施扩大内需战略，推动形成强大国内市场，以国内大循环吸引全球资源要素；体现在加快建设贸易强国，推动贸易投资自由化便利化；体现在促进市场相通、产业相融、创新相促、规则相联，在更高开放水平上形成良性循环。构建新发展格局能够吸引、汇聚国际一流产业、技术、人才和研发团队，提高国内国际循环相互促进、协同水平，增强配置国际资源和高级生产要素的主动性和掌控力，提高经济发展的自主性和可持续性。

（五）新发展格局绝不是封闭的国内循环，而是更加开放的国内国际双循环

充分用好两个市场两种资源，有利于增强国内大循环内生动力和可靠性，有利于提升国际循环质量和水平，有利于增强国内国际两个市场、两种资源联动效应。加快形成以国内大循环为主体、国内国际双循环相互促进的新发展格局，需

① 刘鹤.加快构建以国内大循环为主体、国内国际双循环相互促进的新发展格局[N].人民日报，2020-11-25.

要让国内市场和国际市场更好联通，充分利用国内国际两个市场、两种资源，提高在全球配置资源的能力，努力争取开放发展中的战略主动。新发展格局这一重大战略谋划拓宽和丰富了国内国际两个市场、两种资源，引领我国经济迈上更高质量、更有效率、更加公平、更可持续、更为安全的发展之路。

美国“对等关税”政策：贸易保护的新形态

扫码阅读

三、如何推动双循环发展新格局

构建新发展格局的关键在于经济循环的畅通无阻。要以实现国民经济畅通无阻为目标，深化供给侧结构性改革这条主线，全面优化升级产业结构，提升创新能力、竞争力和综合实力，实现经济在高水平上的动态平衡。

(一)坚持扩大内需战略基点

需求是生产最终目的和市场驱动力，构建新发展格局，在于充分发挥我国拥有 14 多亿人口的超大规模的市场优势，改变过分依赖国际市场发展模式，把满足国内需求作为发展出发点和立足点，加快培育完整内需市场，使生产、流通、分配、消费更多立足国内市场，形成国民经济良性循环。

(二)优化供给结构，改善供给质量

要优化国内消费供给结构，消除结构性内需不足、外需严重外溢不良现象，以创新驱动，高质量发展引领高质量供给与创造新的需求，推动国内市场高水平动态供需平衡。

(三)提升科技创新能力和水平

构建新发展格局的关键在于实现高水平的自主自强。创新是引领发展的第一动力，只有科技自立自强才能通过科技创新引领产业创新和驱动供应链和产

业链稳定和持续发展。

(四)健全现代流通体系

完备高效的流通体系是畅通国内循环的重要基础。只有凭借完备交通基础设施、公共服务体系，规模化、智能化物流体系，才能解决物流成本高、运输资源利用率不高的问题。

(五)提高人民收入水平，强化就业优先政策

国内消费水平不高、消费结构过低，根源在于人民收入水平以及社会保障体系不完善，水平不高。只有通过高质量发展，提供高水平高质量就业，才能不断提高收入水平，才能建立高水平社会保障体系，提高消费水平，优化消费结构。

(六)推进城乡区域协调发展和新型城镇化

在推动城乡公共服务、基础设施均等化基础上，推动城乡协调发展，通过新城镇化建设吸纳农村剩余劳动力，推动乡村振兴和共同富裕，消除农村消费能力不足短板。

(七)统筹发展和安全的关系

降低对外部市场、技术和供应链严重依赖风险，统筹两个市场、两种资源，提高发展稳定性、安全性与可预期性。

要坚持实施更大范围、更宽领域、更深层次对外开放，立足国内大循环，重视以国际循环提升国内大循环的效率和水平，协同推进强大国内市场和贸易强国建设，积极促进内需和外需、进口和出口、引进外资和对外投资协调发展，参与国际合作，实现互利共赢。

要建设更高水平开放型经济新体制，全面提高对外开放水平，推动贸易和投资自由化便利化，推进贸易创新发展，推动共建“一带一路”高质量发展。

要用顺畅联通的国内国际双循环，推动建设开放型世界经济，积极参与全球经济治理体系改革，推动构建人类命运共同体，形成更加紧密稳定的全球经济循环体系，促进各国共享全球化深入发展的机遇和成果。

表 1　　表 2

扫码阅读

复习与思考

一、核心概念

经济全球化　　发展机遇　　中国崛起

高水平开放　　新发展格局

二、思考题

1.经济全球化给发展中国家经济发展提供的机遇有哪些？为什么？

2.比较优势原理在国际贸易实践中面临哪些挑战？企业参与国际贸易获得的是比较利益还是超额利润？

3.经济全球化条件下中国经济崛起的发展经验是什么？

4.新时期，中国为什么要推进高水平开放？如何推进高水平开放？

5.我国构建新发展格局的原因是什么？如何构建新发展格局？

参考文献

《西方经济学》编写组，2011.西方经济学：下[M].北京：高等教育出版社、人民出版社.

陈岩，2018.国际贸易理论与政策[M].北京：清华大学出版社.

多米尼克·萨尔瓦多.国际经济学[M].12版.北京：清华大学出版社.

菲利普·阿吉翁，2017.全球经济中的创新与增长[M].北京：中信出版社.

冯德连，刘国晖，2022.国际经济学[M].5版.北京：中国人民大学出版社.

冯德连，2011.国际经济学[M].2版.北京：中国人民大学出版社.

姜波克，2018.国际金融新编[M].6版.上海：复旦大学出版社.

克鲁格曼，奥伯斯法尔德.国际经济学：理论与政策[M].10版.北京：中国人民大学出版社.

李坤望，薛敬孝，2010.国际经济学[M].北京：高等教育出版社.

李坤望，张兵，2017.国际经济学[M].4版.北京：高等教育出版社.

李清，任志新，2015.国际经济学[M].北京：科学出版社.

卢进勇，2018.国际经济合作[M].北京：对外经济贸易大学出版社.

罗伯特·J.凯博，2017.国际经济学[M].15版.北京：中国人民大学出版社.

佟家栋，高乐咏，2021.国际经济学[M].4版.北京：高等教育出版社.

杨宏玲，2015.国际经济学[M].北京：对外经济贸易大学出版社.

杨培雷，2017.国际经济学[M].上海：上海财经大学出版社.

杨胜刚，姚小义，2016.国际金融[M].北京：高等教育出版社.

詹姆斯·格伯，2017.国际经济学[M].6版.北京：中国人民大学出版社.

赵曙东，2021.国际经济学[M].2版.北京：中国人民大学出版社.

陈韶光，袁伦渠，2004.人才国际流动的效应分析[J].管理世界(10)：147-148.

高琰，2016.我国货币政策实证检验——基于费雪效应[J].现代商贸工业，37(1)：132-133.

刘康兵，申朴，李达.利率与通货膨胀：一个费雪效应的经验分析[J].财经研究，

2003(2):24-29.

尚鹏程,战宏杰,2023.中国跨境资本流动管理的国际经验与启示[J].北方金融(12):86-91.

王学军,朱伯乐,2007."两缺口"模型与我国利用外资的思考[J].发展(8):60-62.

吴星乐,2024.新茶饮企业海外投资面临的挑战与对策——基于国际生产折衷理论视角[J].广东茶业(3):67-71.

杨玉华,2013.互惠贸易利益:基于劳动价值论的现代证明[J].当代经济研究(2):17-22.

杨玉华,2011.马克思经济学与西方经济学国际贸易动力理论的比较[J].经济纵横(5):1-5.

中国科学院大学国际资本流动与金融稳定研究课题组,杨海珍,2024.国际资本流动态势与展望[J].中国金融(4):29-31.

刘鹤,2020.加快构建以国内大循环为主体、国内国际双循环相互促进的新发展格局[N].人民日报,2020-11-25(2).

徐秀军,2024.新时代高水平开放的战略布局与重大成就[N].光明日报,2024-07-19(12).

浙江省习近平新时代中国特色社会主义思想研究中心,2023.以制度型开放推动高水平开放[N].浙江日报,2023-04-24(6).

甘李药业:沿着"一带一路"搭建健康之路—中华全国工商业联合会[EB/OL].(2023-10-26)[2025-05-01]. http://www.cbt.com.cn/gs/zxqy/202310/t20231026_197095.html.

国际人才流动与治理报告——以美国为枢纽分析2024[EB/OL].(2024-06-12)[2025-04-15].http://www.ccg.org.cn/archives/85360.

李兴乾,2024.加快培育外贸新动能 巩固外贸外资基本盘[EB/OL].(2024-01-15)[2025-03-31]. http://www.china-cer.com.cn/guwen/2024011527008_2.htm.

宁德时代高增长的不确定因素:海外市场、市占率与储能前景[EB/OL].(2024-03-25)[2025-05-10].https://www.thepaper.cn/newsDetail_forward_26774379.

中华人民共和国国民经济和社会发展第十四个五年规划和2035年远景目标纲要[EB/OL].(2021-03-13)[2025-05-24].https://www.gov.cn/xinwen/2021-03/13/content_5592681.htm.

应用型本科经管系列教材

财务会计类

财务报表编制与分析
财务共享综合实务
财务管理学
财务建模与可视化
成本管理会计
成本会计
风险管理与内部控制
管理会计
会计模拟实验
会计学(非会计专业用)
会计学基础仿真实训
会计学科专业导论
会计学原理
Python 在企业财务中的应用
企业会计综合实验
审计学(非审计专业用)
审计学原理
业财一体信息化应用
中级财务会计

工商营销类

电商直播运营
短视频直播运营
服务管理
国际管理:赋能全球企业变革
绩效管理
健康管理学
客户关系管理
企业数字化战略变革案例集
商务礼仪
市场调查与预测
市场营销学
数智时代的市场营销理论与实务
数字营销
数字资产管理与综合实践
网络营销
文旅直播理论与实务
项目策划
消费心理学
新媒体营销
营销策划

经济贸易类

电子商务概论
国际结算
国际经济学
国际贸易实务
国际贸易学
国际市场营销
跨境电子商务
品牌管理
数字经济概论
数字经济理论与实务
数字经济学基础
数字贸易
数字贸易规则
统计学
自贸区发展学

金融投资类

保险金信托与财富传承概论
大数据金融
公司金融学
供应链金融
货币金融学
货币银行学
金融风险管理
金融市场学
金融学
金融衍生工具
商业银行经营管理理论及案例解读
投资学
投资银行理论与实务
投资组合理论与实务
证券投资学

物流类

仓储与配送管理
数智化沙盘模拟实验
物流成本管理
物流系统规划与管理
物流系统建模与仿真——案例与模型
现代物流学概论
运营管理
智慧供应链管理
智慧物流管理